教科指導法シリーズ
改訂第2版

小学校指導法

体 育

高島二郎
南島永衣子
鈴木淳也
編著

玉川大学出版部

改訂第2版まえがき

　スポーツ基本法が制定され，2011年8月に施行された。スポーツ振興法（1961年制定）に代わる法律である。前回改訂された小学校学習指導要領の全面実施については，同年4月1日付で小学校教育の現場に通知された。このように，この年スポーツ界，教育界では意義深い改革がおこなわれたが，それが大きく報道されることはなかったように思う。同年3月の東日本大震災に関する情報が世のなかにあふれていたためであろう。それから10年以上が経ち，大震災からの復興，そしてスポーツの推進，体育教育の充実もなされてきた。

　その過程では「スポーツ」と「体育」の関係がはっきりしてきた。スポーツ基本法（学校における体育の充実）第17条には，スポーツと体育の関係を「国及び地方公共団体は，学校における体育が青少年の心身の健全な発達に資するものであり，かつ，スポーツに関する技能及び生涯にわたってスポーツに親しむ態度を養う上で重要な役割を果たすものであることに鑑み，体育に関する指導の充実，（略），体育に関する教員の資質の向上」と記してある。体育の目標のひとつに生涯スポーツへ繋げるための資質・能力を育成することを挙げている。このことは，2020年全面実施の現在の小学校学習指導要領にも明記されている。

　さらに，2015年にはスポーツ庁が設置され，学校での部活動の改革が進んでいる。部活動での身体活動，運動理論，ルール理解等はスポーツとして，授業時間でそれらを体育として展開する方針であることがわかる。

　学校以外でもスポーツ活動は盛んになってきている。ジョギング，ウォーキングで汗を流す人はたくさんおり，地域のプールはいつも満員である。女性専用のスポーツジムも人気があるようだ。また，地域のいくつかの公園で決まった曜日ごとに，朝のラジオ体操を指導されているのを見かける。かつて体育指導委員と呼ばれていた方々の指導のもとで，多くの住民が運動を楽しんでいる。スポーツ基本法第32条に「市町村の教育委員会（特定地方公共団体にあっては，その長）は，当該市町村におけるスポーツの推進に係る体制の整備を図るため（略），スポーツ推進委員を委嘱するものとする」としている。体育指導からスポーツ推進へのわかりやすい名称変更だと思う。

「体育が変われば学校が変わる」という言葉を聞いたことがある。体育の授業が充実すると，学級が，学年が，全校がよい方向に変わっていく。「体育が変わると生涯スポーツが盛んになり地域が変わる。地域が変わると日本が変わり，世界が変わる」などと考えながら，本書を体育指導の教科書としてご活用いただきたい。なお，本書ではICTの活用，インクルーシブ教育についても記述している。

高島二郎

目次

I　体育科教育の理論

第 1 章

小学校学習指導要領「総説」の理解

　本章では，小学校学習指導要領（平成29年告示）解説　体育編第1章「総説」の理解を深める。第1節では「改訂の経緯」に関して，背景，手続き，及び流れを，第2節では「改訂の基本方針」に関して，基本的な考え方及び育成を目指す資質・能力，主体的・対話的で深い学び，並びに各学校におけるカリキュラム・マネジメント及び教育内容の主な改善事項について取りあげる。

キーワード　要領改訂の方向性　汎用的な能力　学力の三要素

第1節　「改訂の経緯」の理解

　要領は，戦後，社会変化に教育を適合させたり，未来の社会を創ったりするために，約10年毎に改訂（以下，要領改訂）されてきた。「小学校学習指導要領（平成29年告示）」（以下，17小要領）は，戦後9回目の要領改訂である（文部科学省，2018b，pp. 146-157）（以下，文科省）。
　今回の要領改訂はなぜ行われたのか。その背景について，見てみよう。
　「人工知能が進化して，人間が活躍できる職業がなくなるのではないか」，あるいは「今学校で教えていることは，時代が変化したら適用しなくなるのではないか」という日本社会を覆う不安が見られたり，学校教育が存在する意義を問うたりする社会状況が続いた。それらの問いに対して，文科省は，「子ども達に，情報化やグローバル化など急激な社会変化の中でも，未来の創り手となるために必要な資質・能力を確実に備えることのできる学校教育を実現する」ために，要領改訂を行った。さらに，この要領改訂により，「よりよい学校教育を通じて，

よりよい社会を作るという目標を学校と社会が共有して実現」すること，「学校教育のよさをさらに進化させるため，学校教育を通じて子どもたちが身に付けるべき資質・能力や学ぶべき内容などの全体像を分かりやすく見渡せる『学びの地図』として，学習指導要領を示し，幅広く共有」することを目指した（中央教育審議会，2016b，p. 4）（以下，中教審）。

　では，要領改訂はどのようにして行われるのであろうか。「学習指導要領ができるまでには，多くの有識者による議論や，一般の方からの意見募集」が行われる（文科省，2011）が，要領改訂の大まかな流れについて，掴んでおきたい（図1-1）。

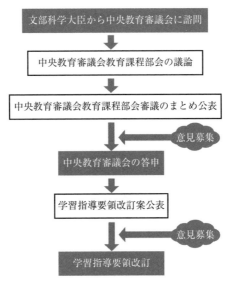

図1-1　学習指導要領ができるまで
（文部科学省，2011より抜粋）

1　文部科学大臣は，中教審に意見を求める（以下，諮問）。
2　中教審教育課程部会（以下，教育課程部会）は，議論を開始する。
3　中教審は，教育課程部会審議のまとめを公表し，国民から意見を募集するための意見公募手続き（以下，パブリック・コメント）を実施する。
4　中教審は，文部科学大臣に意見書（答申）を提出する。
5　文科省は，要領改訂案を公表し，パブリック・コメントを実施する。
6　文科省は，要領改訂を行う。

　さて，今回の要領改訂に関して，文部科学大臣は，2014（平成26）年11月20日に，中教審に諮問を行った。この日が，17小要領の作成に向けた公式なスタート日であった。
　諮問における審議事項の柱は，3点あった（表1-1）。

表1-1　審議事項の柱

1. 新しい時代に求められる資質・能力を踏まえた，初等中等教育全体を通じた改訂の基本方針，学習・指導方法のあり方（アクティブ・ラーニング）や評価方法のあり方等
2. 新たな教科・科目等のあり方や，既存の教科・科目等の目標・内容の見直し
3. 各学校におけるカリキュラム・マネジメントや，学習・指導方法及び評価方法の改善支援の方策

（中央教育審議会，2016b，p.5より筆者作成）

　文部科学大臣は，中教審に対して，第1にアクティブ・ラーニングや評価方法，第2に教科・科目等のあり方や教科・科目等の目標・内容の見直し，第3にカリキュラム・マネジメントや，学習・指導方法及び評価方法の改善支援の方策について意見を求めた。一般に，要領は各教科等の目標及び内容を示すが，アクティブ・ラーニングという指導方法まで踏み込んで諮問したことに，社会は注目した。
　教育課程部会は「500名近い専門家の知見を結集」し，「約200回，400時間を超えての精力的な審議」（中教審，2016a）を行い，意見をまとめた。その後，中教審は，そのまとめをさらに審議し，文部科学大臣に，2016（平成28）年12月21日に答申した。
　答申は，要領改訂の方向性を図1-2のように示した。
　図1-2を見ると，「何ができるようになるか」「何を学ぶか」そして「どのように学ぶか」という大きな枠組みがあり，それらのなかに，諮問に対する回答が位置付けられていることがわかる。アクティブ・ラーニング，評価方法，教科・科目等及び目標・内容の見直し，並びにカリキュラム・マネジメントがあり，社会に開かれた教育課程の実現のなかに改善支援の方策が含まれている。
　その後，文科省は2017（平成29）年3月31日に要領改訂を行い，我が国の全小学校で，2020（令和2）年4月1日から17小要領による教育課程が一斉に始まった。

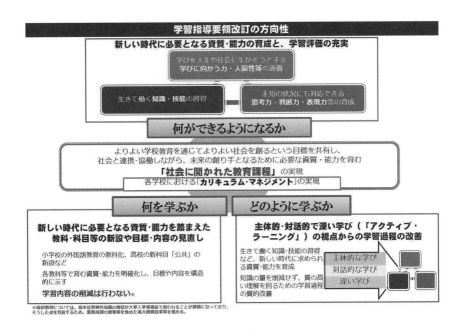

図1-2　学習指導要領改訂の方向性

（中央教育審議会，2016b，p.6より抜粋）

第2節　「改訂の基本方針」の理解

1.「今回の改訂の基本的な考え方及び育成を目指す資質・能力」の理解

　文科省は答申を踏まえ，子どもたちに以下の3点について育成を目指すことを，要領改訂の基本的な考え方として示した。

　a　資質・能力を一層確実に育成すること

　b　知識の理解の質をさらに高め，確かな学力を育成すること

　c　豊かな心や健やかな体を育成すること

　aの資質・能力を明確化するために，大きな議論があった（文部科学省，2018c，p.3）。この議論の問いは，以下であった。

　10年先の未来は予測ができないくらい大きく変化するだろう。そんな未来を生きる子どもたちには，どのような資質・能力が求められるのだろうか。

　これらの資質・能力は，いわゆる汎用的な能力といわれる。汎用的な能力とは，多様な場面で有効に用いることができる力，という意味である。汎用的な能力の一つに，思考力があげられる。たとえば，思考力を獲得した子どもは何が問題かを「思考できる」，問題の解決方法を「思考できる」，そして，実施方法を「思考できる」。子どもたちが思考力を獲得すれば，予測不能な未来社会においても，思考力を自在に活用して逞しく生きていくことができるだろう。未来社会において，現在では予測できない問題が起こっても，それらを解決できる思考力のような汎用的な能力を，今の子どもたちに獲得させよう，ということである。

　では，未来社会に生きる子どもたちにとって，求められる汎用的な能力とはどのような能力であろうか。

　文科省は，「初等中等教育において，育成すべき資質・能力を明確にする」ための検討会（育成すべき資質・能力を踏まえた教育目標・内容と評価の在り方に関する検討会）（以下，検討会）を設置した（文科省初等中等教育局，2012）。この検討会において，国立教育政策研究所（以下，国研）は「教育課程の編成に関する基礎的研究」の研究成果（国研，2013；国研，2014）を報告した。

　国研は，諸外国の教育改革における資質・能力目標を分析した（図1-3）。その結果，「育成がめざされる能力を整理すると，『基礎的リテラシー』『認知スキル』『社会スキル』の3つにわけることができる」ことを明らかにした（文科省初等中等教育局，2012，p. 5）。

　さらに，国研は，それらの資質・能力の育成と教科の関係に関して，2つの考え方を提示した（図1-4）。第1に，資質・能力を，特定教科と結び付けて育成しようとする考え方である。つまり，それぞれの資質・能力を育成するには適切な教科があると考え，それぞれの資質・能力を特定の教科で育成する。第2に，資質・能力を，教科を問わないで育成しようとする考え方である。つまり，資質・能力はすべての教科で育成する。17小要領は，後者の教科を問わない結び付け，すなわち，資質・能力は全教科を通して育成する方向で設計された。

　そして，国研は，「21世紀型能力」を提案した（図1-5）（国研，2013，p. 16；国研，2014，p. vii）。21世紀型能力は，思考力を中心とし，それを支える基礎力，それを活用する実践力の3層から構成され，それらの資質・能力を獲得することにより，「生きる力」が獲得されていくと説明した。

　「生きる力」を育むことは，98小要領（文部省，1998）から17小要領（文科省，

DeSeCo キーコンピテンシー	EU キーコンピテンシー	イギリス キースキルと思考スキル	オーストラリア 汎用的能力	ニュージーランド キーコンピテンシー	(アメリカほか) 21世紀スキル	
相互作用的道具活用力　言語、記号の活用	第1言語 外国語	コミュニケーション	リテラシー	言語・記号・テキストを使用する能力		基礎的なリテラシー
知識や情報の活用	数学と科学技術のコンピテンス	数字の応用	ニューメラシー			
技術の活用	デジタル・コンピテンス	情報テクノロジー	ICT技術		情報リテラシー ICTリテラシー	
反省性（考える力）（協働する力）（問題解決力）	学び方の学習	思考スキル（問題解決）（協働する）	批判的・創造的思考力	思考力	創造とイノベーション／批判的思考と問題解決／学び方の学習／コミュニケーション／協働	認知スキル
自律的活動力　大きな展望　人生設計と個人的プロジェクト　権利・利害・限界や要求の表明	進取の精神と起業精神	問題解決 協働する	倫理的行動　個人的・社会的能力	自己管理力	キャリアと生活　個人的・社会的責任	社会スキル
異質な集団での交流力　人間関係力　協働する力　問題解決力	社会的・市民的コンピテンス　文化的気づきと表現		異文化間理解	他者との関わり　参加と貢献	シティズンシップ	

（図右には「認知」や「社会」と連続する際，最も一般的な用語の「スキル」を用いた）

図1-3　諸外国の教育改革における資質・能力目標

（国立教育政策研究所，2013，p. 13より抜粋）

教科と資質・能力の関係

・特定教科と結びつけ：

例）実践力は総合的な学習の時間などの

特定教科・領域で

・教科を問わない結びつけ：どの教科でも育成可

例）実践力を算数で（各国のGNPの平均を比較し、貧困を考える）

国語で（舞姫から苦境での生き方を考える）

今後の課題①：資質・能力を共通目標として語り合うことでどれだけ教科を超えられるか？各教科の強みを見いだせるか？ 今後の課題②：「状況で学ぶ力」（状況論、機能的学習論）の再吟味、活用

図1-4　教科と資質・能力の関係

（育成すべき資質・能力を踏まえた教育目標・内容と評価の在り方に関する検討会，2012，p. 45より）

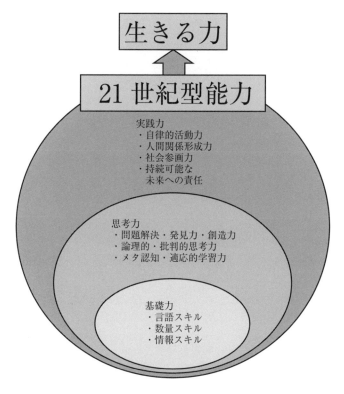

図1-5　21世紀型能力

(国立教育政策研究所，2014，p. vii より抜粋)

2018a）までの継続した理念である（図1-6）。「生きる力」とは，「確かな学力」「豊かな心」「健やかな体」を指す。ここでいう「確かな学力」は，学校教育法に規定された学力の三要素と対応している。学校教育法第30条2項には，「前項の場合においては，生涯にわたり学習する基盤が培われるよう，基礎的な知識及び技能を習得させるとともに，これらを活用して課題を解決するために必要な思考力・判断力・表現力その他の能力をはぐくみ，主体的に学習に取り組む態度を養うこと」と記され，学力は，①基礎的な知識及び技能，②思考力・判断力・表現力その他の能力，そして，③主体的に学習に取り組む態度，の3つの要素から構成されていることが法律によって規定された（以下，学力の三

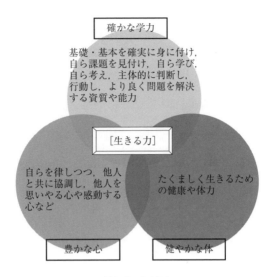

確かな学力

基礎・基本を確実に身に付け,
自ら課題を見付け,自ら学び,
自ら考え,主体的に判断し,
行動し,より良く問題を解決
する資質や能力

[生きる力]

自らを律しつつ,他人
と共に協調し,他人を
思いやる心や感動する
心など

たくましく生きるため
の健康や体力

豊かな心   健やかな体

図1-6　生きる力
(中央教育審議会,2016d,p.21より一部抜粋)

要素)。これら学力の三要素は,要領及び学習評価に大きな影響を及ぼしている。
　以上を踏まえて,答申では,「教育課程全体を通して育成を目指す資質・能力を,
ア『何を理解しているか,何ができるか(生きて働く『知識・技能』の習得)』,
イ『理解していること・できることをどう使うか(未知の状況にも対応できる
『思考力・判断力・表現力等』の育成)』,ウ『どのように社会・世界と関わり,
よりよい人生を送るか(学びを人生や社会に生かそうとする『学びに向かう力・
人間性等』の涵養)』の三つの柱に整理した(図1-7)。さらに,各教科等の目
標や内容について,この三つの柱に基づいて再整理を図るよう提言がなされた」
(文科省,2018c,p.3)。
　文科省は,答申を踏まえて,すべての教育課程に対して,「知識及び技能」
「思考力・判断力・表現力等」「学びに向かう力・人間性等」の三つの柱(以下,
三つの柱)から,目標及び内容の見直しを行った。

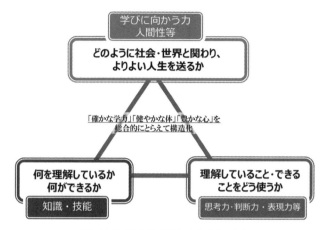

図1-7　育成を目指す資質・能力の三つの柱
（中央教育審議会，2016d，p.7より一部抜粋）

2.「主体的・対話的で深い学び」の理解

　中教審は，三つの柱について，各教科の授業を主体的・対話的で深い学びを
実現するように改善することによって育成できる，と考えた（図1-8）。
　主体的・対話的で深い学びについて，授業を実施する際に，主体的・対話的
で深い学びの視点は，すでに多くの授業で取り入れられているため新しい指導

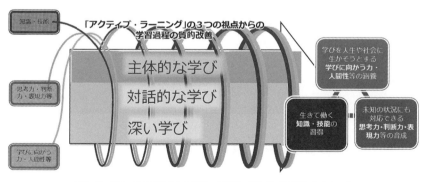

図1-8　資質・能力の育成と主体的・対話的で深い学びの関係（イメージ）
（中央教育審議会，2016d，p.12より）

方法ではないこと，資質・能力の育成を目指すうえでこれらの視点から授業改善を試みること，単元や内容のまとまりという単位のなかでこれらの視点の実現を目指すこと，基礎的・基本的な知識及び技能の習得に課題がある場合にはその確実な習得を優先すること，と説明された。とくに，深い学びを実現するためには，各教科等の「見方・考え方」が鍵になるため，子どもたちには，各教科等の「見方・考え方」を自在に働かせることができる指導の重要性が示された。

　では，この主体的・対話的で深い学びの視点とは，一体，どのような視点なのであろうか。

　主体的な視点とは，「①学ぶことに興味や関心を持ち，自己のキャリア形成の方向性と関連付けながら，見通しをもって粘り強く取り組み，自己の学習活動を振り返って次につなげる『主体的な学び』が実現できているかという視点」（文科省，2018b, p. 77）である。簡潔にいえば，子どもたちが，興味や関心をもって学び，自己の学習活動を振り返り次につなげること，子どもが興味や関心を持つように指導し，授業を振り返らせて次に何をするかを自己決定できるように授業改善すること，であろう。

　対話的な視点とは，「②子ども同士の協働，教職員や地域の人との対話，先哲の考え方を手掛かりに考えること等を通じ，自己の考えを広げ深める『対話的な学び』が実現できているかという視点」（文科省，2018b, p. 77）である。簡潔にいえば，自己以外の人や事物，及び自分自身と対話をしながら自己の考えを広げる，ということであろう。

　深い学びの視点とは，「③習得・活用・探究という学びの過程の中で，各教科等の特質に応じた『見方・考え方』を働かせながら，知識を相互に関連付けてより深く理解したり，情報を精査して考えを形成したり，問題を見いだして解決策を考えたり，思いや考えを基に創造したりすることに向かう『深い学び』が実現できているかという視点」（文科省，2018b, p. 77）である。簡潔にいえば，授業を通して，「あっ，わかった」や「あ〜，そうか」と子どもが理解を深める，ということ等であろう（独立行政法人教職員支援機構，2018）。

3.「各学校におけるカリキュラム・マネジメント及び教育内容の主な改善事項」の理解

　カリキュラム・マネジメントとは，「教育課程に基づき組織的かつ計画的に

各学校の教育活動の質の向上を図っていくこと」（文科省，2018a，p.20）と定義されている。

「具体的には，
・児童や学校，地域の実態を適切に把握し，教育の目的や目標の実現に必要な教育の内容等を教科等横断的な視点で組み立てていくこと，
・教育課程の実施状況を評価してその改善を図っていくこと，
・教育課程の実施に必要な人的又は物的な体制を確保するとともにその改善を図っていくこと」（文科省，2018b，pp.39-40）である。

とくに，現代的な諸課題に対する教科等横断的な教育内容に注目することが必要であろう。現代的な諸課題として，伝統や文化，主権者，法，知的財産，郷土や地域，海洋，環境，放射線，生命の尊重，心身の健康の保持増進，食，及び防災を含む安全に関する教育，が示されている（文科省，2018b，pp.204-249）。

この他，教育内容の主な改善事項として，言語能力の確実な育成，理数教育の充実，体験活動の充実，及び外国語教育の充実等が示されている。

課　題

1. 要領改訂案に対するパブリック・コメントには，どんな意見があったのだろうか（文科省，2017g）。インターネット等で調べてみよう。
2. 育成を目指す資質・能力と学力の三要素は，どのような関係にあるのだろうか。考えてみよう。
3. 体育科の授業で，対話的な学びを促す教師の指導行動及び児童の学習活動場面を，どのように計画すればよいだろうか。インターネットで調べたり，考えたりしてみよう。

参考文献

国立教育政策研究所「教育課程の編成に関する基礎的研究　報告書5　社会の変化に対応する資質や能力を育成する教育課程編成の基本原理〔改訂版〕」2013年　https://www.nier.go.jp/05_kenkyu_seika/pdf_seika/h25/2_10_all.pdf，最終閲覧日2022年10月5日
国立教育政策研究所「教育課程の編成に関する基礎的研究　報告書7　資質や能力の包括的育成に向けた教育課程の基準の原理〔改訂版〕」2014年　https://www.nier.go.jp/05_kenkyu_seika/pdf_seika/h25/2_1_allb.pdf，最終閲覧日2022年10月5日
教職員支援機構「『主体的・対話的で深い学び』の実現に向けて：校内研修シリーズNo25（田村

学）」（掲載日：平成30年2月19日）2018年　https://www.nits.go.jp/materials/intramural/025.
html，最終閲覧日2022年10月5日

中央教育審議会「中央教育審議会（第108回）議事録」2016年a　https://warp.ndl.go.jp/
info:ndljp/pid/11293659/www.mext.go.jp/b_menu/shingi/chukyo/chukyo0/gijiroku/1383358.
htm，最終閲覧日2022年10月5日

中央教育審議会「幼稚園，小学校，中学校，高等学校及び特別支援学校の学習指導要領等の
改善及び必要な方策等について（答申）補足資料（1/8）」2016年b　https://www.mext.go.jp/
component/b_menu/shingi/toushin/__icsFiles/afieldfile/2017/01/20/1380902_4_1_1.pdf，最終
閲覧日2022年10月5日

文部省「文部省告示小学校学習指導要領」1998年　https://erid.nier.go.jp/files/COFS/h10e/
index.htm，最終閲覧日2022年10月5日

文部科学省「学習指導要領ができるまで」2011年　https://www.mext.go.jp/a_menu/shotou/new-
cs/idea/index.htm，最終閲覧日2022年10月5日

文部科学省初等中等教育局「資料1　育成すべき資質・能力を踏まえた教育目標・内容と評価の
在り方に関する検討会について」2012年　https://www.mext.go.jp/b_menu/shingi/chousa/
shotou/095/shiryo/attach/1329014.htm，最終閲覧日2022年10月5日

文部科学省「学校教育法施行規則の一部を改正する省令案並びに幼稚園教育要領案，小学校学習
指導要領案及び中学校学習指導要領案に対する意見公募手続（パブリック・コメント）の結果
について」2017年　https://public-comment.e-gov.go.jp/servlet/Public?CLASSNAME=PCM1040
&id=185000878&Mode=2，最終閲覧日2022年10月5日

文部科学省『小学校学習指導要領（平成29年告示）』東洋館出版社，2018年a　https://www.
mext.go.jp/component/a_menu/education/micro_detail/__icsFiles/afieldfile/2018/09/05/
1384661_4_3_2.pdf，最終閲覧日2022年10月5日

文部科学省『小学校学習指導要領（平成29年告示）解説　総則編』東洋館出版社，2018年b
https://www.mext.go.jp/component/a_menu/education/micro_detail/__icsFiles/afieldfi
le/2019/03/18/1387017_001.pdf，最終閲覧日2022年10月5日

文部科学省『小学校学習指導要領（平成29年告示）解説　体育編』東洋館出版社，2018年c
https://www.mext.go.jp/component/a_menu/education/micro_detail/__icsFiles/afieldfi
le/2019/03/18/1387017_010.pdf，最終閲覧日2022年10月5日

第2章

「小学校体育科改訂の趣旨及び要点」の理解

　本章第1節では，体育科改訂の趣旨について，08小要領，08中要領及び09高要領（以下，08要領）における体育科の成果と課題，体育科改訂の基本的な考え方，及び体育科改善の具体的事項の理解を深める。第2節では，体育科改訂の要点について，目標の改善，内容構成の改善，内容及び内容の取扱いの改善，並びに指導計画の作成と内容の取扱いの改善を取りあげる。第3節では，体育の考え方及び戦後の要領における体育の目標を取りあげる。

キーワード　態度から資質・能力へ　見方・考え方　目標・内容と資質・能力の関係

第1節　「体育科改訂の趣旨」の理解

1.「08要領体育科の成果と課題」の理解

　諮問（文部科学省，2014, p. 23）（以下，文科省）では，男女児童の身長・体重平均値の推移が示された。1948（昭和23）年と2013（平成25）年を比較すると，身長及び体重の伸びの大きい時期が2歳程度早まっており，子どもの身体的成長（身長・体重）は幼児期から約2歳早くなっている，と説明された。このような体格の変化，並びに，運動能力，運動習慣及び体力得点の二極化傾向など（図2-1）を踏まえ，答申では，08要領の成果と課題を整理した。

　成果として，以下の4点が示された。

　①運動やスポーツが好きな児童生徒の割合が高まった。

　②体力の低下傾向に歯止めがかかった。

親の世代と子の世代の体力・運動能力の比較

◆親の世代と比べて、身長、体重など子供の体格は向上しているが、体力・運動能力は依然低い水準。

○親の世代（30年前）との比較

(出典) 文部科学省「平成25年度体力・運動能力調査」

＜体格＞

身長(cm)

	S58	H25
男子(11歳)	143.1	145.0
女子(11歳)	145.2	146.8

体重(kg)

	S58	H25
男子(11歳)	36.5	38.3
女子(11歳)	37.7	39.0

＜テスト結果＞

50m走(秒)

	S58	H25
男子(11歳)	8.70	8.90
女子(11歳)	8.98	9.12

ソフトボール投げ(m)

	S58	H25
男子(11歳)	34.47	28.41
女子(11歳)	20.47	16.85

握力(kg)

	S58	H25
男子(11歳)	21.60	20.04
女子(11歳)	19.81	19.74

反復横とび(回)

	S58	H25
男子(11歳)	42.65	45.79
女子(11歳)	40.50	43.02

※反復横とびは上昇している

◆運動する子供としない子供が二極化している。

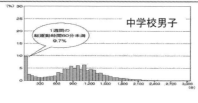

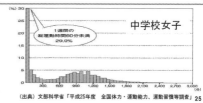

(出典) 文部科学省「平成25年度 全国体力・運動能力、運動習慣等調査」25

図2-1　親の世代と子の世代の体力・運動能力の比較

(文部科学省，2014，p.25より抜粋)

③「する，みる，支える」のスポーツとの多様な関わりの必要性や公正，責任，健康・安全等，態度の内容が身に付いている。

④子どもたちの健康の大切さへの認識や健康・安全に関する基礎的な内容が身に付いている。

課題として，以下の4点が示された。

①習得した知識及び技能を活用して課題解決することや，学習したことを相手にわかりやすく伝えること等に課題がある。

②運動する子どもとそうでない子どもの二極化傾向が見られる。

③子どもの体力について，低下傾向には歯止めが掛かっているものの，体力水準が高かった1985（昭和60）年頃と比較すると，依然として低い状況が見られる。

④健康課題を発見し，主体的に課題解決に取り組む学習が不十分であり，社会の変化に伴う新たな健康課題に対応した教育が必要との指摘がある。

2.「体育科改訂の基本的な考え方」の理解

　文科省は，答申及び08要領における成果及び課題を踏まえ，要領改訂について，目標，学習過程，及び指導内容に関する基本的な考え方を示した。

　表2-1に，08小要領と17小要領の体育科の目標に関する比較対照表を示した。17小要領において，目標に関して，(1)(2)及び(3)が新設されたことがわかる。17小要領で新設されたこれら(1)(2)(3)は，育成を目指す資質・能力の三つの柱を示している。また，目標の文末を見ると，08小要領では「…楽しく明るい生活を営む態度を育てる」と示されているが，17小要領では「…資質・能力を次の通り育成することを目指す」と示されている。つまり，最終的な目標について，08小要領では「態度を育てる」であったが，17小要領では「資質・能力」の育成を目指す，へと変化した。なお，「態度を育てる」は，17小要領

表2-1　小学校学習指導要領比較対照表【体育】

改　　　訂（平成29年告示）	現　　　行（平成20年告示・道徳改訂反映後）
第 9 節 体 育	第 9 節 体 育
第1 目 標	第1 目 標
体育や保健の見方・考え方を働かせ，課題を見付け，その解決に向けた学習過程を通して，心と体を一体として捉え，生涯にわたって心身の健康を保持増進し豊かなスポーツライフを実現するための資質・能力を次のとおり育成することを目指す。	心と体を一体としてとらえ，適切な運動の経験と健康・安全についての理解を通して，生涯にわたって運動に親しむ資質や能力の基礎を育てるとともに健康の保持増進と体力の向上を図り，楽しく明るい生活を営む態度を育てる。
(1) その特性に応じた各種の運動の行い方及び身近な生活における健康・安全について理解するとともに，基本的な動きや技能を身に付けるようにする。	(新設)
(2) 運動や健康についての自己の課題を見付け，その解決に向けて思考し判断するとともに，他者に伝える力を養う。	(新設)
(3) 運動に親しむとともに健康の保持増進と体力の向上を目指し，楽しく明るい生活を営む態度を養う。	(新設)

（文部科学省，2017，p.171より抜粋）

では，(3)学びに向かう力・人間性の涵養に関する目標に位置付けられた。つまり，「態度を育てる」ことは，三つの柱の一部分として整理されたのである。

3.「体育科改善の具体的事項」の理解

　体育科改善の具体的事項は，答申に基づいて示された。具体的には，運動領域及び保健領域ともに，三つの柱の育成を重視する観点から，内容の改善を図ること，とくに，運動領域と保健領域の一層の関連を図ることができるように改善すること，であった。

　また，体力の向上に関しては，体つくり運動の学習を通して，自分の健康や体力の状況に応じて体力を高める必要性を認識できるようにすること，運動領域において，すべての児童が，楽しく安心して運動に取り組み，そのような学習の結果として体力の向上を図ることができるようにすること，と示された。つまり，体力について，子どもたちが体力を高める必要性を理解する指導を行うこと，さらに，子どもたちが体育授業で運動に楽しく安全に取り組み，その結果として体力が向上する指導が求められていることに留意する必要がある。

第2節　「体育科改訂の要点」の理解

　教育課程部会には，企画特別部会等の7つの部会，13のワーキンググループ，及び3つの特別チームが設置された。体育科，保健体育科に関しては，「体育・保健体育，健康，安全ワーキンググループ」が設置された。そのワーキンググループでは，2015（平成27）年11月23日から2016（平成28）年5月26日の間に9回の会議が開催された。そこでのまとめが，答申の体育科，保健体育科に関する内容として位置付けられている。

　体育科の改訂に関して，運動領域においては，三つの柱の育成を重視することから，目標に関して三つの柱から見直しを行い，かつ，内容に関しても三つの柱から見直しを行った。また，指導内容の充実を図る際に，共生の視点を踏まえた指導内容を入れていくこと，が示された。保健領域においては，三つの柱に対応した目標，内容に改善すること，及び，運動領域との一層の関連を図る内容に改善することが示された。

1.「目標の改善」の理解

　体育科の目標は，08小要領から17小要領へ，大きく変化した（表2-1）。具体的には，「体育や保健の見方・考え方」「課題を見付け，その解決に向けた学習過程」「資質・能力」「(1)」「各種の運動の行い方」「(2)」及び「(3)」等が新しく示された。

　以下では，「体育や保健の見方・考え方」「学習過程」及び「各種の運動の行い方」について，検討したい（「資質・能力」は第1章第2節1を，「(1)」「(2)」及び「(3)」は第2章第1節2を参照のこと）。

(1)「体育や保健の見方・考え方」の理解

　見方・考え方は，「各教科等の特質に応じた物事を捉える視点や考え方」と定義されている（文科省，2018a，p. 22）。また，「『どのような視点で物事を捉え，どのような考え方で思考していくのか』というその教科等ならではの物事を捉える視点や考え方」「各教科等を学ぶ本質的な意義の中核をなすものであり，教科等の学習と社会をつなぐもの」あるいは「児童生徒が学習や人生において『見方・考え方』を自在に働かせることができるようにすること」が教師にとって最も大切である，と説明された（文科省，2018c，p. 4）。

　教科等の学習と社会をつなぐものが各教科等の見方・考え方である，という。ここには，これまでの教科等の学習は，社会とは切り離されたものであり，子どもたちが学んだとしても，学卒後の社会では役に立たなかったのではないか，という問題意識があると考えられる。

　見方・考え方というのは，教科等に独自のものである，と考えられている。他方，「汎用的な能力の育成を重視する世界的な潮流」（文科省，2018c，p. 3）から考えれば，教科等を離れた能力である汎用的な能力の育成が重要であると考えることになる。つまり，見方・考え方の観点からは教科等の独自の内容を教えるべきだが，世界的な潮流の観点からは汎用的な能力を育成するべき，となる。このように，これらの2つの考え方には，矛盾が生じている。汎用的な能力の育成が世界の潮流であるとすれば，各教科等を学ぶ意義はどこにあるのだろうか。

　この見方・考え方という言葉は，検討会で提案された（奈須，2013）。奈須（2013）は，「言うまでもなく，育成すべき資質・能力と内容は，二者択一的な

関係にはなく，両者の関係について考えることは，結果的に学力の構造に関する議論を要請するだろう。私個人としては，（1）領域固有の個別的知識・技能等，（2）教科の本質（その教科ならではのものの見方・考え方，処理や表現の方法等），（3）教科・領域を超えた汎用技能（generic skills）や意欲・態度等，（4）メタ認知の4層で考えてはどうかと思う。」と述べた。つまり，教科の本質としての見方・考え方を獲得することが，汎用的な能力としての資質・能力を育成することにつながる，と考えたのである。

　検討会では，「…自然科学と社会科学が扱っている対象が違うと同時に，それぞれが有している処理の仕方，表現の様式についても，他の対象にも適用することができるということ。美術や音楽で培われるものが，美術や音楽という対象に関わるだけでなく，そこで培われた物の見方や考え方，処理の様式や問題解決の戦略が他にも転移・汎化する可能性があることに意味がある。この考え方については，本検討会でも議論されてきており，対象や領域を超えて精神機能が育つということが，資質・能力の議論では大事。美術や音楽で育てられている美術や音楽ならではのものを，美術や音楽から引っ張り出し，他に持っていこうとする発想が大事であり，本来的にそうした豊かさを持っていることを，明示しておく必要がある。」（文科省初等中等教育局，2014）と議論された。

　このように，見方・考え方というのは，各教科等それぞれが有している処理の仕方，問題解決の戦略，あるいは，表現の様式を示している。各教科等の見方・考え方を子どもたちが獲得することによって，子どもたちは，未来社会で自分達の前に立ちはだかるさまざまな問題に対応し，さまざまな教科の独自の見方・考え方を用いて，解決に導いていくだろうと考えているのである。学校において各教科等の見方・考え方を獲得する，その結果，学卒後の社会においてそれらの見方・考え方を活用できる，そのため，学校での学びは子どもたちが社会に出たときに役立つ，と考えたのであろう。

　この見方・考え方という提案は，学校で学んだことは社会で役に立たない，という学校教育に対する社会からの批判への検討会，あるいは，中教審の回答である。なお，この見方・考え方は，小学校の各教科，外国語活動，総合的な学習の時間，及び特別活動において，直接示されている。なお，特別の教科道徳においては，直接的な記載は見られないが，答申において，「道徳科における『深い学び』の鍵となる『見方・考え方』は，今回の改訂で目標に示されている，『さまざまな事象を，道徳的諸価値の理解を基に自己との関わりで（広

い視野から）多面的・多角的に捉え，自己の（人間としての）生き方について考えること』であると言える」と述べられている（中教審，2016a，p. 221）。これを踏まえると，特別の教科　道徳の見方・考え方は，「道徳的諸価値についての理解を基に，自己を見つめ，物事を多面的・多角的に考え，自己の生き方についての考えを深める」ことであると考えてよいだろう（文科省，2018b, p. 165）。つまり，見方・考え方は，小学校におけるすべての教育課程で示されたと考えてよいだろう。

　上記のように，見方・考え方を理解したうえで，体育の見方・考え方を見てみよう。

　体育の見方・考え方は，「運動やスポーツを，その価値や特性に着目して，楽しさや喜びとともに体力の向上に果たす役割の視点から捉え，自己の適性等に応じた『する・みる・支える・知る』の多様な関わり方と関連付けること」（文科省，2018c, p. 18）と説明された。「運動やスポーツの価値とは，例えば『公正，協力，責任，参画，共生，健康・安全』等が挙げられる」と指摘されている（中教審，2016a，p. 187）。

　人間はスポーツに対して，「スポーツをする」という関わり方もあるが，それ以外に，「スポーツをテレビ等で見る」「スポーツをボランティアなどで支える」あるいは「スポーツをHP等で調べて知る」等の関わり方がある。それらの関わり方を，多様な関わり方，と言っている。つまり，学校教育を通して運動やスポーツとの多様な関わり方を学んだ子どもたちは，学卒後に，新しい運動やスポーツと出会ったときに，実際にプレーしてみよう，観戦に行ってみよう，スタッフとして関わってみよう，あるいは，いろいろと調べてみよう等，自分の関心に応じてその新しい運動やスポーツを自分の生活に取り入れるだろう，と考えられている。そのような姿が，まさに豊かなスポーツライフを実現した姿であり，子どもたちがそのようなスポーツライフを送るようになることが，体育科の目標である。

　体育の見方・考え方は三つの柱を学ぶなかで獲得する，また，体育の見方・考え方を活用して三つの柱を学ぶ，以上のように指導することが求められている（表2-1）。

　「保健の見方・考え方」は，「個人及び社会生活における課題や情報を，健康や安全に関する原則や概念に着目して捉え，疾病等のリスクの軽減や生活の質の向上，健康を支える環境づくりと関連付けること」（文科省，2018c，p. 18）

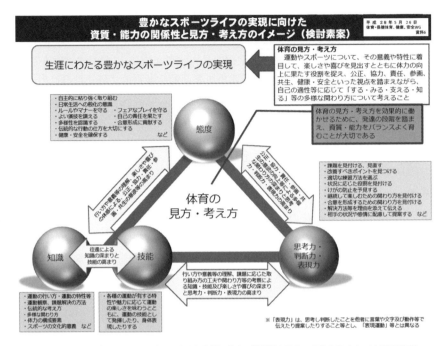

図2-2　豊かなスポーツライフの実現に向けた資質・能力の関係性と見方・考え方のイメージ（検討素案）
（教育課程部会体育・保健体育，健康，安全ワーキンググループ，2016より抜粋）

と説明された。小学校においては，とくに身近な生活における課題や情報を，保健領域で学習する病気の予防やけがの手当の原則及び，健康で安全な生活についての概念等に着目して捉え，病気にかかったり，けがをしたりするリスクの軽減や心身の健康の保持増進と関連付けることを意図している。

(2)「学習過程」の理解

17小要領においては，「…課題を見付け，その解決に向けた学習過程」（文科省，2018a，p. 142）と示された。ここから，学習過程には，課題を見付けるという学習過程，及びその解決を図るという学習過程の2つの学習過程が設定されていることがわかる。

　また，17中要領においては，「…課題を発見し，合理的な解決に向けた学習過程…」（文科省，2018d，p. 115），18高要領においては，「「…課題を発見し，

合理的，計画的な解決に向けた学習過程…」（文科省，2018f，p. 131）と示された。つまり，課題を見付ける学習過程に関しては，小学校段階では見付ける，中学校及び高等学校段階では発見する，へと記載内容が高くなっている。さらに，課題を解決する学習過程に関して，小学校段階ではその解決に向けた，中学校段階では合理的な解決に向けた，そして，高等学校段階では合理的，計画的な解決に向けた，と段階を踏んで，徐々に記載内容が高くなっている。

　これらから見れば，小学校段階においては，自分にはどんな課題があるかを見付けてみよう，そして，その解決に向けていろいろ試してみようという学習過程が求められている，と考えられる。

　なお，学習過程と示されているから指導はしなくてよい，ということではない。17小要領の内容の箇所には，「…身に付けることができるように指導する」と明記されている。学習過程にはそれに対応した指導過程が必ずあり，教師は必ず指導することが必要であることに留意すること，が大切である。

(3)「運動の行い方」の理解

　小学校体育科における運動領域に関して，「運動の行い方」という知識があることが明記された，と考える必要がある。

　08小解説体育編の(3)思考・判断の解説箇所に，「…の行い方を知り…」あるいは「…動き方を知り…」（文科省，2008b，p. 29）等と示されていた。これから見れば，小学校体育科の運動領域における知識の内容は，すでに示されていたと言える。しかしながら，その記載箇所は解説であった。08小要領では，教科の目標に，「…適切な運動の経験と…」（文科省，2008a）と示され，運動を経験することが示されているのみであった。このことから，小学校体育科の運動領域について，指導する知識はないように考えられることが多かった。

　以上を踏まえると，17小要領においては，体育科の運動領域において指導すべき知識のあることが要領で明記されたこと，に留意する必要がある。言い換えれば，小学校の体育科の運動領域において，「運動の行い方」という知識の指導が求められている，ということである。

2.「内容構成の改善」の理解

　目標の改訂とともに，目標を達成するための内容も改訂された。

　運動領域の内容構成に関して，08小要領では，体つくり運動，器械運動

系，陸上運動系，水泳系，ボール運動系，及び表現運動系の6領域（文科省，2008b，pp. 5-8）で示され，各領域について，内容が，(1)技能（「体つくり運動」は運動），(2)態度，(3)思考・判断，で構成されていた（文科省，2008b，p. 13）。なお，体つくり運動では，技能の向上は求められていないことに留意する必要がある。

17小要領では，運動の系の名称に若干変更はあったが，体つくり運動系，器械運動系，陸上運動系，水泳運動系，ボール運動系，及び表現運動系の6領域（文科省，2018c，pp. 10-13）が示された。各領域の内容に変更があり，(1)知識及び技能（「体つくり運動系」は知識及び運動），(2)思考力・判断力・表現力等，(3)学びに向かう力・人間性等で構成されることになった。

運動領域に関しては，6領域の運動の系について，それぞれ三つの柱に基づいた内容が設定された。

保健領域に関して，08小要領では，毎日の生活と健康，育ちゆく体とわたし，心の健康，けがの防止，及び病気の予防の5つの内容で構成されていた。17小要領では，健康な生活，体の発育・発達，心の健康，けがの防止，病気の予防の内容について，「知識及び技能」，「思考力・判断力・表現力等」の内容構成とされた（文科省，2018c，pp. 9-10）。

これらの変化は，三つの柱に対応した目標，内容に改善するという答申を踏まえたものである。

運動領域と保健領域の内容構成を比較すると，(1)知識及び技能，並びに，(2)思考力・判断力・表現力等が設定されているが，(3)学びに向かう力・人間性等は，

表2-2　育成を目指す三つの柱の記載の有無

	運動領域		保健領域	
	目標	内容	目標	内容
知識及び技能	○	○	○	○
思考力・判断力・表現力等	○	○	○	○
学びに向かう力・人間性等	○	○	○	－

注）　表中の「○」はその記載が見られること，「－」はその記載が見られないことを示す。

（文部科学省，2018c，pp. 9-10より筆者作成）

運動領域にのみ設定されている（表2-2）。

　このことに関して，「…各教科等の内容については，指導事項のまとまりごとに，…三つの柱に沿って示すこととしているが，特に『学びに向かう力・人間性等』については，目標において全体としてまとめて示し，指導事項のまとまりごとに内容を示さないことを基本としている。しかし，運動領域においては，豊かなスポーツライフを実現することを重視し，従前より『態度』を指導内容として示していることから，『学びに向かう力・人間性等』に対応した内容を示すこととした。」（文科省，2018c，p. 10）と説明されている。スポーツは，相手と試合をしたり，仲間とともに行ったり，先人が出した記録に挑戦したり，あるいは，誰も達成したことがない等，常に自分以外の人との関係のなかで成り立っている。運動領域では，そのような特徴をもつスポーツや運動を学ぶため，学びに向かう力・人間性等を指導内容として設定することが可能であった，と考えられる（大友，2017）。内容に，学びに向かう力・人間性等を明記したことは，他教科等とは異なる体育科の運動領域の特徴であろう。

3.「内容及び内容の取扱いの改善」の理解

　本項に関して，17小解説体育編では，13の小項目から示されている（文科省，2018c，pp. 10-13）。そのため，個々の内容は，該当箇所を参照して頂きたい。以下では，これまでの記載内容との重複は避け，とくに留意すべき点について，簡潔に記載する。

　・「資質・能力の育成に向けた内容構造の整理」（表2-3）に関して，運動領域における「学びに向かう力・人間性等」の具体的な指導内容は，公正，協力，責任，参画，共生及び健康・安全から構成されている。小学校段階では，参画は設定されていないことに留意する必要がある。

　・「指導内容の系統性を踏まえた指導内容の一層の充実」に関して，発達段階のまとまりについて，運動領域に関して，小学校から高等学校までの12年間を各4年間の3期で設定され，各4年間はそれぞれ以下に示すねらいがある。小学校1〜4年は各種の運動の基礎を培う時期，小学校5年〜中学校2年は多くの領域の学習を経験する時期，そして，中学校3年〜高等学校は卒業後も運動やスポーツに多様な形で関わることができるようにする時期，である。保健領域については，小学校3〜6年は，身近な生活の健康について理解する，中学校は，個人の健康についてより科学的に理解

表2-3 体育科，保健体育科において育成を目指す資質・能力の整理（小学校）

小学校体育	個別の知識や技能	思考力・判断力・表現力等	学びに向かう力・人間性等
運動領域	各種の運動が有する特性や魅力に応じた知識や技能 ・各種の運動の行い方に関する基礎的な知識 ・各種の運動を行うための基本的な技能	自己の能力に適した課題をもち，活動を選んだり工夫したりする思考力・判断力・表現力等 ・自己の能力に適した課題に気付く力 ・自己の課題を解決するための活動を選んだり，運動の行い方を工夫したりする力 ・思考し判断したことを，言葉や動作等で他者に伝える力	運動の楽しさや喜びを味わい，明るく楽しい生活を営むための態度 ・進んで学習活動に取り組む ・約束を守り，公正に行動する ・友達と協力して活動する ・自分の役割を果たそうとする ・友達の考えや取組を認める ・安全に気を配る
保健領域	身近な生活における健康・安全についての基礎的な知識や技能 ・健康な生活，発育・発達，心の健康，けがの防止，病気の予防に関する基礎的な知識 ・不安や悩みの対処やけがの手当に関する基礎的な技能	身近な健康課題に気付き，健康を保持増進するための情報を活用し，課題解決する力 ・身近な健康課題に気付く力 ・健康課題に関する情報を集める力 ・健康課題の解決方法を予想し考える力 ・学んだことを自己の生活に生かす力 ・学んだことや健康に関する自分の考えを伝える力	健康の大切さを認識し，健康で楽しく明るい生活を営む態度 ・自己の健康に関心をもつ ・自己の健康の保持増進のために協力して活動する ・自他の心身の発育・発達などを肯定的に捉える

（中央教育審議会，2016b，p. 68より抜粋）

　　する，高等学校は，個人及び社会生活の健康についてより総合的に理解する，と説明されている（中教審，2016b，p. 69）。
　　また，中学校の体育分野に関して，「各領域における(2)思考力・判断力・表現力等及び(3)学びに向かう力・人間性等の指導内容の重点化を図る」（文科省，

2018e, p. 14) と示されているが, 全領域において(2)思考力・判断力・表現力等のすべての指導内容, 及び, (3)学びに向かう力・人間性等に関する指導内容のすべてを取り扱うのではなく, 指導内容を重点化して, 領域により, 取り扱わない指導内容があることに, 注意をする必要がある (このような対応は, 指導内容の重点化と言われる)。指導内容の重点化は, 高等学校における科目体育にも見られる (文科省, 2018g, p. 13)。

- 「体つくり運動系」に関して, 小学校において, 低学年, 中学年, 及び高学年のそれぞれ2学年間にわたって指導するとされていることから, 毎学年指導することが必要である。また, 高学年の体の動きを高める運動 ((1)のイ) では, 体の柔らかさ及び巧みな動きを高めることに重点を置いて指導することが求められている。また, 「A体つくりの運動遊び」及び「A体つくり運動」における体ほぐしの運動遊びもしくは体ほぐしの運動では, 各学年の各領域においてもその趣旨を生かした指導ができることが求められている。

- 「陸上運動系」に関して, 児童の実態に応じて, 投の運動遊び, あるいは, 投の運動を加えて指導できることが示されている。

- 「水泳運動系」に関して, 高学年では, クロールと平泳ぎ ((1)ア及びイ) に関して, 水中からのスタートを指導することが求められており, 学校の実態に応じて背泳ぎを加えて指導できることが示されている。また, 高学年における知識・技能に関して, 安全確保につながる運動が新たに加えられている。

なお, 「指導計画の作成と内容の取扱い」に, 適切な水泳場の確保が困難な場合に, これらを取り扱わないことができることが示されているが, その場合であっても, 水泳運動系を安全に行うための心得については, 必ず取りあげることが求められている。

- 「ボール運動系」に関して, 中学年の「ゴール型ゲーム」においては, 味方チームと相手チームが入り交じって得点を取り合うゲーム (たとえば, バスケットボール, ハンドボール, あるいはサッカー等のゲーム) 及び陣地を取り合うゲーム (たとえば, タグラグビーあるいはフラッグフットボール等のゲーム) の両方を取り扱うことが必要であることが示されている。また, 高学年においては, ゴール型, ネット型, あるいは, ベースボール型のそれぞれの形に応じたその他のボール運動を指導できることが示されて

おり，ベースボール型は学校の実態に応じて取り扱わないことができることが示されている。

・「表現運動系」に関して，低学年では，表現遊びとともにリズム遊びに加えて簡単なフォークダンスを含めて指導することができ，また，中学年及び高学年では，表現及びリズムダンスに加えて，学校や地域の実態に応じてフォークダンスを指導することができることが示されている。つまり，表現運動系は，低学年から高学年まで，表現に関わる運動，リズムダンスに関わる運動，及びフォークダンスに関わる運動を指導することが可能になった。

・「オリンピック・パラリンピックに関する指導」に関して，運動を通してスポーツの意義や価値等に触れることができるようにすることが，「指導計画の作成と内容の取扱い」に示された。

・「集団行動」について，保健領域を除く各学年の各領域において適切に行うことが，「指導計画の作成と内容の取扱い」に示された。

・「自然との関わりの深い雪遊び，氷上遊び，スキー，スケート，水辺活動などの指導」に関して，学校や地域の実態に応じて積極的に行うことに留意することが求められた。

・「保健領域」に関して，「健康な生活」を第3学年，「体の発育・発達」を第4学年，「心の健康」及び「けがの防止」を第5学年，「病気の予防」を第6学年で指導することが示された。また，「健康な生活」並びに「体の発育・発達」については，知識及び技能のうちの知識，及び，思考力・判断力・表現力等の指導内容を明確に示した（文科省，2018c，pp. 103-110）。また，「心の健康」並びに「けがの防止」については，知識及び技能，及び，思考力・判断力・表現力等の指導内容を明確に示し，「病気の予防」については，知識及び技能のうちの知識，及び，思考力・判断力・表現力等の指導内容を明確に示した（文科省，2018c，pp. 150-158）。そして，運動領域との関連を重視する視点から，「健康な生活」「体の発育・発達」「病気の予防」については，運動に関する内容を充実して示された。

・低学年においては，伝承遊び及び自然のなかでの運動遊びを加えて指導することができることが示された。

・運動と健康が関連していることに関して，各領域の各内容について，低学年及び中学年では具体的な考えがもてるように指導すること，高学年では

運動領域と保健領域との関連を図る指導に留意することが求められた。

4. 「指導計画の作成と内容の取扱いの改善」の理解

(1) 「学習指導の改善・充実」の理解

この箇所は，要領「第3　指導計画の作成と内容の取扱い」（文科省，2018c，p. 161）の「指導計画の作成」について，説明している。

「体育科の目標を達成するためには，意図的，計画的に学習指導を展開することが必要である」（文科省，2018c，p. 161）。体育科の授業時数は，第1学年は102，第2〜4学年は各学年105，第5〜6学年は各学年90であり，6学年合計の授業時数は597である。すべての児童が体育科の目標を達成するために，この597授業時数を活用するのであり，そのために指導計画を作成し，意図的，計画的に学習指導するのである。そして，常に指導計画の改善を図り指導の充実を目指すことが求められている。まずは，これらのことを理解する必要がある。

指導計画を作成する際に，要領では，7点に配慮することが求められているが，それらは，4つの観点に整理することができる。具体的には，カリキュラム・マネジメントの実現，主体的・対話的で深い学びの実現に向けた授業改善，低学年における他教科等や幼稚園教育との関連，そして，障害のある児童などについての指導方法の工夫である。

ここでは，カリキュラム・マネジメントの実現の観点に焦点を当て，その観点に配慮した指導計画の作成について理解を深める（第1章第2節3参照）。

小学校6年間の体育科のカリキュラム・マネジメントを考えた場合，以下の視点があると指摘されている。

・第3学年から第6学年までの保健の授業時数の設定
・保健の配当時期と配当方法（ある程度まとまった授業時数の配当）
・領域による偏りのない時間時数の配当
・特別の教科道徳の第2（文科省，2018a，pp. 165-170）に示す内容を体育科において適切に指導すること

これらの他に，健康安全，あるいは，体育的行事等の実施時期及びそれらに関連する体育科の領域の実施時期を検討すること等がある。また，運動領域では，(2)思考力・判断力・表現力等，及び，(3)学びに向かう力・人間性等に関しては，各領域のなかでの獲得が求められているため，それぞれの領域において，どの指導内容をどの単元で指導するか，ということも体育科のカリキュラ

ム・マネジメントを実現するうえで，必要な観点であろう。

　以上，体育科のカリキュラム・マネジメントを実現する際に留意する点として，各単元における指導内容の設定，領域あるいは単元の配当時間，学校行事との関連から見た領域あるいは単元の実施時期，他教科等との関連から見た体育科の指導，さらに，学校外における地域の行事等を挙げることができるであろう。

　なお，現代的な諸課題に関する教科等横断的な内容として，体育科が関係するものには，以下の4点が挙げられている。保健領域に関しては，第3学年及び第4学年の「健康な生活」は「環境に関する教育」（文科省，2018b，pp. 228-229）に，第3学年及び第4学年の「健康な生活」「体の発育・発達」第5学年及び第6学年の「心の健康」「けがの防止」並びに「病気の予防」は「心身の健康の保持増進に関する教育」（文科省，2018b，pp. 236-237）に，第3学年及び第4学年の「健康な生活」「体の発育・発達」並びに第5学年及び第6学年の「病気の予防」は「食に関する教育」（文科省，2018b，pp. 240-241）に位置付けられている。また，運動領域に関する全学年・全領域の(3)学びに向かう力・人間性等，第5学年及び第6学年の水泳運動における(1)ウの安全確保，並びに，保健領域の第5学年及び第6学年の「けがの防止」は「防災を含む安全に関する教育」（文科省，2018b，pp. 244-245）に位置付けられている。

　さらに，指導計画を作成する際に，主体的・対話的で深い学びの実現に向けた授業改善を行うこと，低学年における他教科等や幼稚園教育との関連を踏まえること，そして，障害のある児童などについての指導方法の工夫をすることが求められている。

　この他，スポーツ庁（2019）による「全国体力・運動能力，運動習慣等調査結果」には，「体育（保健体育）の授業において，友達と助け合ったり，役割を果たしたりする活動や，友達同士で話し合う活動を行うことが，運動が苦手な児童生徒が運動を楽しいと感じるための配慮として効果的である」ことが示唆されている。

(2)「内容の取扱いにおける配慮事項」の理解

　ここでいう内容の取扱いは，前項で取りあげた内容の取扱いとは異なり，各領域に共通する内容あるいはとくに留意する必要のある内容の取扱いである。

　運動領域に関しては，「運動を苦手と感じている児童や，運動に意欲的に取

り組まない児童への指導を工夫する」(文科省, 2018c, p. 167) ことが求めら
れている。

　運動を苦手と感じている児童について, 低学年では「運動遊びが苦手な児童
への配慮の例」が, 中学年及び高学年では「運動が苦手な児童への配慮の例」が,
すべての運動領域の(1)知識及び技能 (体つくりの運動遊びでは運動) について,
単元毎に示されている。

　たとえば, 低学年　B器械・器具を使っての運動遊び　(1)知識及び技能
イ　マットを使った運動遊びでは,「・手で体を支えて移動することが苦手な
児童には, 手や足を移動する場所や目線の先にマークを置くなどして, 支持で
移動できる体の動かし方が身に付くように教具や場を設定するなどの配慮をす
る」(文科省, 2018c, p. 47) 等と示されている。

　また, 運動領域に関して, 運動に意欲的に取り組まない児童について, 低学
年では「運動遊びに意欲的でない児童への配慮の例」が, 中学年及び高学年で
は「運動に意欲的でない児童への配慮の例」が, すべての運動領域の(3)学び
に向かう力・人間性等について, 単元毎に示されている。

　たとえば, 中学年　D水泳運動　では,「・だるま浮きで, 体を小さく縮め
ることが苦手な児童には, 両膝を抱え込まずに持つ程度にした簡単な方法に挑
戦することや, 膝を抱えると一度は沈むがゆっくりと浮いてくることを助言す
るなどの配慮をする」(文科省, 2018c, p. 94) 等と示されている。

　この他, 内容の取扱いに関して, 言語活動のさらなる充実, 情報手段の積極
的な活用, 体験を伴う学習の充実, オリンピック・パラリンピックに関する指
導の充実, あるいは, 保健の指導方法の工夫等に配慮することが求められている。

第3節　体育の考え方

　子どもあるいは保護者から, 以下の質問があったら, あなたは教師として,
どのように答えるだろうか?
　質問1　先生,「体育」って何ですか?
　質問2　先生,「体育」では, 何を教えるのですか?
　なお, 本節では, 体育科における運動領域 (以下, 体育) を取りあげる。

1. 先生，「体育」って何ですか？

　子どもから，「先生，『体育』って何ですか？」と質問された場合について，考えてみよう。

　この質問は，体育の考え方あるいは体育の捉え方，言い換えれば，体育の概念に対する問い，と考えることができる。

　これまで，我が国の体育について，さまざまな考え方があると言われてきた。

　たとえば，宇土（1983）は，体育の考え方には，「からだの教育」「運動による教育」「運動の教育」の3種類がある，そして，体育の考え方は，時代とともに変化してきた，と考えた。

　宇土（1983, pp. 3-4）は，3種類の体育の考え方及びその変化について，以下のように説明した。

　「体育の意味を，からだの健康を維持したり，体力を高めたり，からだの発育・発達を促進したりする」教育と考える「からだの教育」がある。そして，体育は，「『からだの教育』よりもいっそう広く全人的な発達をめざし，その手段として運動を位置づける」教育と考える「運動による教育」へと変化した。さらに，体育は，「明らかに生涯スポーツ，みんなのスポーツへとつなぐことを意図して，誰もがめいめいの力に応じて運動に親しむことができるように，人の運動との関わりを学ばせ，運動が内包している独特の楽しさや喜びを体験的にわからせよう」とする教育と考える「運動の教育」へと変化した。

　高橋（1997）は，体育の考え方には，「身体の教育」「運動による教育」「運動の教育」の3種類がある，そして，体育の考え方は，「身体の教育」から「運動による教育」へ転換し，「運動の教育」への移行が始まっている，と考えた。

　高橋（1997, p. 18）は，「新体育は，体育の概念を『身体の教育』（education of physical）から『運動による教育』（education through physical activities）へと転換させた」と述べた。さらに，高橋（1997, p. 24）は，「近年になって，体育の基本的な考え方は，『運動による教育』から『運動の教育』への移行が始まっている」と述べた。また，高橋（1997, p. 18）は，身体の教育に関して，「戦前の『身体の教育』の概念のもとでは，運動は主として身体への発達刺激（exercise）の意味をもち，教材はそのためのもっとも合理的方法である体操が中心であった。」と説明した。また，新体育とは，「戦後の体育は戦前の軍国主義体育を払拭し，民主体育の確立をめざして出発したが，実質的にはアメリ

カの体育思想を導入する中でその理論体系（性格，目標，内容，方法）が構想された。そのような体育は，一般に『新体育』『生活体育』と呼ばれた。」（高橋，1997，p. 18）と説明した。

友添（2021）は，体育の考え方には，「身体の教育」「運動による教育」「運動・スポーツの教育」の3種類がある，そして，体育の考え方は，「身体の教育」から「運動による教育」へ，さらに，「運動・スポーツの教育」へ転換した，と考えた。

友添（2021，p. 21）は，「このような戦前から戦後の体育の変化は，戦前の身体の教育（education of physical）」から『運動による教育（education through physical activities)』への体育概念の転換ととらえることができる。」そして，「このようなスポーツや運動への人々の需要の変化は，運動を手段として用いる『運動・スポーツの教育（education in movement: education in sport)』への体育概念の転換」（友添，2021，p. 22）をもたらしたと述べた。

近藤（2018）は，岡出（2005）の指摘を踏まえ，体育の考え方には，「身体の教育」「スポーツを通しての教育」「スポーツに関する教育」「スポーツの中の教育」の4種類がある，そして，体育の考え方は，戦前の「身体の教育」から戦後の「運動を通しての教育」へ，そして，「運動の中の教育」へ，さらに「運動に関する教育」へと新しい考え方が付加されてきている，と考えた。

近藤（2018）は，我が国の体育の考え方には，身体を対象とする「身体の教育」，人格形成や人間関係づくりの手段としての運動を位置づけた「運動を通しての教育」，運動の本質に触れる「運動の中の教育」，そして，知識を基盤とする「運動に関する教育」があると述べた。そして，これら4つの体育の考え方は，「新しい考え方がどんどん追加されていくという意味で，『付加されている』」（近藤，2018）と考えた。このような考え方は，岡出（2010）にも見られた。岡出（2010，p. 11）は，体育の考え方が，身体の教育→運動による教育→運動の教育という，直線的で排他的な発展図式であるという考え方に疑義を示し，「そしてこんにち，この発展図式の当否を問うことが重要な課題となっている」と指摘した。

以上見てきたように，体育の考え方には，「からだの教育／身体の教育」「運動による教育／スポーツを通しての教育」「運動の教育／運動・スポーツの教育」の3種類，もしくはこれらに「運動に関する教育」を加えた4種類の考え方がある，と考えられる。また，これらの体育の考え方の出現は，順序性があると考えられる。

さて，体育の考え方は，どのようにして生み出されてきたのであろうか。

岡出（2010, pp. 14-15）は，体育の考え方が構成され続ける仕組みについて，次のように説明した（図2-3）。

「学校外で行われているスポーツは，そのまま体育授業にもち込まれるわけではないし，もち込めるわけでもない。学校外でバスケットボールを行う条件と体育の授業でバスケットボールを行う条件が，まったく異なるからである。…それゆえ，カリキュラム作成者（指導要領作成者など）は，学校外で行われているスポーツを再構成し，期待する学習成果が得られるように独自のカリキュラムの作成を提案することになる（図2-3）。そして各学校は，学習指導要領等を踏まえ，児童生徒に最適と考えられるカリキュラムを構成し，その実現に向けて努力することになる。長期的にみると，児童生徒が体育授業で身につけた知識や技能，価値観は学校外でのスポーツ実践に反映されていく。…やがて彼らが社会に巣立っていくことで，学校外のスポーツにも徐々に変化が生

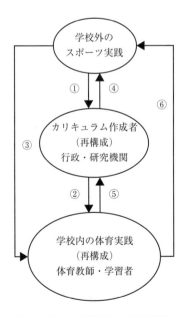

図2-3　体育概念が構成され続ける仕組み
（岡出，2010, p. 15より一部抜粋）

み出されていく。その変化はまた，学校内で実施される体育授業にも影響を与えていくことになるのである」（岡出，2010，pp. 14-15）。

2. 先生，「体育」では，何を教えるのですか？

保護者から，「先生，『体育』では，何を教えるのですか？」と質問された場合について，考えてみよう。

この質問は，学校で行われている体育の目標，すなわち，要領における体育の目標に対する問い，と考えることができる。

17小要領に関する体育科の目標は，第1章第2節1，第2章第1節2，及び第2章第2節1で扱ってきたため再掲しないが，とくに第2章第2節1では，体育の目標を直接扱っているため，再度確認しておくとよい。

では，もう少し掘り下げ，体育の目標はどのようにして設定されるのか，そして，戦後の体育の目標について，先に示した体育の考え方の観点も踏まえて，考えておきたい。

要領における体育の目標について，友添（2021，pp. 19-21）は，「体育科への教育学的要請，体育科が対象とする運動やスポーツの特質，運動学習を主とする学習方法の独自性，そしてその時々の社会的要求によって決定される」（図2-4）と述べた。

つまり，体育の目標は，学校教育全体から見た場合の体育に対する期待，体育科教育学（スポーツ教育学）の研究成果，学習の対象としての運動・スポーツ（文化）が有する特徴，体育学・スポーツ科学の研究成果，そして，体育に対する時代的・社会的要請に応えたり，影響を受けたりすることによって設定される，と考えられている。

最後に，体育の目標に関して，戦後の流れを概観しておきたい。

高橋（1997，pp. 18-25）は，1947年から1953年までの学習指導要綱及び学習指導要領は新体育の目的・目標のもとで，1958年及び1968年の要領は体力つくりを重視した体育の目的・目標のもとで，そして，1977年及び1988年の要領は楽しさを重視した体育の目的・目標のもとで発行された，と指摘した。また，体育の考え方の観点から見れば，高橋（1997，p. 23）は，1977年の要領に関して，「根本的には戦後の『運動による教育』の立場を堅持したといえる」と述べ，さらに「'88年に改訂された学習指導要領の目標も基本的には'77年の目標の考え方を踏襲したとみてよい」と指摘している。

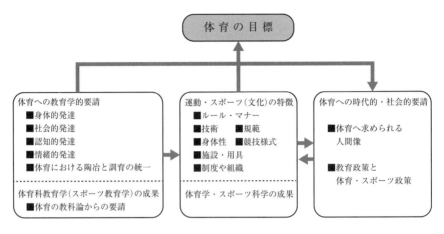

図2-4　体育の目標設定構造

（友添，2021，p.21より一部抜粋）

　友添（2021，pp. 20-23）は，「要領に示された目標は，時代的な特徴によっ
て大別すれば，①新体育の目標，②体力づくりを重視した目標，③楽しさを
重視した目標の3つの枠組みでとらえることができる」と指摘した。そして，
1947年学習指導要綱，1949年及び1953年の要領は新体育の目標，1958年及び
1968年の要領は体力づくりを重視した目標，1977年，1988年，1998年，2008
年及び2017 ～ 2018年の要領は楽しさを重視した目標である，と説明した。
　近藤（2018，pp. 10-13）は，「改訂のたびに指導の重点が変わってきている」
と述べ，「学習指導要領の改訂に応じて，体育科のなかで強調されてきた考え
方も徐々に変化している」と述べた。要領における体育のなかで重視されてき
たことについて，1953年の要領は生活体育，1958年の要領は系統主義，1968
年の要領は体力づくり，1977年及び1989年の要領は楽しさ，1998年の要領は
心と体，2008年の要領は確かな学力—体育的学力，2017年の要領は資質・能
力である，と説明した。

　以上，本節を通して，体育の考え方は複数あること，また，要領における体
育の目標は移っていくこと，が確認された。
　体育の指導に関して言えば，公教育である限り，教員個人としての考え方で
体育を定義し，その教員個人としての体育の考え方に基づいて体育の指導を行

うことは，大きな問題があることを理解する必要がある。

課　題

1. なぜ，資質・能力の三つの柱のような汎用的な能力を，子どもたちに獲得させようとしているのだろうか。考えてみよう。
2. 子どもたちの体力を向上させる上で，体育の授業の役割は，何であっただろうか。本章をよく読んでみよう。
3. 体育科の授業において，子どもたちが「学びに向かう力・人間性等」を獲得するために，どのように指導すればよいのだろうか。考えてみよう。
4. 「先生，『体育』って何ですか？」と児童から質問されたときに，教師としてあなたは，どのように答えるだろうか。本章を踏まえて，児童がわかるように，あなたの回答を作成してみよう。
5. 「先生，『体育』では，何を教えるのですか？」と保護者から質問されたときに，教師としてあなたは，どのように答えるだろうか。本章を踏まえて，保護者がわかるように，あなたの回答を作成してみよう。

参考文献

宇土正彦「体育と体育科教育」宇土正彦編著『体育科教育法入門』大修館書店，1983年

大友智「『学びに向かう力，人間性等の涵養』と体育の指導」『体育科教育』65（13），2017年

岡出美則「体育の理念はどう変わってきたか」友添秀則・岡出美則編著『教養としての体育原理 ―現代の体育・スポーツを考えるために』大修館書店，2005年

岡出美則「体育の基本的性格」髙橋健夫・岡出美則・友添秀則・岩田靖編著『新版体育科教育学入門』大修館書店，2010年

教育課程部会体育・保健体育，健康，安全ワーキンググループ「（第9回）配付資料　資料6　豊かなスポーツライフの実現に向けた資質・能力の関係性と見方・考え方のイメージ（検討素案）」2016年　https://www.mext.go.jp/b_menu/shingi/chukyo/chukyo3/072/siryo/__icsFiles/afieldfile/2016/06/06/1371647_6.pdf，最終閲覧日2022年10月5日

近藤智靖「体育の考え方はどのように変わってきたのか」岩田靖・吉野聡・日野克博・近藤智靖編著『初等科体育授業づくり入門』大修館書店，2018年

スポーツ庁「令和元年度全国体力・運動能力，運動習慣等調査報告書」2019年　https://www.mext.go.jp/sports/b_menu/toukei/kodomo/zencyo/1411922_00001.html，最終閲覧日2022年10月5日

髙橋健夫「体育科の目的・目標論」竹田清彦・髙橋健夫・岡出美則編著『体育科教育学の探究―体育授業づくりの基礎理論』大修館書店，1997年

中央教育審議会「幼稚園，小学校，中学校，高等学校及び特別支援学校の学習指導要領等の改

善及び必要な方策等について（答申）」2016年a　https://www.mext.go.jp/b_menu/shingi/chukyo/chukyo0/toushin/__icsFiles/afieldfile/2017/01/10/1380902_0.pdf,　最終閲覧日2022年10月5日

中央教育審議会「幼稚園，小学校，中学校，高等学校及び特別支援学校の学習指導要領等の改善及び必要な方策等について（答申）別添資料（2/3）」2016年b　https://www.mext.go.jp/component/b_menu/shingi/toushin/__icsFiles/afieldfile/2017/01/10/1380902_3_2.pdf,　最終閲覧日2022年10月5日

友添秀則「体育の目標と内容」岡出美則・友添秀則・岩田康編著『体育科教育学入門［三訂版］』大修館書店，2021年

奈須正裕「育成すべき資質・能力を踏まえた教育目標・内容と評価の在り方に関する検討会（第8回）奈須委員提出資料」2013年　https://www.mext.go.jp/b_menu/shingi/chousa/shotou/095/shiryo/attach/1339258.htm,　最終閲覧日2022年10月5日

文部科学省『小学校学習指導要領（平成20年告示）』東京書籍，2008年a

文部科学省『小学校学習指導要領解説　体育編』東洋館出版社，2008年b　https://www.mext.go.jp/component/a_menu/education/micro_detail/__icsFiles/afieldfile/2011/01/19/1234931_010.pdf,　最終閲覧日2022年10月5日

文部科学省初等中等教育局「育成すべき資質・能力を踏まえた教育目標・内容と評価の在り方に関する検討会（第11回）議事要旨」2014年　https://www.mext.go.jp/b_menu/shingi/chousa/shotou/095/gijiroku/1345132.htm,　最終閲覧日2022年10月5日

文部科学省「初等中等教育における教育課程の基準等の在り方について」（諮問）参考資料（資料1-3　p. 25），2014年　https://warp.ndl.go.jp/info:ndljp/pid/11293659/www.mext.go.jp/b_menu/shingi/chukyo/chukyo0/gijiroku/__icsFiles/afieldfile/2014/12/17/1353643_1_3.pdf,最終閲覧日2022年10月5日

文部科学省「小学校学習指導要領（平成29年3月31日公示）比較対照表」2017年　https://www.mext.go.jp/content/1384661_4_1_1.pdf,　最終閲覧日2022年10月5日

文部科学省『小学校学習指導要領（平成29年告示）』東洋館出版社，2018年a　https://www.mext.go.jp/component/a_menu/education/micro_detail/__icsFiles/afieldfile/2018/09/05/1384661_4_3_2.pdf,　最終閲覧日2022年10月5日

文部科学省『小学校学習指導要領（平成29年告示）解説　総則編』東洋館出版社，2018年b　https://www.mext.go.jp/component/a_menu/education/micro_detail/__icsFiles/afieldfile/2019/03/18/1387017_001.pdf,　最終閲覧日2022年10月5日

文部科学省『小学校学習指導要領（平成29年告示）解説　体育編』東洋館出版社，2018年c　https://www.mext.go.jp/component/a_menu/education/micro_detail/__icsFiles/afieldfile/2019/03/18/1387017_010.pdf,　最終閲覧日2022年10月5日

文部科学省『中学校学習指導要領（平成29年告示）』東山書房，2018年d　https://www.mext.go.jp/content/1413522_002.pdf,　最終閲覧日2022年10月5日

文部科学省『中学校学習指導要領（平成29年告示）解説　保健体育編』東山書房，2018年e　https://www.mext.go.jp/component/a_menu/education/micro_detail/__icsFiles/afieldfile/2019/03/18/1387018_008.pdf,　最終閲覧日2022年10月5日

文部科学省『高等学校学習指導要領（平成30年告示）』東山書房，2018年f　https://www.mext.go.jp/content/1384661_6_1_3.pdf，最終閲覧日2022年10月5日

文部科学省『高等学校学習指導要領（平成30年告示）解説　保健体育編 体育編』東山書房，2019年　https://www.mext.go.jp/content/1407073_07_1_2.pdf，最終閲覧日2022年10月5日

Ⅱ　体育科教育の方法

第 3 章

体育科の目標と指導内容

　この章では生涯にわたって健康を保持増進し豊かなスポーツライフを実現する資質・能力の育成のための体育科の目標を解説し，それを実現するために必要な事項を解説する。具体的には体育科の内容構成と領域，年間指導計画・単元指導計画の作成，学習指導と評価，単元教材の作成，指導方法と学習形態，安全等である。新しい活動として体育におけるインクルーシブ教育，ICTの活用についても学習できる。なお，保健領域については第10章で述べている。

　キーワード　目標　指導計画　評価　インクルーシブ教育　ICT

第1節　教科の目標

1. 豊かなスポーツライフの実現

　小学校体育科では，生涯にわたって健康を保持増進し豊かなスポーツライフを実現する資質・能力の育成を重視する観点から以下の目標が掲げられた。

　体育や保健の見方・考え方を働かせ，課題を見付け，その解決に向けた学習過程を通して，心と体を一体として捉え，生涯にわたって心身の健康を保持増進し豊かなスポーツライフを実現するための資質・能力を次のとおり育成することを目指す。
(1) その特性に応じた各種の運動の行い方及び身近な生活における健康・安全について理解するとともに，基本的な動きや技能を身に付けるようにする。

---

(2) 運動や健康についての自己の課題を見付け，その解決に向けて思考し判断するとともに，他者に伝える力を養う。

(3) 運動に親しむとともに健康の保持増進と体力の向上を目指し，楽しく明るい生活を営む態度を養う。（文部科学省，2018a，p. 17）

　新要領では，「社会に開かれた教育課程」の理念のもと，子どもたちが社会とのつながりのなかで学ぶこと，たとえば教科で学んだことを生活や社会のなかで出会う課題の解決に生かすことが求められている（中央教育審議会，2016. pp. 14-20）。このような教科の学習と社会をつなぐものとして，各教科等の特質に応じた「見方・考え方」が重視された。

　体育科の目標も，「体育や保健の見方・考え方を働かせ」という一文ではじまる。「体育の見方・考え方」とは，生涯にわたる豊かなスポーツライフを実現する観点を踏まえ，「する・みる・支える・知る」のスポーツとの多様な関わり方を楽しむことである（文部科学省，2018a，p. 18）

　「する」という視点からは，生涯にわたって運動・スポーツに親しむために必要な基本的な動きおよび技能を身に付けることが挙げられる。そのためには，子どもたちを「運動好き」にさせる必要がある。とくに小学校低学年は，遊びの要素を取り入れた運動遊びを力いっぱい楽しませるような工夫が大切である。同時に，運動・スポーツの行い方や身近な健康について理解させる必要がある。「運動好き」で，かつ運動・スポーツの行い方をしっかり理解していれば，子どもたちは，授業以外の生活場面でも積極的に体を動かし，地域で行われるイベントに参加するなど社会との結び付きを深めていくのではないかと考えられるからである。このように小学校体育科では，豊かなスポーツライフを楽しむための素地を十分に形成しておく必要がある。

　「みる」という視点からは，生涯にわたってスポーツ観戦を楽しむために必要な知識および技能を身に付けることが挙げられる。たとえば，野球やサッカーを観戦しているとき，ルールを知っていることに加えて，選手の動きの巧みさや思いもつかないような作戦を読み取ることができれば，スポーツ観戦は何百倍も楽しいものになる。小学校体育科において，優れた選手の動きを見る面白さや，優れた選手の動きを身体感覚として追体験する喜びを味わわせることなどを学習させる授業を行うことも一つのアイデアとして考えられる。

「支える」という視点からは，生涯にわたってスポーツ行事にボランティアで参加したり，指導者になったりするために必要な知識および技能を身に付けることが挙げられる。そのためには，小学校体育科においても，友達や仲間と仲よく，あるいは，助け合って運動をすることや，友達（仲間）の考えを認めることなどを学習過程に組み込む必要がある。ときには，地域で行われるスポーツイベントに参加し，応援することを推奨するような授業も考えられる。

「知る」という視点からは，生涯にわたってスポーツ文化を楽しむために必要なスポーツに関するさまざまな情報を正しく理解する知識を身に付けることが挙げられる。たとえば，運動の行い方を理解する（知る）ことに加えて，スポーツニュースなどを取り上げ，スポーツ文化の奥深さを探求する学習を行うことが考えられる。中学校では，運動やスポーツの価値や文化的意義を学ぶ体育理論が登場する。児童の発達の段階に応じて，中学校とのつながりを意識しながらオリンピック・パラリンピックを取りあげ，スポーツの価値や意義を学ぶ授業も考えられる。

表3-1　体育科の「見方・考え方」

体育	する	生涯にわたって運動・スポーツに親しむために必要な基本的な動き及び技能を身に付ける
	みる	生涯にわたってスポーツ観戦を楽しむために必要な知識及び技能を身に付ける
	支える	生涯にわたってスポーツ行事にボランティアで参加したり，指導者になったりするために必要な知識及び技能を身に付ける
	知る	生涯にわたってスポーツ文化を楽しむために必要なスポーツに関するさまざまな情報を正しく理解する知識を身に付ける

（文部科学省，2018aを参照し，筆者作成）

2. 体育科で育成する資質・能力

（1）資質・能力の三つの柱

　これまで見てきたように体育科では，豊かなスポーツライフを実現するための資質・能力の育成が目指されている。この資質・能力として，「知識・技能」，「思考力・判断力・表現力等」，「学びに向かう力・人間性等」の三つの柱が示され

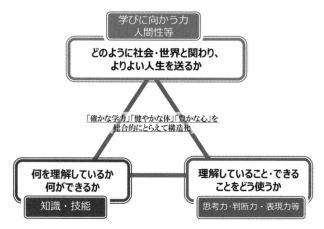

図3-1　育成を目指す資質・能力の三つの柱

（図1-8を再掲）

た（図3-1）。

　三つの柱は，教科の役割を「知識・技能」の習得に留めることなく，社会の中で出会う課題の解決に活用する「思考力・判断力・表現力等」（汎用的認知スキル）にまで高め，さらに粘り強く取り組む意欲や社会的スキルといった「学びに向かう力・人間性等」（非認知的スキル）へと拡充することを意味している。すなわち，「何を知っているか」から「何ができるか」，さらには身近な生活や社会のなかで「どのような問題解決を成し遂げていくか」ということが求められている（奈須，2020，p. 36）。

（2）体育科で育成すべき「知識・技能」

　体育科で育成すべき「知識・技能」について，運動に関わる知識の理解を通して基本的な技能を身に付け，基本的な技能の習得を通して運動に関わる知識を理解すること，そして保健に関する知識・技能を身に付けることが掲げられた（文部科学省，2018a，pp. 20-21）。運動学習では，運動の行い方などが「わかる」ことと運動が「できる」ことが相互に関連し合っていることが強調されている。具体的な知識として，運動（運動遊び）の課題・運動の約束（行い方のきまり）・場や用具の使い方，場の安全確保が，技能として，各種運動の基本となる技能（基本となる動きや技能）が挙げられた。

　ここでいう知識・技能の習得とは，知識を単に暗記したり個別の技能のみを身に付けたりすることではなく，さまざまな知識や技能を関連付け概念的な意味として理解すること，また知識・技能を生活や社会の場面で活用すること（類似の動きに変換すること）を意味している。たとえば，鬼遊びで身に付けた「相手をかわす動き」がゴール型の学習におけるディフェンスをかわす動きにつながること，あるいは，人込みの中を通り抜ける動きや危険なものとの衝突をかわす動きなどにつながることに気付かせることである。

　なお，低・中学年の児童は，体力についての認識が低いことから，運動（運動遊び）の楽しさに触れながら基本的な動きや技能を身に付ける。一方，高学年の児童は，体力についての認識が高まってくることから，体力の重要性を理解したうえで，運動の楽しさや喜びを味わい活発に運動を行っていくなかで基本的な技能を身に付ける。いずれも体力の向上を学習の直接的な目標に据えるのではなく，学習の結果として体力の向上を目指すことが示された。

(3) 体育科で育成すべき「思考力・判断力・表現力等」

　体育科で育成すべき「思考力・判断力・表現力等」について，動きや技のポイントを見付けたり，自己の行い方についての課題を見付けたりすること，自己の課題に応じて運動の行い方や練習の仕方などを選んだり，応用したりすること，そして，思考し判断したことを仲間や教師などに伝えることが掲げられた（文部科学省，2018a，pp. 21-22）。

　中学年以降からの目標である自己やグループの課題を見付けさせるためには，動きを客観的に捉えさせる工夫が必要である。たとえば，ICT機器の活用，動きのポイントと自己や仲間の動きとを照らし合わせることなどが挙げられる。運動の行い方や練習の仕方などを選ばせたり，応用させたりするためには，課題の解決方法を見付けさせる工夫が必要である。たとえば，課題の解決方法をカードや掲示物で示す，練習の場を工夫するなどが挙げられる。児童が考えたことを他者（友達・仲間，教師など）に伝えるためには，授業のなかで，お互いの動きを見合ったり，練習の補助をし合ったりする場面や，意見を発表したり，学習カードをまとめたりする場面を設けることが必要である。

　「思考力・判断力・表現力等」を育成する学習は，身に付けた知識・技能を活用しながら行われる。児童は，これらの学習を通して，身に付けた知識・技能を生きて働く知識・技能として定着させる。さらに，この知識・技能を使っ

て身近な生活や社会のなかで出会う課題を解決する。このような繰り返しを通して，子どもたちは，豊かなスポーツライフの実現に向けた資質・能力を自分のものにしていくことが期待される。

(4) 体育科で育成すべき「学びに向かう力・人間性等」

　体育科で育成すべき「学びに向かう力・人間性等」について，運動の楽しさや喜びを味わうこと，公正に取り組む，互いに協力する，自己の役割を果たす，仲間の考えや取組を認める，安全に留意するなどの態度を育むこと，そして楽しく明るい生活を営む態度を育成することが掲げられた（文部科学省，2018a，pp. 22-23）。

　運動の楽しさや喜びを味わわせるためには，教師が運動の特性を十分に理解し，児童にその特性に基づく面白さを体験させることが大切である。公正，協力，責任，参画，共生，健康・安全に関する態度を養うためには，きまりやゲームのルールを守ること，友達（仲間）と助け合うこと，友達（仲間）の考えを認めること，用具の安全を確かめることなどを指導すること，楽しく明るい生活を営む態度を育成するためには，自己の健康に関心をもち，健康の保持増進のために他者と協力することなどを指導することが挙げられる。

　「学びに向かう力・人間性等」は，体育科の枠内で収めるのではなく，豊かなスポーツライフの実現に向けた原動力になるような工夫が重要である。

3. 各学年の目標

　各学年の目標を表3-2に示した。豊かなスポーツライフを実現するための資質・能力として，(1)は知識・技能，(2)は思考力・判断力・表現力等，(3)は学びに向かう力・人間性等に関する目標を示している。

　体育科の目標および指導内容は，2008年に告示された要領から，子どもの発達段階を踏まえ，小学校から高等学校までの12年間を4年毎のまとまりで示すようになった。具体的には，「各種の運動の基礎を培う時期（小1〜小4）」，「多くの領域の学習を経験する時期（小5〜中2）」，「卒業後も運動やスポーツに多様な形で関わることができるようにする時期（中3〜高3）」（文部科学省，2018a，p. 10）である。これによると第1学年〜第4学年，第5学年以降のくくりとなるが，小学校体育科では，低・中・高学年の三段階で示している。低・中・高の各2年間でくくることにより，各段階における学習指導に弾力性をもたせ

表3-2　体育科の各学年の目標

第1学年及び第2学年	(1) 各種の運動遊びの楽しさに触れ，その行い方を知るとともに，基本的な動きを身に付けるようにする。 (2) 各種の運動遊びの行い方を工夫するとともに，考えたことを他者に伝える力を養う。 (3) 各種の運動遊びに進んで取り組み，きまりを守り誰とでも仲よく運動をしたり，健康・安全に留意したりし，意欲的に運動をする態度を養う。
第3学年及び第4学年	(1) 各種の運動の楽しさや喜びに触れ，その行い方及び健康で安全な生活や体の発育・発達について理解するとともに，基本的な動きや技能を身に付けるようにする。 (2) 自己の運動や身近な生活における健康の課題を見付け，その解決のための方法や活動を工夫するとともに，考えたことを他者に伝える力を養う。 (3) 各種の運動に進んで取り組み，きまりを守り誰とでも仲よく運動をしたり，友達の考えを認めたり，場や用具の安全に留意したりし，最後まで努力して運動をする態度を養う。また，健康の大切さに気付き，自己の健康の保持増進に進んで取り組む態度を養う。
第5学年及び第6学年	(1) 各種の運動の楽しさや喜びを味わい，その行い方及び心の健康やけがの防止，病気の予防について理解するとともに，各種の運動の特性に応じた基本的な技能及び健康で安全な生活を営むための技能を身に付けるようにする。 (2) 自己やグループの運動の課題や身近な健康に関わる課題を見付け，その解決のための方法や活動を工夫するとともに，自己や仲間の考えたことを他者に伝える力を養う。 (3) 各種の運動に積極的に取り組み，約束を守り助け合って運動をしたり，仲間の考えや取組を認めたり，場や用具の安全に留意したりし，自己の最善を尽くして運動をする態度を養う。また，健康・安全の大切さに気付き，自己の健康の保持増進や回復に進んで取り組む態度を養う。

（文部科学省，2018aを参照し，筆者作成）

ている。

　各学年の目標では，発達の段階を踏まえて，児童に求められる成果が段階的に示されている。

　まず，「知識・技能」に関する目標の系統を表3-3に示した。

　低学年では「運動遊びの楽しさに触れ」，中学年では「運動の楽しさや喜びに触れ」，高学年では「運動の楽しさや喜びを味わい」とされた。幼稚園との接続を意識して，低学年では，運動としては易しい内容である「運動遊び」が位置付けられた。学年が上がると，学習の内容が「運動遊び」から「運動」へ

高まり，目標もこれらの楽しさや喜びに「触れること」から，楽しさや喜びを「味わうこと」へと高まる。

　児童全員が運動（運動遊び）の楽しさや喜びに触れ，それを味わわせるためには，たとえ運動が苦手な児童であっても一人ひとりに，成功体験を得させることが大切である。具体的な手立てとして，個人の能力に応じた課題を設定すること，運動の場や道具を工夫すること，ルールを簡易化することなどが挙げられる。また，幼稚園との接続と中学校へのつながりを意識することも大事である。

　知識について，低・中学年では「行い方を知る」，高学年では「行い方を理解する」とされた。中学校では，運動の行い方や運動の意義と効果，運動の原則（運動のねらい，運動の強度，回数，期間）などについて科学的に理解できるようにすることが求められている（文部科学省，2018b）。そのため高学年では，中学校へのつながりを意識して，運動の意義と効果，運動の原則などについて科学的に理解するような授業も考えられる。

　技能について，低学年では「基本的な動きを身に付ける」，中学年では「基本的な動きと技能を身に付ける」，高学年では「基本的な技能を身に付ける」とされた。中学校では，技をよりよく行うこと，記録の向上や競争を楽しむことが求められる（文部科学省，2018b）。高学年では，中学校へのつながりを意識して，技をよりよく行うこと，記録の向上や競争を楽しむことを保証する授業も考えられる。

表3-3　「知識・技能」に関する目標の系統表

	知識・技能		
第1・2学年	運動遊びの楽しさに触れ	行い方を知る	基本的な動きを身に付ける
第3・4学年	運動の楽しさや喜びに触れ	行い方を知る	基本的な動きや技能を身に付ける
第5・6学年	運動の楽しさや喜びを味わい	行い方を理解する	基本的な技能を身に付ける

（文部科学省，2018aを参照し，筆者作成）

　次に，「思考力・判断力・表現力等」に関する目標の系統を表3-4に示した。

　思考力・判断力について，低学年では「運動遊びの行い方を工夫する」，中学年では「自己の運動の課題を見付け，その解決のための方法や活動を工夫する」，高学年では「自己やグループの運動の課題を見付け，その解決のための方法や活動を工夫する」とされた。学年が上がると，課題を見付ける対象が自分自身から自分とグループへと広がっている。高学年では，個人が対応すべき課題とグループで対応すべき課題を整理させる必要がある。また，自己あるいはグループの課題を解決するために，自ら楽しみ方を工夫したり，教師や仲間から提案された楽しみ方から，自己あるいはグループに合った楽しみ方を選択したりするというように目標が変化している。

　表現力について，低・中学年では「考えたことを他者に伝える」，高学年では「自己や仲間の考えたことを他者に伝える」とされた。この他者は，ともに学ぶ友達（仲間）だけでなく，教師，保護者なども含む。高学年では，自分の考えたことに加えて，仲間の考えたことを理解し，それを伝えることが求められている。

表3-4　「思考力・判断力・表現力等」に関する目標の系統表

	思考力・判断力	表現力
第1・2学年	運動遊びの行い方を工夫する	考えたことを他者に伝える
第3・4学年	自己の運動の課題を見付け，その解決のための方法や活動を工夫する	考えたことを他者に伝える
第5・6学年	自己やグループの運動の課題を見付け，その解決のための方法や活動を工夫する	自己や仲間の考えたことを他者に伝える

（文部科学省，2018aを参照し，筆者作成）

　最後に，「学びに向かう力・人間性等」に関する目標の系統を表3-5に示した。

　低学年では「運動遊びに進んで取り組む」，「きまりを守る」，「誰とでも仲よく運動をする」，「健康・安全に留意する」，「意欲的に運動をする」，中学年では「運動に進んで取り組む」，「きまりを守る」，「誰とでも仲よく運動をする」，「友達の考えを認める」，「場や用具の安全に留意する」，「最後まで努力して運動をする」，高学年では「運動に進んで取り組む」，「約束を守る」，「助け合って運動をする」，「仲間の考えや取組を認める」，「場や用具の安全に留意する」，「自己の最善を尽くして運動をする」とされた。

中学校では,「公正に取り組む, 互いに協力する, 自己の役割を果たす, 一人一人の違いを認めようとするなどの意欲を育てる」,「健康・安全に留意する」,「自己の最善を尽くして運動をする」が掲げられている(文部科学省, 2018b, p. 30)。小学校では「約束を守る」などの具体的な事項を目標としていたが,中学校では,「自己の役割を果たす」などの概念的な事項へと目標が発展する。また中学校は社会性や規範意識に基づく運動への価値観が形成される時期であるから, 態度を支える知識を理解させることが求められている(文部科学省, 2018b, p. 30)。高学年では, 中学校へのつながりを意識して, 行動の意義などの態度を支える知識を得る授業も考えられる。

表3-5 「学びに向かう力・人間性等」に関する目標の系統表

| | スポーツの価値の実現に関する態度 | | | | | 意欲的に運動に取り組む態度 |
	愛好的態度	公正	協力	共生	健康・安全	
第1・2学年	運動遊びに進んで取り組む	きまりを守る	誰とでも仲よく運動をする	―	健康・安全に留意する	意欲的に運動をする
第3・4学年	運動に進んで取り組む	きまりを守る	誰とでも仲よく運動をする	友達の考えを認める	場や用具の安全に留意する	最後まで努力して運動をする
第5・6学年	運動に積極的に取り組む	約束を守る	助け合って運動をする	仲間の考えや取組を認める	場や用具の安全に留意する	自己の最善を尽くして運動をする

(文部科学省, 2018aを参照し, 筆者作成)

課 題

1. 「する・みる・支える・知る」のスポーツとの多様な関わり方を楽しむための力を身に付けさせるために, どのような体育授業ができるか考えなさい。
2. 体育科で育成する資質・能力の三つの柱について説明しなさい。
3. 体育科における各学年の目標について, 系統性を踏まえて説明しなさい。

参考文献

中央教育審議会「幼稚園，小学校，中学校，高等学校及び特別支援学校の学習指導要領等の改善及び必要な方策等について（答申）」2016年　https://www.mext.go.jp/b_menu/shingi/chukyo/chukyo0/toushin/__icsFiles/afieldfile/2017/01/10/1380902_0.pdf，最終閲覧日2022年10月5日

奈須正裕『次代の学びを創る知恵とワザ』ぎょうせい，2020年

文部科学省『小学校学習指導要領（平成29年告示）解説 体育編』東洋館出版社，2018年a　https://www.mext.go.jp/component/a_menu/education/micro_detail/__icsFiles/afieldfile/2019/03/18/1387017_010.pdf，最終閲覧日2022年10月5日

文部科学省『中学校学習指導要領（平成29年告示）解説 保健体育編』東山書房，2018年b　https://www.mext.go.jp/component/a_menu/education/micro_detail/_icsFiles/afieldfile/2019/03/18/1387018_008.pdf，最終閲覧日2022年10月5日

文部科学省「育成すべき資質・能力の三つの柱」　https://www.mext.go.jp/content/1421692_7.pdf，最終閲覧日2022年10月5日

第2節　教科の内容構成と領域

1. 体育科における内容構成

　体育科の内容は，運動領域と保健領域から構成されている。運動領域は，体つくり運動系，器械運動系，陸上運動系，水泳運動系，ボール運動系，そして表現運動系の6つからなる。保健領域は，主に第3学年から第6学年に対応している。

　体育科の内容には，以下の2つの特徴が見られる。

　第1に，発達の段階を踏まえて，小学校から高等学校までの12年間を4年ごとのまとまりに分け，内容を系統的に示したことである（表3-6）。小学校から高等学校まで，各領域で取りあげる内容には共通性が認められ，「運動遊び」から段階的に難しい運動技術（技）の習得を目指すようになっている。「生涯にわたって心身の健康を保持増進し豊かなスポーツライフを実現する」という教科目標の達成に向けて，幼稚園からのつながり，そして中学校への継続を意識して指導する必要がある。とくに新要領では，幼稚園からのつながりを意識して領域名に「遊び」が使われた。

　第2に，ボール運動系領域に顕著に認められるが，運動種目の枠組みを超えて，各種目に共通した内容を設定する傾向が認められることである。たとえば，ゲーム・ボール運動では，バスケットボールやサッカーをゴール型と称し，「ボール操作」に関する知識・技能と，攻防に関わる「ボールを持たないときの動き」に関する知識・技能を内容としている。教師は，各種目を教えながら，ある種目を通して身に付けた知識・技能（体や道具の使い方及び攻防での動き方）が他の種目あるいは児童の生活場面につながること（転移）に気付かせることが大切である。

　さらには「する・みる・支える・知る」の観点から，体育授業で学習したことを子どもたちの身近な生活や社会のなかに生かし，運動の習慣化を図るような指導も大事である。

表3-6　指導内容の系統表

	各種運動の基礎を培う時期		多くの領域の学習を経験する時期		卒業後も運動やスポーツに多様な形で関わることができるようにする時期	
領域／領域の内容	小学校第1学年及び第2学年	小学校第3学年及び第4学年	小学校第5学年及び第6学年	中学校第1学年及び第2学年	中学校第3学年高等学校入学年次	高等学校その次の年次以降
体つくり運動	体ほぐしの運動遊び／多様な動きをつくる運動遊び	体ほぐしの運動／多様な動きをつくる運動	体ほぐしの運動／体の動きを高める運動	体ほぐしの運動／体の動きを高める運動	体ほぐしの運動／実生活に生かす運動の計画	体つくり運動／実生活に生かす運動の計画
器械運動	固定施設を使った運動遊び／マット運動を使った運動遊び／鉄棒運動を使った運動遊び／跳び箱を使った運動遊び	マット運動／鉄棒運動／跳び箱運動	マット運動／鉄棒運動／跳び箱運動	マット運動／鉄棒運動／平均台運動／跳び箱運動	マット運動／鉄棒運動／平均台運動／跳び箱運動	マット運動／鉄棒運動／平均台運動／跳び箱運動
陸上競技	走・跳の運動遊び	走・跳の運動：かけっこ・リレー／小型ハードル走／幅跳び／高跳び（投の運動を加えることができる）	陸上運動：短距離走・リレー／ハードル走／走り幅跳び／走り高跳び（投の運動を加えることができる）	陸上競技：短距離走・リレー／長距離走又はハードル走／走り幅跳び又は走り高跳び	陸上競技：短距離走・リレー／長距離走又はハードル走／走り幅跳び又は走り高跳び／三段跳び（高等学校入学年次）	陸上競技：短距離走・リレー／長距離走／ハードル走／走り幅跳び／走り高跳び／三段跳び／砲丸投げ、やり投げ
水泳	水遊び	水泳運動：浮いて進む運動／もぐる・浮く運動	水泳運動：クロール／平泳ぎ／安全確保につながる運動	水泳：クロール／平泳ぎ／背泳ぎ／バタフライ	水泳：クロール／平泳ぎ／背泳ぎ／バタフライ／複数の泳法で泳ぐこと又はリレー（高等学校入学年次）	水泳：クロール／平泳ぎ／背泳ぎ／バタフライ／複数の泳法で泳ぐこと又はリレー
球技	ボールゲーム／鬼遊び	ゲーム：ゴール型ゲーム／ネット型ゲーム／ベースボール型ゲーム	ボール運動：ゴール型／ネット型／ベースボール型	球技：ゴール型／ネット型／ベースボール型	球技：ゴール型／ネット型／ベースボール型	球技：ゴール型／ネット型／ベースボール型
武道				武道：柔道／剣道／相撲	武道：柔道／剣道／相撲（中学校第3学年）	武道：柔道／剣道
ダンス	表現リズム遊び：表現遊び／リズム遊び	表現運動：表現／リズムダンス（フォークダンスを加えることができる）	表現運動：表現／フォークダンス（リズムダンスを加えることができる）	ダンス：創作ダンス／フォークダンス／現代的なリズムのダンス	ダンス：創作ダンス／フォークダンス／現代的なリズムのダンス	ダンス：創作ダンス／フォークダンス／現代的なリズムのダンス
体育理論				体育理論：運動やスポーツの多様性／運動やスポーツの意義や効果と学び方や安全な行い方	体育理論：文化としてのスポーツの意義	体育理論：スポーツの文化的特性や現代のスポーツの発展（高等学校入学年次）／運動やスポーツの効果的な学習の仕方／豊かなスポーツライフの設計の仕方（高等学校入学年次の次の年次以降）
保健		保健：健康な生活／体の発育・発達	保健：心の健康／けがの防止／病気の予防	保健：健康な生活と疾病の予防／心身の機能の発達と心の健康／傷害の防止／健康と環境	保健：健康な生活と疾病の予防（中学校第3学年）／現代社会と健康／安全な社会生活／生涯を通じる健康／健康を支える環境づくり	保健：現代社会と健康／安全な社会生活／生涯を通じる健康／健康を支える環境づくり

（文部科学省，2018a，2018b，2018cを参照し，筆者作成）

2．各運動領域の内容

（1）体つくり運動系

　体つくり運動系では，体を動かす楽しさや心地よさを味わわせ子どもたちを運動好きにすること，生涯にわたって運動・スポーツに親しむために基本的な体の動きを身に付けること，運動の結果として体力を高めることをねらいとしている（文部科学省，2018a, pp. 25-27）。体つくり運動は，「体ほぐしの運動（体ほぐしの運動遊び）」と，「体の動きを高める運動（多様な動きをつくる運動（遊び））」で構成されている（表3-7）。

　「体ほぐしの運動」は，運動をする者とそうでない者という二極化が見られることや，不登校，いじめなど子どもたちの心や体に見られる問題状況を踏まえ，1998年の要領から新たに導入された。ここでは，心と体が関係し合っていることに気付かせたり，仲間と関わる楽しさを体験させたりする。

　「体の動きを高める運動（多様な動きをつくる運動）」は，子どもたちの体力・運動能力の低下を踏まえると，将来の体力の向上につなげることや，授業で学習したことを授業以外の生活場面で生かすことを促すような指導が重要となる。具体的には，低・中学年では，基本的な動きを身に付けること，高学年では，それを各種の動きにさらに高めること，また運動の行い方を理解しながら運動に取り組むことなどが挙げられる。

　高学年では，中学校へのつながりを意識して，体の柔らかさ，巧みな動き，力強い動き，動きを持続する能力を高める運動が示された。ただし，高学年では，発達の段階を踏まえ，主として体の柔らかさ及び巧みな動きを高めることに重点を置くこととされている。力強い動き及び動きを持続する能力を高める運動を行う場合は，自己の体重を利用したり自分に合った無理のないペースで走ったりと適切な負荷で行うこと，また一人ひとりの体力に応じた運動を選ばせることが大切である。たとえば，高学年における「動きを持続する能力を高める運動」では，無理のない速さで5〜6分程度の持久走をすることとされている。持久走といっても，速さや距離を競うのではなく，息をしっかり吐くことや，腕をリズムよく振ることなどの一定のペースで無理なく走り続ける技能の習得に重きを置いた指導が求められる。中学年の「体を移動する運動」では，無理のない速さでかけ足を3〜4分程度続けること，低学年の「体を移動する運動遊び」では，無理のない速さでかけ足を2〜3分程度続けることとなって

表3-7　体つくり運動系：知識及び運動の指導内容

小学校	
第1学年及び第2学年	第3学年及び第4学年
体つくりの運動遊び	体つくり運動
体ほぐしの運動遊び	体ほぐしの運動
・操作しやすい用具（新聞紙，テープ，なわ，体操棒，フープなど）を用いた運動遊び ・リズムに乗って，心が弾むような動作で行う運動遊び ・動作や人数などの条件を変えて，歩いたり走ったりする運動遊び ・伝承遊びや集団による運動遊び	・ボール，なわ，体操棒，フープといった用具を用いた運動 ・リズムに乗って，心が弾むような動作で行う運動 ・動作や人数などの条件を変えて，歩いたり走ったりする運動 ・伝承遊びや集団による運動
多様な動きをつくる運動遊び	多様な動きをつくる運動
・体のバランスをとる運動遊び ・体を移動する運動遊び ・用具を操作する運動遊び ・力試しの運動遊び	・体のバランスをとる運動 ・体を移動する運動 ・用具を操作する運動 ・力試しの運動 ・基本的な動きを組合せる運動

小学校	中学校
第5学年及び第6学年	第1学年及び第2学年
体つくり運動	体つくり運動
体ほぐしの運動	体ほぐしの運動
・ボール，なわ，体操棒，フープといった用具を用いた運動 ・リズムに乗って，心が弾むような動作で行う運動 ・動作や人数などの条件を変えて，歩いたり走ったりする運動 ・伝承遊びや集団による運動 ・グループや学級の仲間と力を合わせて挑戦する運動 ・ペアになって背中合わせに座り，互いの心や体の状態に気付き合いながら体を前後左右に揺らすなどの運動	・のびのびとした動作で用具などを用いた運動 ・リズムに乗って心が弾むような運動 ・いろいろな条件で，歩いたり走ったり跳びはねたりする運動 ・仲間と協力して課題を達成するなど，集団で挑戦するような運動 ・仲間と動きを合わせたり，対応したりする運動 ・緊張したり緊張を解いて脱力したりする運動
体の動きを高める運動	体の動きを高める運動
・体の柔らかさを高める運動 ・巧みな動きを高める運動 ・力強い動きを高める運動 ・動きを持続する能力を高める運動	・体の柔らかさを高める運動 ・巧みな動きを高める運動 ・力強い動きを高める運動 ・動きを持続する能力を高める運動 ・運動を組み合わせる

（文部科学省，2018a，2018bを参照し，筆者作成）

おり，子どもの体力に応じて段階的に課題を設定することも重要な視点である。
　このように「体つくり運動」では，記録の向上を直接ねらうのではなく，運動を楽しませることと運動の行い方（どのような運動をどのように行えばよいのか，どの部位に力がかかるのかなど）を理解させることに重点を置いて指導する。運動の楽しさを体験し，行い方を理解していれば，体育授業以外の生活場面や社会において運動に親しむようになると考えられるからである。

(2) 器械運動系

　器械運動系では，さまざまな動きに取り組み，自己の能力に適した技や発展技に挑戦したりして技を身に付けたときの楽しさや喜びを味わわせることをねらいとしている（文部科学省，2018a，pp. 27-28）。器械運動は，低学年の「器械・器具を使っての運動遊び」，中・高学年の「器械運動」で構成され，具体的に，低学年では，「固定施設を使った運動遊び」「マットを使った運動遊び」「鉄棒を使った運動遊び」「跳び箱を使った運動遊び」，中・高学年では，「マット運動」「鉄棒運動」「跳び箱運動」で構成されている（表3-8）。
　器械・器具を使っての運動遊びの指導では，中・高学年で行う器械運動へのつながりを意識して，器械運動と関連の深い動きを取り入れ，基礎となる体の動かし方や感覚を身に付けさせることが大事である。具体的には，それぞれの器械・器具の条件下で，回転，支持，逆さの姿勢，ぶら下がり，振動，手足での移動など基本的な動きを身に付けさせる。
　中・高学年では，技を身に付けたり，新しい技に挑戦したりする楽しさや喜びに触れさせたり，味わわせたりする。そのためには，練習の場を工夫したり，段階的な課題を与えたりと一人ひとりが自己の課題を見付けて学習できるような指導が必要である。
　器械運動は，「マット運動」，「鉄棒運動」，「跳び箱運動」で構成されるが，それぞれの内容は，別々に存在するのではなく，互いに密接に関わり合っている（文部科学省，2015b，p. 135）。回転，支持，逆さの姿勢，ぶら下がり，振動，手足での移動などの低学年で身に付ける体の動かし方や運動感覚は，各種目における技の要素を構成するとともに，技の習得にも生かされる。たとえば，鉄棒運動の技である後方に回転しながら鉄棒に上がる逆上がりは，マットを使った運動遊びの内容であるゆりかごや後ろ転がりと類似した体の動かし方をしている。逆上がりをスムーズに行うためには，ゆりかごや後ろ転がりで後方に回

表3-8　器械運動系：知識及び技能の指導内容

小学校	
第1学年及び第2学年	第3学年及び第4学年
器械・器具を 使っての運動遊び	器械運動 （　　）は発展技
マットを使った運動遊び	マット運動
<div>回転系</div> ・ゆりかご，前転がり 　後ろ転がり，だるま転がり 　丸太転がりなど ・背支持倒立（首倒立） 　うさぎ跳び 　かえるの足打ち	・前転（開脚前転） 　易しい場での開脚前転 ・後転，開脚後転（伸膝後転） ・補助倒立ブリッジ（倒立ブリッジ） 　側方倒立回転（ロンダート） ・首はね起き（頭はね起き）
<div>巧技系</div> かえるの逆立ち 壁登り逆立ち 支持での川跳び 腕立て横跳び越し ブリッジなど	・壁倒立（補助倒立） 　頭倒立
<div>組合せ</div>	
鉄棒を使った運動遊び	鉄棒運動
<div>支持系</div> ・ふとん干し，こうもり，さる，ぶたの 　丸焼き ・ツバメ ・跳び上がり，跳び下り ・易しい回転 ○固定施設を使った運動遊び ・ジャングルジム，雲梯 　登り棒，肋木，平均台を使った運動遊び	・前回り下り（前方支持回転） 　かかえ込み前回り（前方支持回転） 　転向前下り（片足踏み越し下り） ・膝掛け振り上がり（膝掛け上がり） 　前方片膝掛け回転（前方もも掛け回転） ・補助逆上がり（逆上がり） 　かかえ込み後ろ回り（後方支持回転） ・後方片膝掛け回転（後方もも掛け回転） 　両膝掛け倒立下り（両膝掛け振動下り）
<div>組合せ</div>	
跳び箱を使った運動遊び	跳び箱運動
<div>切り返し系</div> ・踏み越し跳び ・支持でまたぎ乗り・またぎ下り，支持 　で跳び乗り・跳び下り ・馬跳び，タイヤ跳び	・開脚跳び（かかえ込み跳び）
<div>回転系</div>	・台上前転（伸膝台上前転） 　首はね前転（頭はね跳び）

小学校	中学校
第5学年及び第6学年	第1学年及び第2学年
器械運動 （　）は更なる発展技	器械運動 （　）は発展技
マット運動	マット運動

	小学校 第5学年及び第6学年	中学校 第1学年及び第2学年
回転系	・開脚前転（易しい場での伸膝前転） 　補助倒立前転（倒立前転，跳び前転） ・伸膝後転（後転倒立） ・倒立ブリッジ（前方倒立回転，前方倒立回転跳び） 　ロンダート 　頭はね起き	・開脚前転（伸膝前転） ・補助倒立前転（倒立前転，跳び前転） ・開脚後転（伸膝後転，後転倒立） ・倒立ブリッジ（前方倒立回転，前方倒立回転跳び） ・側方倒立回転（ロンダート） ・頭はね起き
巧技系	・補助倒立（倒立）	・片足平均立ち（片足正面水平立ち，Y字バランス） ・補助倒立（倒立），頭倒立
組合せ	できる技を選び，それらにバランスやジャンプなどを加えて組み合わせたり，ペアやグループで動きを組み合わせて演技をつくる	いくつかの技を「はじめ―なか―おわり」に組み合わせて行う
鉄棒運動		
支持系	・前方支持回転（前方伸膝支持回転） 　片足踏み越し下り（横とび越し下り） ・膝掛け上がり（もも掛け上がり） 　前方もも掛け回転 ・逆上がり 　後方支持回転（後方伸膝支持回転） ・後方もも掛け回転 　両膝掛け振動下り	・前方支持回転（前方伸膝支持回転） 　転向前下り，踏み越し下り 　（支持跳び越し下り） ・膝掛け上がり（もも掛け上がり，け上がり） 　前方膝かけ回転（前方もも掛け回転） ・後方支持回転（後方伸膝支持回転，後方浮き支持回転） 　後方膝掛け回転（後方もも掛け回転）
組合せ	基本的な技や上に示した技のなかから，自己の能力に適した技を選んで組み合わせる	いくつかの技を「上がる―回る―下りる」に組み合わせて行う
跳び箱運動		
切り返し系	かかえ込み跳び（屈身跳び）	・開脚跳び（開脚伸身跳び） 　かかえ込み跳び（屈身跳び）
回転系	・伸膝台上前転 　頭はね跳び（前方屈腕倒立回転跳び）	・頭はね跳び（前方屈腕倒立回転跳び，前方倒立回転跳び）

（文部科学省，2018a，2018bを参照し，筆者作成）

転する運動感覚を身に付けさせておくとよい。このように各種目で身に付けた体の動かし方や運動感覚が種目を越えた学習に生かされること，かつ下位の学年で学習したことが上位の学年で生かされること（たとえば，低学年の学習は，中・高学年以降の学習に生かされる）を念頭に置いた指導を心がけることが大切である。また，器械運動は，類似の運動課題や運動技術，および技の系統性や発展性の観点から系（回転系，巧技系，支持系，切返し系），技群（接転技群，ほん転技群，平均立ち技群など），グループ（前転・後転グループ，倒立回転・はね起きグループ，倒立グループなど）に分類されている。これらの系統性を踏まえた学習の流れを設定することも重要な視点となる。

　器械運動で「技ができる」とは，「目標とする技ができること，よりよくできること，安定してできること，滑らかにできること，また，条件を変えた技や発展技ができるようにすること，さらに，それらを組み合わせたり，演技したりすることができるようにすること」（文部科学省，2015a，p. 4）である。中学校では，技がよりよくできることや自己に適した技で演技することが求められる。高学年では，中学校へのつながりを意識して，中学年で学習した基本的な技を安定してできることやより雄大で美しい動きができるようになること，すでにできる技を組み合わせたり，ペアやグループで動きを組み合わせたりして演技をつくることに重点を置いて指導する。

(3) 陸上運動系

　陸上運動系では，「走る」，「跳ぶ」などの運動で構成され，自己の能力に適した課題や記録に挑戦したり，競走（争）したりする楽しさや喜びを味わうことをねらいとしている（文部科学省，2018a，pp. 28-29）。陸上運動は，低学年の「走・跳の運動遊び」，中学年の「走・跳の運動」，高学年の「陸上運動」で構成され，具体的に「短距離走・リレー（かけっこ・リレー）」，「ハードル走（小型ハードル走）」，「走り幅跳び（幅跳び）」，「走り高跳び（高跳び）」で構成されている（表3-9）。なお，子どもたちの投能力の低下傾向が問題となっていることから，投の運動（遊び）を加えて指導できることとしている。

　走・跳の運動（運動遊び）では，友達と競い合う楽しさや，調子よく走ったり跳んだりする心地よさを味わわせながら，体を巧みに操作しながら走る，跳ぶ動きを身に付けさせることが大事である。

　中学校では，陸上競技に求められる基本的な動きや効率のよい動きを発展さ

表3-9 陸上運動系：知識及び技能の指導内容

小学校	
第1学年及び第2学年	第3学年及び第4学年
走・跳の運動遊び	走・跳の運動
走の運動遊び	かけっこ・リレー
・30〜40m程度のかけっこ ・折り返しリレー遊び，低い障害物を用いてのリレー遊び	・30〜50m程度のかけっこ ・周回リレー（一人が走る距離30〜50m程度）
	小型ハードル走
	・いろいろなリズムでの小型ハードル走 ・30〜40m程度の小型ハードル走
跳の運動遊び	幅跳び
・幅跳び遊び ・ケンパー跳び遊び ・ゴム跳び遊び	・短い助走からの幅跳び
	高跳び
	・短い助走からの高跳び

小学校	中学校
第5学年及び第6学年	第1学年及び第2学年
陸上運動	陸上競技
短距離走・リレー	短距離走・リレー
・40〜60m程度の短距離走 ・いろいろな距離でのリレー（一人が走る距離40〜60m程度）	・50〜100m程度の短距離走 ・リレー（一人50〜100m程度）
	長距離走
	・1000〜3000m程度の長距離走
ハードル走	ハードル走
・40〜50m程度のハードル走	・50〜80m程度のハードル走
走り幅跳び	走り幅跳び
・リズミカルな助走からの走り幅跳び	・走り幅跳び
走り高跳び	走り高跳び
・リズミカルな助走からの走り高跳び	・走り高跳び

（文部科学省，2018a，2018bを参照し，筆者作成）

せ，各種目特有の技能を身に付けることが求められている。高学年では，中学校へのつながりを意識して，体を巧みに操作しながら，合理的で心地よい動きを身に付けること，仲間と速さや高さ，距離を競い合ったり，自己の課題の解決の仕方や記録への挑戦の仕方を工夫したりする楽しさや喜びを味わわせることが大事である。

　仲間と競い合う学習では，できるだけ多くの子どもたちに勝つ機会が与えられるような工夫をするとともに，その結果を受け入れることができるよう指導すること，記録を達成する学習では，適切な運動の行い方を知り，記録を高めることができるよう指導することが大切である。たとえば，仲間と競い合う周回リレーの学習では，各チームの走力を同じにしたり，メンバーの走る距離を工夫したりすることで，どのチームにも勝つ機会を与えることができる。また，走り幅跳び，あるいは，走り高跳びの学習では，個に応じた目標を設定し，目標記録に近づけることを課題とすることが考えられる。子どもたちが意欲を失うことなく，最後まで全力で走ることや思い切り地面を蹴って踏み切るなど，体全体を大きく，素早く，力強く動かす経験を保証する指導を心がけるとよい。

（4）水泳運動系

　水泳運動系では，水の中という特殊な環境での活動におけるその物理的な特性（浮力，水圧，抗力・揚力など）を生かし，浮く，呼吸する，進むなどの課題を達成し，水に親しむ楽しさや喜びを味わうことをねらいとしている（文部科学省，2018a, pp. 29-30）。水泳運動は，低学年の「水遊び」，中・高学年の「水泳運動」で構成され，具体的には，低学年の「水の中を移動する運動遊び」，「もぐる・浮く運動遊び」，中学年の「浮いて進む運動」，「もぐる・浮く運動」，高学年の「クロール」，「平泳ぎ」，「安全確保につながる運動」で構成されている（表3-10）。

　新要領では，呼吸の技能の系統的な指導が重視され，低・中学年において，「水の中を移動する運動遊び」や「浮いて進む運動」という内容が示された（岡出，2017, p. 3）。「安全確保につながる運動」でも，呼吸の仕方を十分に身に付け，安定した呼吸の獲得を意図している。

　水遊びでは，遊び方を工夫することで水に対する不安感を取り除き，水遊びの楽しさや心地よさを味わわせることが大切である。

　中学校では，泳法を身に付け，効率的に泳ぐことができるようにすることが

表3-10　水泳運動系：知識及び技能の指導内容

小学校	
第1学年及び第2学年	第3学年及び第4学年
水遊び	水泳運動
水の中を移動する運動遊び	浮いて進む運動
・水につかっての水かけっこ，まねっこ遊び ・水につかっての電車ごっこ，リレー遊び，鬼遊び	・け伸び ・初歩的な泳ぎ
もぐる・浮く運動遊び	もぐる・浮く運動
・もぐる遊び（水中でのじゃんけん，にらめっこ，石拾い，輪くぐりなど） ・浮く遊び（くらげ浮き，伏し浮き，大の字浮きなど） ・バブリング，ボビング	・いろいろなもぐり方（プールの底にタッチ，股くぐり，変身もぐりなど） ・いろいろな浮き方（背浮き，だるま浮き，変身浮きなど） ・簡単な浮き沈み（だるま浮き，ボビングなどの活用）

小学校	中学校
第5学年及び第6学年	第1学年及び第2学年
水泳運動	水泳
クロール	クロール
・25〜50m程度を目安にしたクロール ・ゆったりとしたクロール	・25〜50m程度を目安としたクロール ・速く泳ぐ
安全確保につながる運動	背泳ぎ
・10〜20秒程度を目安にした背浮き ・3〜5回程度を目安にした浮き沈み	・25〜50m程度を目安とした背泳ぎ ・バランスをとり泳ぐ
	バタフライ
	・25〜50m程度を目安としたバタフライ ・バランスをとり泳ぐ
平泳ぎ	平泳ぎ
・25〜50m程度を目安にした平泳ぎ ・ゆったりとした平泳ぎ	・50〜100m程度を目安とした平泳ぎ ・長く泳ぐ

（文部科学省，2018a，2018bを参照し，筆者作成）

求められる。中・高学年では，中学校へのつながりを意識して，水泳運動の楽しさを味わわせながら，運動の行い方を理解させるとともに，手と足の動かし方や呼吸運動などの基本的な技能を身に付けさせることが大事である。

(5) ボール運動系

　ボール運動系では，競い合う楽しさに触れたり，友達と力を合わせて競争する楽しさや喜びを味わったりすることをねらいとしている（文部科学省，2018a，pp. 30-31）。ボール運動は，低・中学年の「ゲーム」，高学年の「ボール運動」で構成され，具体的には，低学年の「ボールゲーム」，「鬼遊び」，中学年の「ゴール型ゲーム」，「ネット型ゲーム」，「ベースボール型ゲーム」，高学年の「ゴール型」，「ネット型」，「ベースボール型」で構成されている（表3-11）。

　低学年のボールゲームにおける内容は，それぞれ中・高学年の内容に発展する。具体的には，低学年で学習するコート内で攻守入り交じって，的やゴールに向かってボールを投げたり蹴ったりする簡単な規則で行われる易しいゲームは，中学年のゴール型ゲーム，高学年のゴール型に発展し，攻めと守りが分かれたコートで，相手コートにボールを投げ入れる簡単な規則で行われる易しいゲームは，中学年のネット型ゲーム，高学年のネット型に発展し，攻めと守りを交代しながら，ボールを手などで打ったり，蹴ったりする簡単な規則で行われる易しいゲームは，中学年のベースボール型ゲーム，高学年のベースボール型に発展する。

　身に付ける内容としては，「ボール操作」と「ボールを持たないときの動き」が挙げられる。「ボール操作」は，ゴール型では，シュート・パス・ボールをキープすること，ネット型では，サービス・パス・打球を返球すること，ベースボール型では，打つ（打撃）・捕る（捕球）・投げる（送球）ことなど攻防のためにボールを操作する知識・技能のことである。「ボールを持たないときの動き」は，相手のいない空間，ボールの落下点や目標物に走り込むこと，味方をサポートすること，相手のプレイヤーをマークすることなどボール操作に至るための動きや守備の動きに関する技能である。ゲームではこれらの技能をいつ，どのように発揮するかを適切に判断することが大切になる。

　ゲームでは，得点を取るために友達と協力して攻めたり，得点されないように友達と協力して守ったりと，ゲームを楽しませながら基本的なボール操作と

ボールを持たないときの動きを身に付けさせることが大事である。

　中学校では，基本的な技能や仲間と連携した動きを発展させて，作戦に応じた技能で仲間と連携しゲームが展開できるようにすることが求められる。高学年では，中学校へのつながりを意識して，簡易化されたゲームでルールを工夫したり，チームの特徴に応じた作戦を立てたりして攻防を展開できるようすることが大事である。また，ボール運動では，公正に行動する態度，とくに勝敗をめぐって正しい態度がとれるように指導することが大切である。

表3-11　ボール運動系：知識及び技能の指導内容

小学校			
第1学年及び第2学年		第3学年及び第4学年	
ゲーム		ゲーム	
ボールゲーム		ゴール型ゲーム	
ボール操作	・ねらったところに緩やかにボールを転がす，投げる，蹴る，的に当てる，得点する ・相手コートに緩やかにボールを投げ入れたり，捕ったりする ・ボールを捕ったり止めたりする	・味方へのボールの手渡し，パス，シュート，ゴールへのボールの持ち込み	
ボールを持たないときの動き	・ボールが飛んだり，転がったりしてくるコースへの移動 ・ボールを操作できる位置への移動	・ボール保持時に体をゴールに向ける ・ボール保持者と自分の間に守備者がいないように移動	
鬼遊び		ネット型ゲーム	
・空いている場所を見付けて，速く走ったり，急に曲がったり，身をかわしたりする ・相手（鬼）のいない場所への移動，駆け込み ・少人数で連携して相手（鬼）をかわしたり，走り抜けたりする ・逃げる相手を追いかけてタッチしたり，マーク（タグやフラッグ）を取ったりする		ボール操作	・いろいろな高さのボールを片手，両手，用具などではじいたり，打ちつけたりする ・相手コートから返球されたボールの片手，両手，用具での返球
		ボールを持たないときの動き	・ボールの方向に体を向けること，もしくは，ボールの落下点や操作しやすい位置への移動

		ベースボール型ゲーム
ボール操作 バット操作		・ボールをフェアグラウンド内に蹴ったり打ったりする ・投げる手と反対の足を一歩前に踏み出してボールを投げる
ボールを持たないときの動き		・向かってくるボールの正面への移動 ・ベースに向かって全力で走り，駆け抜けること

小学校	中学校
第5学年及び第6学年	第1学年及び第2学年
ボール運動	球技

	ゴール型	ゴール型
ボール操作	・近くにいるフリーの味方へのパス ・相手に取られない位置でのドリブル ・パスを受けてのシュート	・ゴール方向に守備者がいない位置でシュートをすること ・マークされていない味方にパスを出すこと ・得点しやすい空間にいる味方にパスを出すこと ・パスやドリブルなどでボールをキープすること
ボールを持たないときの動き	・ボール保持者と自分の間に守備者が入らない位置への移動 ・得点しやすい場所への移動 ・ボール保持者とゴールの間に体を入れた守備	・ボールとゴールが同時に見える場所に立つこと ・パスを受けるために，ゴール前の空いている場所に動くこと ・ボールを持っている相手をマークすること
	ネット型	ネット型
ボール操作	・自陣のコート（中央付近）から相手コートへのサービス ・味方が受けやすいようにボールをつなぐ ・片手，両手，用具を使っての相手コートへの返球	・サービスでは，ボールやラケットの中心付近で捉えること ・ボールを返す方向にラケット面を向けて打つこと ・味方が操作しやすい位置にボールをつなぐこと ・相手側のコートの空いた場所にボールを返すこと ・テイクバックをとって肩より高い位置からボールを打ち込むこと

ボールを持たないときの動き	・ボールの方向に体を向けることとボール方向への素早い移動	・相手の打球に備えた準備姿勢をとること ・プレイを開始するときは，各ポジションの定位置に戻ること ・ボールを打ったり受けたりした後，ボールや相手に正対すること	
	ベースボール型		ベースボール型
バット操作	ボール・バット操作	・止まったボール，易しいボールをフェアグラウンド内に打つ ・打球の捕球 ・捕球する相手に向かっての投球	〈バット操作〉 ・投球の方向と平行に立ち，肩越しにバットを構えること ・地面と水平になるようにバットを振り抜くこと 〈ボール操作〉 ・ボールの正面に回り込んで，緩い打球を捕る ・投げる腕を後方に引きながら投げ手と反対側の足を踏み出し，軸足から踏み込み足へ体重を移動させながら，大きな動作でねらった方向にボールを投げること ・守備位置から塁上へ移動して，味方からの送球を受けること
ボールを持たないときの動き		・打球方向への移動 ・簡易化されたゲームにおける塁間の全力での走塁 ・守備の隊形をとって得点を与えないようにする	〈走塁〉 ・スピードを落とさずに，タイミングを合わせて塁を駆け抜けること ・打球の状況によって塁を進んだり戻ったりすること 〈連携した守備〉 ・決められた守備位置に繰り返し立ち，準備姿勢をとること ・ポジションの役割に応じて，ベースカバーやバックアップの基本的な動きをすること

（文部科学省，2018a，2018b を参照し，筆者作成）

(6) 表現運動系

　表現運動系では，自己の心身を解き放して，イメージやリズムの世界に没入してなりきって踊ったり，互いのよさを生かし合って仲間と交流して踊ったりする楽しさや喜びを味わうことをねらいとしている（文部科学省，2018a，pp. 32-33）。表現運動は，低学年の「表現リズム遊び」，中・高学年の「表現運動」で構成され，具体的には，低学年の「表現遊び」，「リズム遊び」，中学年の「表現」，「リズムダンス」，高学年の「表現」，「フォークダンス」で構成されている（表

3-12)。

表現リズム遊びでは，中・高学年の表現運動へのつながりを意識して，即興的な身体表現能力やリズムに乗って踊る能力，コミュニケーション能力などを身に付けさせる必要がある。そのためには，身近で，具体的で特徴のある動きを含む題材や軽快なリズムの音楽を取りあげるとよい。

中学校では，イメージを捉えたり深めたりする表現，伝承されてきた踊り，リズムに乗って全身で踊ることや，これらの踊りを通した交流や発表ができるようにすることが求められる。高学年では，中学校へのつながりを意識して，個人やグループの持ち味を生かした簡単なひとまとまりの動きにして，仲間と表したい感じを込めて踊ること，日本の民踊や外国の踊りを身に付けて，日本の地域や世界の文化に触れながら踊りで交流する力を養うことが大事である。

とくに，「表現」における技能では，「ひと流れの動きで即興的に踊ること」と「簡単なひとまとまりの動きにして踊ること」が大切である。「ひと流れの動きで即興的に踊ること」とは，題材から捉えた動きを基に，表したい感じを中心として動きを誇張したり，変化を付けたりして，メリハリ（緩急・強弱）のある「ひと流れの動き」にして表現することである。「簡単なひとまとまりの動きにして踊ること」とは，表したいイメージを変化と起伏のある「はじめ―なか―おわり」の構成を工夫して表現することを示している。

表3-12　表現運動系：知識及び技能の指導内容

小学校	
第1学年及び第2学年	第3学年及び第4学年
表現リズム遊び	表現運動
表現遊び	表現
・特徴が捉えやすく多様な感じの動きを含む題材 ・特徴が捉えやすく速さに変化のある動きを多く含む題材 ・これらの題材の特徴を捉えて，跳ぶ，回る，ねじる，這う，素早く走るなどの全身の動きで，そのものになりきって即興的に踊る	・具体的な生活からの題材 ・空想の世界からの題材 ・これらの特徴や感じを捉えて，表したい感じを中心に動きを誇張したり変化を付けたりしてメリハリ（緩急・強弱）のあるひと流れの動きにして即興的に表現する

リズム遊び	リズムダンス
・弾んで踊れるロックやサンバなどの軽快なリズムの曲で児童にとって身近で関心の高い曲	・軽快なテンポやビートの強いロックのリズム ・陽気で小刻みなビートのサンバのリズム
・へそ（体幹部）を中心にリズムに乗って踊る ・友達と調子を合わせて即興的に踊る	・リズムの特徴を捉え，へそ（体幹部）を中心に，リズムに乗って全身で弾んで踊る ・動きに変化を付けて踊る ・友達と関わり合って踊る
フォークダンスを指導する場合	（フォークダンスを加えることができる）
・軽快なリズムと易しいステップの繰り返しで構成される簡単なフォークダンス（ジェンカ，キンダーポルカ，タタロチカなど）	

小学校	中学校
第5学年及び第6学年	第1学年及び第2学年
表現運動	ダンス
表現	創作ダンス
・激しい感じの題材 ・群（集団）が生じる題材 ・多様な題材	・身近な生活や日常動作 ・対極の動きの連続 ・多様な感じ ・群（集団）の動き ・もの（小道具）を使う
・題材の特徴を捉え，表したい感じやイメージを強調するように，動きを誇張したり変化を付けたりしてメリハリ（緩急・強弱）のあるひと流れの動きにして即興的に表現する ・グループで変化と起伏のある「はじめ―なか―おわり」の構成を工夫した簡単なひとまとまりの動きにして表現する ・仲間と感じを込めて通して踊る （リズムダンスを加えることができる）	・多様なテーマからイメージを捉え，イメージを即興的に表現する ・変化を付けたひと流れの動きで表現したり，動きを誇張したり繰り返したりして表現する ・変化と起伏のある「はじめ―なか―おわり」のひとまとまりの動きで表現する ・動きを見せ合って発表する

	現代的なリズムのダンス
	・ロックの弾み ・ヒップホップの縦のりの動き（体全体を上下に動かしてリズムをとる動き） ・リズムの特徴を捉え，変化のある動きを組み合わせて，リズムに乗って体幹部（重心部）を中心に全身で自由に弾んで踊る
フォークダンス（日本の民踊を含む）	フォークダンス
・日本の民踊 　軽快なリズムの踊りや力強い踊り ・外国のフォークダンス 　特徴や感じが異なる踊りや簡単な隊形・ステップ・組み方で構成される踊り ・音楽に合わせてみんなで楽しく踊って交流する	・日本の民踊 　踊り方の特徴（手や足の動き・低く踏みしめる足どりや腰の動き・ナンバ・小道具の操作・輪踊り・男踊りや女踊りなど）を捉えて踊る ・外国のフォークダンス 　踊り方の特徴を捉え，音楽に合わせて特徴的なステップや動きと組み方で踊る ・仲間と楽しく踊って交流する

（文部科学省，2018a，2018b を参照し，筆者作成）

課　題

1. 体育科の内容の特徴について説明しなさい。
2. 体つくり運動系，器械運動系，陸上運動系の指導内容について説明しなさい。
3. 水泳運動系，ボール運動系，表現運動系の指導内容について説明しなさい。

参考文献

岡出美則「新学習指導要領の目標並びに内容構成について」『小学校体育ジャーナル』86，pp. 1-4，学研教育みらい，2017年

文部科学省「学校体育実技指導資料第10集　器械運動指導の手引 第1章 理論編」2015年a
https://www.mext.go.jp/component/a_menu/sports/detail/__icsFiles/afieldfile/2016/01/27/
1356131_1.pdf，最終閲覧日2022年10月5日

文部科学省「学校体育実技指導資料第10集　器械運動指導の手引 第3章 技の指導の要点」2015年b
https://www.mext.go.jp/component/a_menu/sports/detail/__icsFiles/afieldfile/2016/01/27/

1356131_6.pdf, 最終閲覧日2022年10月5日

文部科学省『小学校学習指導要領（平成29年告示）解説　体育編』東洋館出版社, 2018年a https://www.mext.go.jp/component/a_menu/education/micro_detail/_icsFiles/afieldfile/2019/03/18/1387017_010.pdf, 最終閲覧日2022年10月5日

文部科学省『中学校学習指導要領（平成29年告示）解説　保健体育編』東山書房, 2018年b https://www.mext.go.jp/component/a_menu/education/micro_detail/_icsFiles/afieldfile/2019/03/18/1387018_008.pdf, 最終閲覧日2022年10月5日

文部科学省『高等学校学習指導要領（平成30年告示）解説　保健体育編 体育編』東山書房, 2019年　https://www.mext.go.jp/content/1407073_07_1_2.pdf, 最終閲覧日2022年10月5日

第3節　年間指導計画の作成

1．体育科の授業時数と領域

　体育科の各学年における授業時数，及び指導する領域は表3-13に示すとおりである。なお，学習指導要領では，授業を実施する時間数のことを「授業時数」と記載している。学校教育現場では，「授業時間」と呼称することもある。ここでは学習指導要領にしたがって授業時数と記載する。

表3-13　体育科の授業時数と領域

学年	第1学年	第2学年	第3学年	第4学年	第5学年	第6学年
授業時数[※1]	102時間	105時間	105時間	105時間	90時間	90時間
領域	体つくりの運動遊び	体つくり運動				
領域	器械・器具を使っての運動遊び	器械運動				
	走・跳の運動遊び		走・跳の運動		陸上運動	
	水遊び		水泳運動			
	ゲーム				ボール運動	
	表現リズム遊び		表現運動			
			保健[※2]			

※1　授業時数の1単位時間は45分である。
※2　保健は第3学年で「健康な生活」を，第4学年で「体の発育・発達」を指導し，合わせて8時間程度を配当する。第5学年で「心の健康」及び「けがの防止」を，第6学年で「病気の予防」を指導し，合わせて16時間程度を配当する。

（文部科学省，2018aより筆者作成）

2．年間指導計画作成について

（1）手順

　年間指導計画の作成は，地域や学校によって多少の違いはあるが，概ね次の手順で作成される（表3-14）。なお，学校では，年間指導計画を「年間計画」，あるいは，略して「年計」と呼ぶ場合がある。

表3-14　年間指導計画作成手順

手順	作成者		
	各学年の 体育担当者	体育主任	教務主任
手順1　今年度の年間指導計画を確認する	○		
手順2　年間の学校行事の確認をして，必要に応じて 　　　　領域の移動を行う	○		
手順3　クラス数によって体育施設（体育館，運動場 　　　　等）の使用回数を決める	○	○	
手順4　各学期の総授業時数，及び年間の総授業時数 　　　　に合うように，各領域の配当時間を調整する	○		
手順5　各学年で作成された年間指導計画を合わせて， 　　　　体育科の年間指導計画を完成させる		○	○

（文部科学省，2018bより筆者作成）

（2）年間指導計画の作成者

　年間指導計画は，各学校で体育科の目標を達成するために6年間を見通した計画として作成されている（文部科学省，2018b, p. 161）（以下，文科省）。実際に年間指導計画を作成するのは，各学年の体育担当者の場合が多い。つまり以下の①，②，③の段階で作成される。

　　①「各学年の体育担当者」が，その学年の年間指導計画を見直し，修正する。
　　②「体育主任」が，第1学年から第6学年までの年間指導計画を確認し，修正の必要があれば，各学年の体育担当者に戻し，修正を依頼する。
　　③「教務主任」は，体育主任から，その小学校の体育科の第1学年から第6学年の年間指導計画を受け取る。教務主任は，全教科の年間指導計画の管理を行う。

3．年間指導計画の作成

　あなたは新任教師として，4月から1年近く第4学年を担任してきたとする。次年度の各教科の年間指導計画は，通常，年度の終わりに作成される。あなたの場合，4年生の各教科の年間指導計画を作成する。4年生の年間指導計画の内容を一番よく知っているのは，あなただからである。
　あなたは各教科のなかから体育科の年間指導計画を担当することになった。

まず何から手をつけたらいいだろう。あなたが作成するのは第4学年の年間指導計画である。

Q1　表3-13から見た場合，第4学年で運動領域に配当できる授業時数は何時間か？

Q1の解答例

　年間105時間のうち，保健に4時間配当するため101時間である。

　文科省学習指導要領解説体育編には，「第3学年及び第4学年の内容の「G保健」に配当する授業時数は，2学年間で8単位時間程度」とすることと記述されている。保健は，第3学年及び第4学年のそれぞれで指導しなければならない。各学年の指導内容に対して4時間ずつ配当する。なお，要領に「程度」と記述されているのは，「体育科の目標を踏まえ，心と体を一体として捉え，たとえば，体ほぐしの運動と心の健康，けがの防止や病気の予防と運動の実践などの指導にあたって，運動領域と保健領域との密接な関連をもたせて指導するように配慮する必要があるため」（文科省，2018b，p. 163）である。

（1）手順1　今年度実施した年間指導計画を確認する

　年間指導計画を作成するといっても，実際には何もない状態から作り始めるわけではない。学習指導要領に改訂がない限りは，基本的には前年度の指導内容と同じである。ここであなたにとって大切なことは2つある。第1に，どの時期に，どの運動領域を実施したかを確認することである。第2に，年間指導計画にしたがって，あなたが1年間体育授業を実施した結果，その年間指導計画に，不具合がなかったか，あるいは，学年の目標が達成されたかなどを，評価することである。そこで出された反省点をもとに，今年度実施した年間指導計画の修正を図るのである。そのため，あなたは，あなた自身がこの1年間実施してきた体育授業の振り返りをすることや，同学年の先生から，意見や反省をしっかり聞くことが大切である。

Q2　同学年の先生から，1年間の反省を聞き取ったところ，次のような反省が出された。このとき，あなたは次年度に向けてどのような修正を行えばよいだろうか。

　（a）年間指導計画に沿って鉄棒運動を行おうとしたところ，第5学年と鉄棒の授業時間割が重なってしまった。そのため，第4学年と第5学年の2クラスが一緒に鉄棒を使うことになり，授業をスムーズに進めることができなかった。

　（b）跳び箱運動に配当された授業時数が4時間であったため，十分に目標が達成できない状態で，授業を終えてしまった。

Q2の解答例
 (a) 第4学年と第5学年の鉄棒運動実施の時期が年間指導計画上で同時期に設定されている場合，週の時間割作成の際，第4学年と第5学年で，同じ時間に体育を組まないように時間割の調整を行う必要がある。また，学級数が多い大規模な学校は，第4学年と第5学年で体育を同じ時間に組まなければならない学級が出てくることもある。このような時間割の調整が困難な学校は，年間指導計画の鉄棒運動実施時期を学年ごとにずらす必要がある。
 (b) 次年度の年間指導計画作成の際に，跳び箱運動に配当する時間を増やす必要がある。その際，他の領域や内容の単元配当時数や目標に対する達成度を考慮し，総授業時間が105時間を超えないように調整する。あるいは，第3学年及び第4学年の2年間で，弾力性をもたせて計画することができるため，第3学年にマット運動のみを位置付け，第4学年に跳び箱運動のみを位置付けることで，それぞれの学習にじっくり取り組むことができる（表3-13参照）。

(2) 手順2　年間の学校行事を確認し，必要に応じて領域の実施時期を変える

　年間指導計画を作成するときは，学校行事と関連を図ることが大切である。あなたの学校では，校内持久走大会が11月の下旬に設定されていた。この場合，持久走大会の前に体つくり運動系の領域の「イ　多様な動きをつくる運動」のなかの「(イ) 体を移動する運動」（文科省，2018b，p. 72）を中心に数時間授業を設定するということも考えられる。そうすることで，より教育効果を高めることができるかもしれない。

Q3　次の場合，あなたはどのように年間指導計画を設定するだろうか。
 (a) あなたの学校では，1月に朝の運動でなわ跳びを行っている。
 (b) 9月下旬に行われる運動会を表現運動系の領域の成果発表の場としたい。

Q3の解答例
 (a) 体つくり運動系の多様な動きをつくる運動を1月に設定することで，朝の運動のなわ跳びと体育の授業を関連付ける。
 (b) 表現運動系の学習成果の発表時期が運動会になるように，9月に各学年の年間指導計画に表現運動系の領域を位置付ける。

　上記の学校行事との関連のほか，カリキュラム・マネジメントの視点（文科省，2018b, p. 14参照）を踏まえ，他教科等との関連を考えることも重要である（本節5.（3）参照）。
　また，年度初めの4月は，児童の人間関係ができていないことから，この時

学年	時間	月	4月			5月	7月	9月				10月	11月			12月	1月		
		週	1	2	3	4	13	14	15	16	17	18	22	23	24	25	27	28	29	30
第4学年	105	領域（種目）	体つくり運動（体ほぐしの運動④）（多様な動きをつくる運動⑤）											ボール運動（ゴール型⑦）体つくり運動（多様な動きをつくる運動⑤）						
		学校行事	始業式					運動会						持久走大会						
		朝の運動	ラジオ体操																なわ跳び	

4月は, 体つくり運動を行い, 体を動かす楽しさ, 人間関係づくり, 授業の約束の確認等を行うことも考えられる。

Q3（b）
運動会には, 保護者, 地域の人が来るので, 体育授業の発表の場にするには？

校内持久走大会が11月下旬に予定されているので, 体育授業で体つくりの単元を設定して, 授業と行事を関連させることも考えられる。

Q3（a）
1月の朝の運動は, なわ跳びが行われる。何の領域を何時間設定する？

図3-2　学校行事と運動領域の配置を関連付ける

期に体ほぐしの運動を位置付け, みんなで関わり合って体を動かす楽しさを味わいながら, 人間関係づくりを行うなどの工夫も考えられる（図3-2）。

(3) 手順3　クラス数によって体育施設（体育館, 運動場等）の使用回数を決める

　校庭や体育館, 固定施設など, 体育授業を行う場所をどう割り当てるかは重要である。

　たとえば, あなたの勤務する学校が, 各学年1クラスである場合, 低・中学年は週3時間の体育授業が行われ, 高学年は週2～3時間の体育授業が行われる。つまり16～18時間の体育授業が1週間に行われる。一方, 1週間の授業時数は, 月曜日から金曜日まですべて6時間と仮定すると, 6時間×5日間＝30時

間である。クラブや委員会活動が週1時間の場合なら，29時間である。この場合，体育の授業時間割が他のクラスと重なることはない。そのため，学校の体育施設は自由に使えることになる。

　しかしながら，あなたの勤務する学校が，各学年4クラスの規模だとしよう。その場合，特別支援学級を除き24クラスということになる。24クラスのうち，低・中学年の16クラスが週3時間，高学年の8クラスが週2〜3時間の体育授業を行うことになる。つまり1週間の間に64〜72時間の体育授業が行われる。あなたの学校では，1時間の授業のなかで，およそ3つのクラスが，同時に体育授業を行わなければ時間割を設定することができないことになる。通常，体育館は1時間に1クラスしか使用できないだろう。校庭は，固定施設などを含めれば，2〜3クラスの使用は可能かもしれない。このような場合，一例として，以下のように考えることができる。

　施設の割り当て方には，何通りか考えられるが，24クラスに対し，まず週1回体育館の使用を割り当てる。そして，残りの2回を校庭に割り当てる。つまり，週3回の体育で，使えるのは体育館1回，校庭2回である。校庭は，使用場所で混乱が起きないように，半分に区切りAエリア，Bエリアなどに分けておき，高学年はAエリアを使用するなど，明確にしておくとよいだろう。

　次に運動領域の配置の仕方に気を付けなければいけない。もし，5月に第1学年から第6学年まですべての学年が，体育館で行う「器械・器具を使っての運動遊び」・「器械運動」を設定したとしよう。しかしこれでは一度に複数クラスが体育館で授業することになってしまい，実際には授業にならない。こうなると，年間指導計画を変更しながら運用しなければならない。

　このような場合，たとえば，低学年に校庭の固定施設を利用した内容を設定し，中学年に体育館で行うマット運動（器械運動），そして，高学年に校庭で行うボール運動などを設定する。施設の利用が重ならないように領域内の内容の配置を工夫して対応することができる。1クラスの施設利用を体育館週1回，校庭週2回割り当てたとしても，その期間，中学年と高学年で体育館と校庭の使用を交換すれば，中学年は体育館でマット運動を，高学年は校庭でボール運動を続けて行うことができるだろう。

　上記の作業を行う場合は，第1学年から第6学年の年間指導計画を調整する必要がある。その調整は体育主任が中心になって行う。

(4) 手順4　各学期の総授業時数，及び年間の総授業時数に合うように，各領域の配当時間を調整する

　次に，あなたは各領域に対する配当時間を決めなければならない。あなたの担当は第4学年なので，各領域の配当時間の合計が105時間になるように，バランスよく割り当てる必要がある。

　このときに留意すべき事項として7点が文科省学習指導要領解説体育編（文科省，2018b，pp. 161-166）に示されている。さらに内容の取扱いの配慮事項として11点が同掲書（pp. 167-168）に示されているので，そのことを踏まえることが大切である。

　まず，あなたは，今年度実施した体育の年間指導計画をもとに，表3-15の「●時間」を書き出して埋めることから始めるといいだろう。この作業によって，各領域の各内容に対して，何時間配当したかを把握することができる。保健は，第4学年に4時間程度配当されるので，残りの101時間が運動領域に対して，どのように配当されているのかをつかむことができる。

　文科省学習指導要領解説体育編には「各領域の授業時数の配当に当たっては，一部の領域に偏ることなくすべての領域の指導がバランスよく行われるようにする」（同掲書，p. 162）と記述されている。しかし，だからといって，101時間を（ア）〜（チ）までの17の内容で割って（101÷17≒5.9），各内容に対して一律6時間を配当するのは好ましくない。なぜなら，たとえば，体ほぐしの運動の学習には6時間必要ないかもしれないし，幅跳びは5時間で学習できるかもしれないし，また逆に跳び箱運動は，6時間では，多くの児童が技を習得しない状態で学習を終えてしまうかもしれないからだ。つまり，各内容に対する配当時間は，「学校や地域の実態及び児童の心身の発達の段階や特性を十分に考慮し」（同掲書，p. 161）て，決定していくことが重要である。あなたは，今年度，第4学年に体育授業を行ってきた。つまり，児童の学習状況をよく知っているわけである。その反省を，この授業時数の配当に反映させることが大切である。

　次に各学期，各月に配当された授業時数を基準に，各領域の内容を適切な時期に設定していく。表3-16は，各学期，各月に実施できる体育の授業時数を表している。たとえば，4月の枠を見ると，1〜3週まで示されている。これは春休みがあるため，体育の授業を実施できるのは3週という意味である。1週間に3時間の体育授業が設定されるため，4月は9時間の体育授業が設定さ

表3-15　中学年で指導する領域とその内容

領域	内容	第3学年	第4学年
		配当時間	配当時間
体つくり運動	（ア）体ほぐしの運動	○時間	●時間
	（イ）多様な動きをつくる運動	○時間	●時間
器械運動	（ウ）鉄棒運動	○時間	●時間
	（エ）マット運動	○時間	●時間
	（オ）跳び箱運動	○時間	●時間
走・跳の運動	（カ）かけっこ・リレー	○時間	●時間
	（キ）小型ハードル走	○時間	●時間
	（ク）幅跳び	○時間	●時間
	（ケ）高跳び	○時間	●時間
	（コ）（投の運動）[※1]	○時間	●時間
水泳運動	（サ）浮いて進む運動	○時間	●時間
	（シ）もぐる・浮く運動	○時間	●時間
ゲーム[※2]	（ス）ゴール型ゲーム	○時間	●時間
	（セ）ネット型ゲーム	○時間	●時間
	（ソ）ベースボール型ゲーム	○時間	●時間
表現運動	（タ）表現	○時間	●時間
	（チ）リズムダンス	○時間	●時間
保健	（ツ）健康な生活，体の発育・発達	4時間	4時間
合計		105時間	105時間

※1　学校や児童の実態に応じて扱うことができる。
※2　中学年の2年間でバランスよく配置する。

（文部科学省，2018bより筆者作成）

れる。このように，1学期は39時間，2学期は42時間，3学期は24時間で年間105時間設定される。

　表3-16に示した時間数に基づいて，各領域の内容を配置していく。その際，概ね今年度と同じ時期に設定されると考えられるが，今年度実施した反省，同学年の先生の意見，体育主任が行った調整等を踏まえながら配置する。

表3-16　各学期に体育授業に配当される授業時数例

		月	4月			5月				6月				7月		合計
第4学年	1学期	週※1	1	2	3	4	5	6	7	8	9	10	11	12	13	
		授業時数	9時間			12時間				12時間				6時間		**39時間**

		月	9月				10月				11月				12月		合計
	2学期	週	14	15	16	17	18	19	20	21	22	23	24	25	26	27	
		授業時数	12時間				12時間				12時間				6時間		**42時間**

		月	1月			2月			3月		合計		年間合計
	3学期	週	28	29	30	31	32	33	34	35			
		授業時数	9時間			9時間			6時間		**24時間**		**105時間**

※1　1年間は35週で計画される。1週に3時間の体育授業が設定される。

(筆者作成)

Q4　年間指導計画作成の際，陸上運動系領域の幅跳びと高跳びに関して，第3学年に幅跳びのみを位置付け，第4学年に高跳びのみを位置付けたとする。この場合のメリットは何か？

Q4の解答例
　幅跳び及び高跳びそれぞれの単元授業時数を多く設定することができる。そのため，児童がじっくりと学習に取り組むことができる。

　　また，各領域の内容を配置する際，以下の点にも留意する。

○体つくり運動系の領域
　　体つくり運動は，必ずすべての学年に位置付けなければならない。
○陸上運動系の領域
　　走・跳の運動に加え，「投の運動」を指導することができる。
　　高学年では，地域の陸上競技大会との関係を考慮する必要がある。

○ボール運動系の領域

第3学年及び第4学年の「ゴール型ゲーム」,「ネット型ゲーム」,「ベースボール型ゲーム」については,中学年の2年間でバランスよく配置する。「ゴール型ゲーム」のなかの「陣地を取り合う」(タグラグビーやフラッグフットボールなど)は,第3学年,または第4学年のどちらか,もしくは,両方の学年に設定する。

○表現運動系の領域

表現運動を,運動会の行事の一部として扱わないようにする。独立した表現運動の単元として授業を行う必要がある。ただし,発表の機会として運動会をあてることは考えられる。

また内容の取り扱いに関して,第3学年及び第4学年では学校や地域の実態に応じて「表現」,「リズムダンス」に加えてフォークダンスを指導することができる。第5学年及び第6学年では学校や地域の実態に応じて「表現」,「フォークダンス」に加えてリズムダンスを指導することができる。

○保健領域

第3学年及び第4学年に8時間程度配当されているが,第3学年に4時間配当し「健康な生活」を,第4学年に4時間配当し「体の発育・発達」を指導する。第5学年及び第6学年には16時間程度配当されているが,第5学年に8時間配当し,「心の健康」および「けがの防止」について指導する。第6学年に8時間配当し「病気の予防」を指導する。

○体育館で実施する領域

3月は卒業式の練習が行われるため,体育館が使えなくなる場合も考えられる。そのため,校庭でも実施できる内容を配置するようにする。

○その他の留意事項

・帯単元について

1時間の体育授業のなかで,2つの領域を同時に行うということも可能である。たとえば,鉄棒運動に45分間取り組ませるのは大変な場合もある。児童の集中力が続かない場合もあるかもしれないし,あるいは,45分も鉄棒に取り組んだら,手にまめができてしまうかもしれない。そこで,授業の前半に鉄棒運動に取り組み,後半にかけっこ・リレーを行うという組合せも考えられる。これを10時間計画で行ったとする。その場合,鉄棒運動5時間,かけっこ・リレー5時間とカウントすることになる。

・学年合同体育について

1学年のクラス数が多い学校では,学年合同体育を実施している学校もみられる。複数クラスが合同で体育を実施することで,時間割が組みやすくなったり,学年の先生で協力して授業に取り組むことができたりする。しかし,児童が課題に取り組む時間や運動学習時間は減少してしまい学習成果も上がらない。そのため学年合同体育は,あまり推奨するものではない。

・運動会の練習について

運動会の練習として,入退場などの練習をすることがあるが,その時間は体育の時間としてカウントしない。

・新体力テストの実施について

体育の時間には入れない。

・弾力性をもたせた年間指導計画について

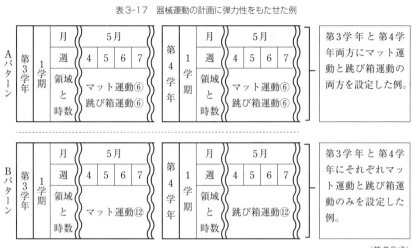

表3-17　器械運動の計画に弾力性をもたせた例

（筆者作成）

　文科省学習指導要領の学年段階ごとに示された目標及び内容は，2年間での達成を目指している。そのため，年間指導計画の作成に2年間のまとまりで学習できるように弾力性をもたせている。表3-17は，器械運動領域のマット運動と跳び箱運動の設定例である。Aパターンの場合，マット運動も跳び箱運動も2年間学習できるが，その代わり6時間の学習にとどまってしまう。Bパターンの場合，マット運動も跳び箱運動も1年間の学習機会がない代わりに12時間の学習に取り組むことができる。

　なお，詳細については，文科省学習指導要領解説体育編に学年段階毎の「内容の取り扱い」（同掲書，p. 65，p. 110，p. 158）が記述されている。

（5）手順5　各学年で作成された年間指導計画を合わせて，体育科の年間指導計画を完成させる

　各学年の年間指導計画が作成されたら，6年間全体を通して，学校教育目標，体育科の目標が達成できるような計画になっているか確認する。この作業に関しては，体育主任，または教務主任の対応となる。

4．年間指導計画の意義

　年間指導計画を作成する意義は，体育科の目標を実現するためといっていいだろう。小学校6年間を通して目標を実現するためには，2年間を1つのまとまりと考え，学校や地域の実態を踏まえ，児童の発達段階を考慮し，領域や内

容をバランスよく配当することが大切である。また，年間指導計画に基づいた
授業実践をすることで，教育活動の評価を適正に行い，よりよい教育実践のた
めの修正を行うことができる。

5．カリキュラム・マネジメントについて

(1) カリキュラム・マネジメントとは

　カリキュラム・マネジメントとは，各学校において，児童や学校，地域の実
態を適切に把握し，①教育の目的や目標の実現に必要な教育の内容等を教科等
横断的な視点で組み立てていくこと，②教育課程の実施状況を評価してその改
善を図っていくこと，③教育課程の実施に必要な人的又は物的な体制を確保す
るとともにその改善を図っていくことなどを通して，教育課程に基づき組織的
かつ計画的に各学校の教育活動の質の向上を図っていくこと（文科省，2018a，p.
18）をいう。

　たとえば，本論で3．の「(1) 手順1　今年度実施した年間指導計画を確認
する」や「(4) 手順4　各学期の総授業時数，及び年間の総授業時数に合うよ
うに，各領域の配当時間を調整する」で述べた内容は，上記の②に該当すると
考えていいだろう。

　また，「(2) 手順2　年間の学校行事を確認し，必要に応じて領域の実施時
期を変える」ことは，①の視点を踏まえていると考えていいだろう。

　③の教育課程の実施に必要な人的又は物的な体制を確保する例としては，外
部講師として地域プロスポーツのサッカー選手を招聘したり，近隣の大学ラグ
ビー部員に，タグラグビーの授業支援に入ってもらったりすることも考えられ
る。

　カリキュラム・マネジメントは，一人の教師の努力によって成立するもので
はない。校内の全教師の協力のもと，組織的・計画的にさまざまな視点から検
討することで初めて成立するものである。

(2) カリキュラム・マネジメントの具体例

　カリキュラム・マネジメントの教科等横断的な視点による教育課程の組み立
て，および学校外の人的または物的な体制を確保する，という視点として以下
のような例が考えられる。

・学校全体を通して，運動領域と特別活動（運動会等の体育的行事）との関連

から，運動領域の実施時期をいつにするかを検討する。

・運動領域における資質・能力の《学びに向かう力・人間性》と特別の教科道徳（以下，「道徳」と記述する）との関連から道徳のお話のなかに出てきた運動と，体育で取り組む運動領域の実施時期を同じ時期にする。

・中学年であれば，保健領域と特別活動（身体計測等）との関連等から，学校における身体計測を実施する時期に合わせて，第4学年の保健領域における体の成長を取りあげた授業を行う。

・高学年であれば，保健領域と家庭科との関連から，保健領域で扱うバランスのよい食事の内容を扱う授業と，家庭科で扱う栄養のバランスを扱う授業を，同時期に行う。

・体つくり運動領域と保健領域との関連から，両領域で取りあげる指導内容の観点で連続してこれらの領域を行う。

（3）カリキュラム・マネジメントのイメージ図

第4学年を例にカリキュラム・マネジメントを，図3-3のように示すことができる。

図3-3のなかに示したⒶからⒽの例を以下に示す。

【Ⓐは，教科と教科を関連付けた例】

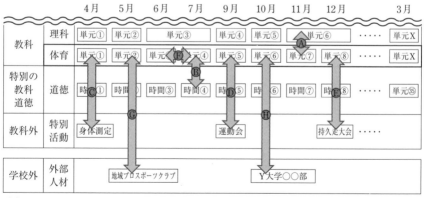

（田村，2017より筆者作成）

図3-3　カリキュラム・マネジメントを教科等横断的な関連から見たイメージ図

体育科の体つくり運動領域と理科の「人の体のつくりと運動」を同時期に行っている。

【Ⓑは，資質・能力と特別の教科道徳を関連付けた例】

体育科の資質・能力「学びに向かう力・人間性等」の協力，責任，共生等の指導内容と道徳における関連した道徳的価値項目を同時期に行っている。

【Ⓒ，Ⓓ，Ⓔは，教科と特別活動を関連付けた例】

Ⓒは，第4学年の保健領域における「体の成長」と「身体測定」を同時期に実施している。Ⓓは，学校行事の「運動会」と表現運動領域を同時期に位置付けることで，運動会を学習の成果発表の場としている。Ⓔは，学校行事の「持久走大会」と体つくり運動領域の「体を移動する運動」を同時期に行っている。

【Ⓕは，教科内の単元と単元を結び付けた例】

走・跳の運動領域の「投の運動」単元とゲーム領域の「ベースボール型ゲーム」単元を連続して行っている。

【Ⓖ，Ⓗは，教科に外部人材を活用した例】

Ⓖは，ゲーム領域の「ミニサッカー」単元で，地域のJリーガーが来校して，児童にサッカーのプレーを見せている。Ⓗは，ゲーム領域の「タグラグビー」単元で，近隣の大学のラグビー部員が，授業の支援に入り，児童のプレーに助言している。

課　題

1. 年間指導計画作成の際，弾力性をもたせ，2年間のなかでバランスを考慮し，領域や内容を配当することができる。ただし，各学年に必ず配当しなければいけない領域は何か。
2. あなたの学校は，各学年4クラスの規模だったとする。この場合，どのような点に気を付けて年間指導計画を立てる必要があるだろうか。

参考文献

田村学『カリキュラム・マネジメント入門 「深い学び」の授業デザイン学びをつなぐ7つのミッション』東洋館出版社，2017年
文部科学省『小学校学習指導要領（平成29年告示）』東洋館出版社，2018年a
文部科学省『小学校学習指導要領（平成29年告示）解説　体育編』東洋館出版社，2018年b

第4節　単元計画の作成

1．単元計画作成の手順

(1) 単元計画とは何か

　児童に跳び箱運動の開脚跳びや台上前転を学習させ，身に付けさせようとした場合，1時間（45分）の授業では困難である。そこで，何時間かの「学習のまとまり」として授業を実施する。この授業のまとまりが「単元」である。

　小学校学習指導要領では体育科の目標として，育成をめざす資質・能力が，「知識及び技能」，「思考力・判断力・表現力等」及び「学びに向かう力・人間性等」の3つの観点から示されている。この教科の目標を踏まえ，2学年のまとまりごとに学年の目標が示されている。この学年の目標を達成するために，領域ごとに指導内容が3つの観点から示されている。そのため各領域の内容を単元として指導する際，3つの観点から目標を設定することになる。これが単元目標である（以下，単元目標）。

　教師が，無計画に授業を行い，仮に単元目標を達成したとしても，それは偶発的であり，その授業を再現することは困難である。ましてや単元目標が達成できないまま学習を終えてしまえば，教師は児童に対する指導責任を果たさないことになってしまう。

　効果的に目標を達成するためには，単元をどのように学習させるかという計画が重要である。これが「単元計画」である。単元計画は，「単元指導計画」，「学習指導計画」，単に「指導計画」と言われることもある。

　この単元計画を作成することで，教師は指導の見通しをもち，単元のなかのどの学習活動で，目標を達成するのかを意図的に仕組むことができる。また，単元計画を作成することで，学習後の授業改善に役立てることが可能となる。さらにこの単元計画が，1時間の授業の拠り所となる。

(2) 単元計画作成の手順

　単元計画作成は，基本的に以下の手順を踏まえる（表3-18）。

表3-18　単元計画作成手順

手順	教師が理解すること	参考資料等
手順1　年間指導計画で単元の配当時間を確認する	指導時間を把握する	校内の年間指導計画
手順2　領域で設定された育成を目指す資質・能力を確認する (1) 知識及び技能 (2) 思考力・判断力・表現力等 (3) 学びに向かう力・人間性等	領域で設定されている目標を把握する	小学校学習指導要領（平成29年告示）解説　体育編（文部科学省）
手順3　単元目標を設定する (1) 知識及び技能に関する目標は，右記の解説の「・」から設定する (2) 思考力・判断力・表現力等は，「カタカナ（ア，イ，ウ）」から設定する (3) 学びに向かう力・人間性等は，「カタカナ（ア，イ，ウ・・・）」から設定する	領域の目標から，今回指導する単元の目標がどこに位置付いているかを把握する。ただし，単元の目標が，観点によっては領域の目標と同じになることもある。	小学校学習指導要領（平成29年告示）解説　体育編（文部科学省）
手順4　具体的な指導内容を設定する (1) 知識及び技能では，右記の解説の「・」から設定する (2) 思考力・判断力・表現力等は，「・」から設定する (3) 学びに向かう力・人間性等は，「カタカナ（ア，イ，ウ・・・)」から設定する	授業終了時の児童の学習による到達点のイメージをもつ	小学校学習指導要領（平成29年告示）解説　体育編（文部科学省）
手順5　教材・指導方法を決める	指導方法の確認	小学校体育（運動領域）まるわかりハンドブック（文部科学省） 学校体育実技指導資料（文部科学省） YouTube動画（文部科学省）
手順6　単元計画のなかに各活動を設定する	単元全体の流れのなかでの準備物，学習の手順，学習活動の流れをイメージする	
手順7　評価計画を設定する	指導と評価を一致させる	「指導と評価の一体化」のための学習評価に関する参考資料　小学校　体育（国立教育政策研究所）

（筆者作成）

2. 単元計画の作成

　ここでは，第4学年のゲーム領域で取り扱う，陣地を取り合うゲームを例に話を進める。

(1) 手順1　年間指導計画で単元の配当時間を確認する

　あなたは第4学年の担任で，年間指導計画に沿って体育授業を進めていた。次の体育授業で取り扱うのはボール運動系領域「ゲーム」の「陣地を取り合うゲーム」となっていた。

　あなたが確認しなければいけないことは，単元に配当する時間である。年間指導計画には，領域や種目が示されるとともに，単元の配当時間が必ず明記されている。そこに示された時間で単元計画を作成する必要がある。

　さて，ここでは「陣地を取り合うゲーム」に「8時間」配当されていたとしよう。

Q1　中学年ゴール型ゲームの陣地を取り合うゲームには，タグラグビーとフラッグフットボールの2つが例示されているが，どちらも取りあげる必要があるか？

Q1の解答例
　学校や地域の実態，児童の発達段階を考慮し，領域の目標を踏まえたうえで，どちらかを1つを選べばよい。

(2) 手順2　領域で設定された「育成を目指す資質・能力」を確認する

　次に，あなたが計画しようとしている単元の領域全体の育成をめざす資質・能力を確認する。その際，(1) 知識及び技能，(2) 思考力・判断力・表現力等，(3) 学びに向かう力・人間性等の3つの観点を確認する。

Q2　あなたは，単元の目標を確認するために，具体的には何を参照すればよいのか？

Q2の解答例
　小学校学習指導要領（平成29年告示）解説　体育編（文部科学省，2018）。

（3）手順3　単元の目標を設定する

　今回計画する単元「陣地を取り合うゲーム」が，領域で設定された「育成を目指す資質・能力」のなかのどこに位置付くのかを確認する。

　「陣地を取り合うゲーム」の指導内容を確認したところ，領域で設定された「育成を目指す資質・能力」の内容のなかから以下のものが確認できた（文科省，2018，pp. 96-101）。ここでは主にゴール型に関連した記述を抜粋する。ここで確認された内容が，単元の目標として設定されることになる。

　(1)，(2)，(3) が単元の目標に相当する部分である。「○」で示された部分が例示であり，「・」やカタカナ（ア，イ，ウなど）で示された部分が指導内容である。

【知識及び技能】
(1) 次の運動の楽しさや喜びに触れ，その行い方を知るとともに，易しいゲームをすること。
ア　ゴール型ゲームでは，基本的なボール操作とボールを持たないときの動きによって，易しいゲームをすること。

　　　　　　　　　— （中略） —

〔例示〕
○ハンドボール，ポートボール，ラインサッカー，ミニサッカーなどを基にした易しいゲーム（味方チームと相手チームが入り交じって得点を取り合うゲーム）
○タグラグビー，フラッグフットボールなどを基にした易しいゲーム（陣地を取り合うゲーム）
　・ボールを持ったときにゴールに体を向けること。
　・味方にボールを手渡したり，パスを出したり，シュートをしたり，ゴールにボールを持ち込んだりすること。
　・ボール保持者と自分の間に守る者がいない空間に移動すること。

【思考力・判断力・表現力等】
(2) 規則を工夫したり，ゲームの型に応じた簡単な作戦を選んだりするとともに，考えたことを友達に伝えること。
ア　規則を工夫すること。
○誰もが楽しくゲームに参加できるように，プレイヤーの人数，コートの広さ，プレイ上の緩和や制限，得点の仕方などの規則を選ぶ例
　・攻めと守りの局面でプレイヤーの人数に違いを設け，攻めを行いやすいようにするなどの規則を選ぶこと。
イ　ゲームの型に応じた簡単な作戦を選ぶこと。
○ゴール型の陣地を取り合うゲームで，陣地に侵入するための簡単な作戦を選ぶ例
　・少人数のゲームで，ボールを持っている人とボールを持っていない人の役割を踏まえた作

戦を選ぶこと。
ウ 課題の解決のために考えたことを友達に伝えること。

【学びに向かう力・人間性等】
(3) 運動に進んで取り組み，規則を守り誰とでも仲よく運動をしたり，勝敗を受け入れたり，友達の考えを認めたり，場や用具の安全に気を付けたりすること。
ア 易しいゴール型ゲーム，ネット型ゲーム，ベースボール型ゲームに進んで取り組むこと。
イ ゲームの規則を守り，誰とでも仲よくすること。
ウ ゲームで使用する用具などの準備や片付けを，友達と一緒にすること。
エ ゲームの勝敗を受け入れること。
オ ゲームやそれらの練習の中で互いに動きを見合ったり，話し合ったりして見つけた動きのよさや課題を伝え合う際に，友達の考えを認めること。
カ ゲームやそれらの練習の際に，使用する用具などを片付けて場の危険物を取り除くなど，周囲を見て場や用具の安全を確かめること。

表3-19 中学年の2年間で重点的に指導するゲーム領域の指導内容一覧の例

資質・能力		指導内容	第3学年			第4学年		
			8時間 ゴール型ゲーム	7時間 ネット型ゲーム	7時間 ベースボール型ゲーム	7時間 ゴール型ゲーム	8時間 ネット型ゲーム	7時間 ベースボール型ゲーム
知識及び技能	ゴール型ゲーム	・ボールを持ったときにゴールに体を向けること	●					
		・味方にボールを手渡したり，パスを出したり，シュートをしたり，ゴールにボールを持ち込んだりすること	○			●		
		・ボール保持者と自分の間に守る者がいない空間に移動すること	●			○		
	ネット型ゲーム	・いろいろな高さのボールを片手，両手もしくは用具を使ってはじいたり，打ちつけたりすること		○			●	
		・相手コートから飛んできたボールを片手，両手もしくは用具を使って相手コートに返球すること		●			○	

			1	2	3	4	5	6
知識及び技能	ベースボール型ゲーム	・ボールの方向に体を向けたり，ボールの落下点やボールを操作しやすい位置に移動したりすること					●	
		・ボールをフェアグラウンド内に蹴ったり打ったりすること			●			
		・投げる手と反対の足を一歩前に踏み出してボールを投げること			●			○
		・向かってくるボールの正面に移動すること						●
		・ベースに向かって全力で走り，かけ抜けること			○			●
思考力・判断力・表現力等		ア 規則を工夫すること	●		○		○	●
		イ ゲームの型に応じた簡単な作戦を選ぶこと	○	●		●		○
		ウ 課題の解決のために考えたことを友達に伝えること		○	●	○	●	
学びに向かう力・人間性等		ア 易しいゴール型ゲーム，ネット型ゲーム，ベースボール型ゲームに進んで取り組むこと	●			○	●	
		イ ゲームの規則を守り，誰とでも仲よくすること	●				○	●
		ウ ゲームで使用する用具などの準備や片付けを，友達と一緒にすること	○	●				●
		エ ゲームの勝敗を受け入れること		○	●	●		
		オ ゲームやそれらの練習の中で互いに動きを見合ったり，話し合ったりして見付けた動きのよさや課題を伝え合う際に，友達の考えを認めること			●	○	●	○
		カ ゲームやそれらの練習の際に，使用する用具などを片付けて場の危険物を取り除くなど，周囲を見て場や用具の安全を確かめること	●	○	○	●	○	○

（筆者作成）

●は，重点的に指導，及び評価する内容を表している。
○は，指導はするが評価はしない。
「安全」については，すべての単元で指導する。

　上記のゴール型に関連した指導内容を整理したものが，表3-19で示された指導内容の一覧である。表3-19では参考のためネット型ゲームおよびベースボール型ゲームの指導内容も示した。この指導内容が，単元計画を作成する際の単元目標として設定される。

(4) 手順4　具体的な指導内容を設定する

　あなたは，手順3で，陣地を取り合うゲーム（ゴール型ゲーム）の単元で児童に身に付けさせたい目標を確認した。しかし，多くの目標や指導内容が示されており，これらすべてを8時間の単元計画のなかで指導しなければならないのだろうか，と感じたのではないだろうか。

　学習指導要領及び学習指導要領解説に示されている目標や指導内容は，2年間のまとまりで示されている。つまり，あなたが確認した指導内容は，第3学年と第4学年の2年間の指導を通して身に付けさせればよいのである。

　表3-20に，あなたが勤務する学校の中学年の年間指導計画に示されたゲームの例を示した。

　この表3-20の例を基にすれば，ゲーム領域の目標については，第3学年のゴール型ゲーム7時間，ネット型ゲーム8時間，ベースボール型ゲーム7時間，加えて第4学年のゴール型ゲーム8時間，ネット型ゲーム7時間，ベースボール型ゲーム7時間の合計44時間の指導で達成すればよい。また，ゴール型ゲームの「知識及び技能」に関しては，第3学年の7時間と第4学年の8時間の合計15時間で達成すればよいのである。

表3-20　中学年の年間指導計画に示されたゲーム領域と単元配当時間の例

第3学年の年間指導計画に示されたゲーム領域		
7時間	8時間	7時間
ゴール型ゲーム	ネット型ゲーム	ベースボール型ゲーム
第4学年の年間指導計画に示されたゲーム領域		
8時間	7時間	7時間
ゴール型ゲーム（あなたが計画する単元）	ネット型ゲーム	ベースボール型ゲーム

（筆者作成）

　しかし，2年間で達成すればよいといっても，どの型のゲームで何を重点的に指導するのかが明確になっていなければ，ゲーム領域の授業を実施するごとに，すべての指導内容を均等に指導していかなければならなくなる。これでは，あなたが感じた，要領及び要領解説に示されたことすべてを1つの単元計画のなかで指導しなければならないのだろうか，という不安が，現実になってしまう。そこで，表3-19のように，どのゲーム単元で何を重点的に指導するかを位置付ける必要がある。これは学校ごとに作成する必要がある。

　あなたの学校が，表3-19のようにゲーム領域における指導の重点を配当していたとしたら，あなたは，●の付いた指導内容について，重点的に単元計画に位置付ければよいことになる。なお空欄の指導内容は，指導しなくてよいという意味ではない。単元の指導を行うにあたり，指導の軽重を付けることができるのである。

(5) 手順5　教材・指導方法を決める

　単元の授業時数，目標（資質・能力），指導内容が確認できたら，児童に学習させるための教材や指導方法を設定する。

　ここでは体育指導の専門的な知識が要求される。まだ，教師経験の浅いあなたにとっては，教材を選定したり，指導方法を設定したりすることは難しい。そのようなときは，以下のような指導資料にあたるとよい。

・「学校体育実技指導資料 第8集　ゲーム及びボール運動」（文部科学省）DVD映像を含む
・「小学校体育（運動領域）まるわかりハンドブック」（文部科学省）
・小学校体育（運動領域）デジタル教材（低学年・中学年・高学年）（文部科学省）の体育授業動画がYouTubeで公開されている（検索キーワード：小学校体育）
・各県市町の指導資料
・教科書会社の副読本のゲーム例

　上記の資料には，陣地を取り合うゲームの例としてタグラグビーやフラッグフットボールの事例が紹介されている。また，ゲームのなかで児童に要求されるスキルを高めるためのドリルゲームや，ゲームにおける課題を解決するために課題を明確にしたタスクゲームなども紹介されている。DVDが添付されている資料やYouTubeで実際の学習の進め方を動画で確認することもできる。

(6) 手順6　単元計画のなかに各活動を設定する

　児童に取り組ませるメインのゲームやドリルゲームなどが概ね決まったら，単元計画のなかにその活動を配置していく。図3-4に基礎学習から発展学習へとつながるような単元の大枠のイメージの例を2つ示した。

　たとえば，上段の単元例で陣地を取り合うゲームを考えた場合，2時間目から4時間目の各授業の前半では，腰に付けたタグやフラッグをゲーム形式で取る練習をしたり，走りながらのパスやボールの受け渡しなどの基本的なスキルを高めるドリルゲームなどを配置したりすることが考えられる。そして，各授業の後半では，攻撃人数を3人，守りの人数を2人にした簡易なゲームに取り組むことで，陣地を取り合うゲームの基本的なルールや動きの習得を図る。そして，単元後半の5時間目から8時間目までは，単元前半で行った基礎学習を継続しつつ，各授業後半のゲームでは，攻撃人数と守りの人数を4人対4人の同数にしたゲームを発展学習として位置付けることも考えられる。

　一方，下段の単元例では，2時間目，3時間目の授業後半に攻撃人数を3人，守りの人数を2人にした簡易なゲームに取り組み，陣地を取り合うゲームに慣れるようにする。4時間目から攻撃人数と守りの人数を4人対4人の同数に

図3-4　単元の大枠を考えるときのイメージ例

（筆者作成）

したゲームに取り組ませ，自分たちのチームの課題を見付けさせる。6時間目から8時間目の授業前半に，自分たちのチームの課題解決のための練習方法をチームで選択し練習の時間に設定することが考えられる。

単元の大枠のイメージの上段の例に，手順3で示した単元の目標と陣地を取り合うゲームの学習の流れの具体例を入れた単元計画を表3-21に示した。

表3-21　単元目標と単元計画

単元の目標	知識及び技能	陣地を取り合うゲームの行い方を知るとともに，ボールを味方にパスしたり相手陣地に持ちこんだりすることができるようにする。
	思考力・判断力・表現力等	ゲームの型に応じた簡単な作戦を選んだりするとともに，考えたことを友達に伝えることができるようにする。
	学びに向かう力・人間性等	陣地を取り合うゲームに進んで取り組み，勝敗を受け入れたり，友達の考えを認めたりすることができるようにする。

時間		1	2	3	4	5	6	7	8
学習の流れ	0	1. 単元の目標と本時のねらいの確認	1. 用具や場の準備，準備運動 2. 本時のねらいの確認			1. 用具や場の準備，準備運動 2. 本時のねらいの確認			
	10	・1時間の流れを知る	3. ドリルゲーム① ・タグを取り合うゲームを行う			3. ドリルゲーム② ・後方へのパスを身に付けるゲームを行う			
	20	・規則を確認する ・チームを確認する	4. ドリルゲーム② ・後方へのパスを身に付けるゲームを行う			4. 課題解決についての話し合い ・作戦を生かすため，ボールを持っている人とボールを持っていない人の役割分担を確認する ・全員が得点できるように話し合う 5. チーム練習 ・チームで練習する			
	30	2. 試しのゲームをする	5. ゲーム ・ゲームに慣れる ・提示された作戦を選び，チームで試す			6. ゲーム			
	40 45	・ルールを理解する 3. 整理運動，振り返り，片付け	6. 整理運動，振り返り，片付け，チームの工夫やよさについて発表したり，学習カードに記入する			7. 整理運動・振り返り・片付け			

（筆者作成）

（7）手順7　評価計画を設定する

単元計画ができたら，評価計画を設定する。重点的に指導した内容が，児童に身に付いたかを評価することが大切である。評価することで，学習が不十分なら計画を修正する必要が出てくる。逆に学習目標が十分に達成されていたら，陣地を取り合うゲームを学習させるための単元計画は概ね適正であったと評価できる。

表3-22に評価計画を位置付けた例を示した。表3-22の中に矢印→で，評価

表3-22　単元目標，単元の評価規準，単元指導計画，評価計画

単元の目標		
知識及び技能	陣地を取り合うゲームの行い方を知るとともに，ボールを味方にパスしたり相手陣地に持ちこんだりすることができるようにする。	
思考力・判断力・表現力等	ゲームの型に応じた簡単な作戦を選んだりするとともに，考えたことを友達に伝えることができるようにする。	
学びに向かう力・人間性等	陣地を取り合うゲームに進んで取り組み，勝敗を受け入れたり，友達の考えを認めたりすることができるようにする。	

単元の評価規準	知識・技能	思考・判断・表現	主体的に学習に取り組む態度（主体的態度）
	①陣地を取り合うゲームの行い方を理解している。②ボールを味方にパスすることができる。③ボールを相手陣地に持ちこむことができる。	④ゲームの型に応じた簡単な作戦を選んでいる。⑤作戦を選ぶとき，考えたことを友達に伝えている。	㋐陣地を取り合うゲームに進んで取り組んでいる。㋔ゲームの勝敗を受け入れている。㋕友達の考えを認めている。

学習の流れ

時間	1	2・3・4	5・6・7・8
0	1. 単元の目標と本時のねらいの確認	1. 用具や場の準備，準備運動 2. 本時のねらいの確認	1. 用具や場の準備，準備運動 2. 本時のねらいの確認
10	・1時間の流れを知る	3. ドリルゲーム① ・タグを取り合うゲームを行う	3. ドリルゲーム② ・後方へのパスを身に付けるゲームを行う
20	・規則を確認する ・チームを確認する	4. ドリルゲーム② ・後方へのパスを身に付けるゲームを行う	4. 課題解決についての話し合い ・作戦を生かすため，ボールを持っている人とボールを持っていない人の役割分担を確認する ・全員が得点できるように話し合う 5. チーム練習 ・チームで練習する
30	2. 試しのゲームをする	5. ゲーム ・ゲームに慣れる ・提示された作戦を選び，チームで試す	6. ゲーム
40 / 45	・ルールを理解する 3. 整理運動，振り返り，片付け	6. 整理運動，振り返り，片付け，チームの工夫やよさについて発表したり，学習カードに記入する	7. 整理運動・振り返り・片付け

指導時期

	1	2	3	4	5	6	7	8
知識・技能	○		○					
思考・判断・表現		○						
主体的態度	○				○			

評価の重点

	1	2	3	4	5	6	7	8
知識・技能		①（観察・カード）		②（観察）	③（観察・ICT）		②（観察）	③（観察・ICT）
思考・判断・表現		④（カード）		④（カード）	⑤（観察・カード）		⑤（観察・カード）	
主体的態度	㋐（観察）		㋔（観察・カード）			㋕（観察）		㋕（観察）

　指導時期は，3つの資質・能力を授業場面で中心的に指導する時期を示している。この指導を受けて評価するタイミングが設定される。評価は，指導時期と同じ時間に評価することもあれば，数時間後に定着する様子を見るために評価することもある。
　矢印→は，評価する学習場面の一例を示している。一度評価し，到達が不十分であれば，次時以降で指導を修正し，再度評価することが大切である。表中に記載の㋐〜㋘の記号は，表3-20に対応。

項目とその評価対象とする学習活動の一例を示した。評価は一度行えばよいわけではない。評価をするのは，児童が学習目標に対してどのレベルにあるかを見るためである。学習目標に達していなければ，指導内容を修正するなどして児童が学習目標を達成するように指導しなければならない。そのため，学習目標に達していないとき，児童のその状況を把握し，指導に生かし，再度評価する必要がある。

課　題

1. 第3学年及び第4学年のゲーム領域で育成を目指す資質・能力のうち，学びに向かう力・人間性等で，指導する内容を具体的に挙げなさい。
2. 単元の目標はどのように設定するか。

参考文献

岩田靖『体育の教材を創る―運動の面白さに誘い込む授業づくりを求めて』大修館書店，2012年

国立教育政策研究所教育課程研究センター『「指導と評価の一体化」のための学習評価に関する参考資料　小学校　体育』東洋館出版社，2020年　https://www.nier.go.jp/Kaihatsu/pdf/hyouka/r020326_pri_taiku.pdf，最終閲覧日2022年10月5日

文部科学省『小学校学習指導要領（平成29年告示）解説　体育編』東洋館出版社，2018年

文部科学省「ゲームについて～ベースボール型ゲーム」『小学校体育（運動領域）まるわかりハンドブック』，2011年　https://www.mext.go.jp/component/a_menu/sports/detail/__icsFiles/afieldfile/2011/07/06/1308039_09.pdf，最終閲覧日2022年10月5日

文部科学省「小学校体育（運動領域）まるわかりハンドブック」　https://www.mext.go.jp/a_menu/sports/jyujitsu/1308041.htm，最終閲覧日2022年10月5日

第5節　指導と評価の一体化に向けた学習評価のあり方

1．学習評価の意義

（1）教育評価と学習評価

　田中（2020）は学習評価の現状を説明する中で，「本来の教育評価（その一分枝としての学習評価 student assessment）は，児童生徒の「学習改善」と教師の「指導改善」を目的として行われるものであり，児童生徒をネブミするものではない。」と述べている。また，そこでは正木正（1905-1959）が「教育評価は教育活動の一環であり，その付け足しではない。」とした立場から「教育評価」について次のようにまとめていることを紹介している。

　①評価は，児童の生活全体を問題にし，その発展をはかろうとするものである。
　②評価は，教育の結果ばかりでなく，その過程を重視するものである。
　③評価は教師の行う評価ばかりでなく児童の自己評価をも大事なものとして取り上げる。
　④評価は，その結果をいっそう適切な教材の選択や，学習指導法の改善に利用し役立てるためのものである。
　⑤評価は，学習活動を有効ならしめる上に欠くべからざるものである。

　つまり「教育評価」とは，教育の結果ばかりでなく，その過程を重視するものであり教師の行う評価と子どもたちの行う自己評価を大切にする中で，教師の学習指導法と子どもたちの学習活動の改善を目指すものであるとの指摘である。学習評価は教育評価の中心的課題として考えられていることから，正木の述べていることは学習評価の意義として，同様に捉えることができるであろう。

　新学習指導要領での学習評価の改善についての基本的な考え方（文部科学省，2018）では，「【1】児童生徒の学習改善につながるものにしていくこと。【2】教師の指導改善につながるものにしていくこと。【3】これまでの慣行として行われてきたことでも，必要性・妥当性が認められないものは見直していくこと。」と示されているが，正木の指摘は，これらの考え方に引き継がれているといえよう。

　学習過程に即して言えば，診断的評価，形成的評価，総括的評価といった学習評価が行われているが，その際，教師は前述の内容をしっかりと踏まえ，指

導の改善に繋げていくことを忘れてはいけない。

　なお，診断的評価とは，授業の開始前にあらかじめ学習者に関する理解を深め，学習者に適した指導を行うために，学習者の特性を調べたり指導の過程で授業に適応できない者の原因を調べたりすることなどを目的に行われる評価のことをいう。

　形成的評価は，学習指導の過程において達成状況を調べるために行う学習中の評価をさす。これを基に次の指導の改善を行い再度評価することにつなげ学習の改善に生かす。そのためには到達目標が明らかにされる必要がある。

　総括的評価は，ある一定期間の学習が終了した後に行われる学習後の評価である。単元終了時，学期末，学年末等に学習者がどの程度の学習の成果を上げたかを把握し判断するために行う。これを基に評定とされる。

　また，1時間の終わりに行う総括的評価は，単元レベルから考えれば形成的評価にあたるし，単元終了時に行う総括的評価は学期レベルから見れば形成的評価の意味を持っている。同様に学期末に行う総括的評価は，学年レベルで考えた形成的評価として働く。

(2) 体育における授業評価研究

　前述の評価は，子どもたちを評価する際に用いられるばかりではなく，教師が行う授業にも用いられている。

　吉野（2010）は，授業の全体的な傾向を把握する評価として，1単位時間の授業を対象とした授業評価とおもに単元や学期のはじめ及びまとめの段階でデータを収集し，授業の積み重ねの結果を評価するものとに分け，それぞれ形成的授業評価法及び診断的・総括的授業評価法として紹介している。

　今でも支持されている良い授業の条件「高田4原則」とは，まず，「精一杯運動させてくれた授業」,2つ目に「技や力を伸ばしてくれた授業」,3つ目に「友人と仲良く学習させてくれた授業」，4つ目に「なにかを新しく発見させてくれた授業」である。その後，高橋ら（1994）は高田の主張を受け入れつつ，客観性を問題として，因子分析を用いて子どもが評価する体育授業の構造を明らかにした。そして，共同研究者らと形成的授業評価法を作成している。

　子どもたちがとらえる体育授業の良し悪しは，「意欲・関心」「成果」「学び方」「協力」の4観点（9項目）によって大部分説明できるとした（高橋ら（1994）の論文では当初12項目であった）。以下に，「形成的授業評価の調査票」にあ

る9項目の質問を挙げる。いずれに対しても「はい」(3点),「どちらでもない」(2点),「いいえ」(1点)で回答し,その回答結果から授業の良し悪しを評価できる仕組みを作った。

1 深く心に残ることや感動することはありましたか。
2 今までできなかったこと(運動や作戦)ができるようになりましたか。
3 「あっわかった!」と「あっそうか!」と思ったことがありましたか。
4 せいいっぱい全力をつくして運動できましたか。
5 楽しかったですか。
6 自分から進んで学習できましたか。
7 自分のめあてに向かって何回も練習できましたか。
8 友達と協力して仲良くできましたか。
9 友達とお互いに教えたり助けたりしましたか。

以上である。高橋らの1994年の論文は,「体育授業の『形成的評価法』作成の試み」にあったため,論文の中では26項目の評価項目で因子分析を行っており,「意欲・関心」「成果」「学び方」「協力」の4因子が抽出されたとある。また,これらの4因子と総合的な評価項目(「良い授業」,「良い勉強」)との関係を分析した結果,いずれの因子も優位な正の相関を示した。とあり,これらの因子を良い体育の授業の実現に向けた形成的評価の観点として位置づけることは妥当であると考える。といったコメントが摘要に示されている。

また,吉野(2010)は「授業の良し悪しは短期的に評価できる内容とある特定の期間を経て評価できる内容がある。」として,高田(2000)によって作成された体育授業の診断・総括的な評価を行う調査票を紹介している。着目すべきは調査項目での問いのかけ方である。形成的評価では「せいいっぱい全力をつくして運動できましたか」というような問いであるが,高田(2000)では「体育ではせいいっぱい運動することができます」といった問いになっていることを指摘している。

「形成的授業評価が授業における一過性の学習状況について質問しているのに対し高田(2000)の質問項目は学習状況を積み重ねた結果得られる体育授業への価値を問う質問となっている。」「このような授業評価はある時期の授業を診断的に行い,授業を積み重ねた結果を総括的に評価するので,診断的・総括的評価と呼ばれる」としている。分析方法は,形成的評価法と同様であると説明されている。

　当然のことであるが，授業は受ける側も行う側も同時に評価対象であること
を今一度共有しておきたい。

2. 主体的・対話的で深い学びの視点からの授業改善と評価

　新学習指導要領では，指導と評価の一体化の観点から，重視している「主体
的・対話的で深い学び」の視点での授業改善を通して各教科等における資質・
能力を育成することとしている。その際，学習評価は重要な役割を担っている。
図3-5に各教科における評価の基本構造を示したが，育みたい3つの資質・能
力によって学習指導要領に示された目標や内容を日々の「主体的・対話的で深
い学び」を通して学習が行われ，3つの観点別学習評価が行われることが示さ
れている。この図では総括的な評価として評定へ反映させるまでの流れを確か
めることができる。

　また，教科における評価は，各教科の目標や内容に照らしたうえでの目標準
拠評価であること，重ねてこの目標準拠評価は相対評価とは異なることも示さ
れている。

　「各教科における評価の基本構造」を踏まえた3つの観点の評価については
以下のように示されている（国立教育政策研究所，2020）。

　「知識・技能」の評価は，各教科等における学習の過程を通した知識及び技
能の習得状況について評価を行うとともに，それらを既有の知識及び技能の習
得と関連付けたり活用したりするなかで，他の学習や生活の場面でも活用でき
る程度に概念等を理解したり，技能を習得したりしているかについても評価す
る。

　「思考・判断・表現」の評価は，各教科等の知識及び技能を活用して課題を
解決する等のために必要な思考力・判断力・表現力等を身に付けているかを評
価する。

　「主体的に学習に取り組む態度」の評価は，答申において「学びに向かう力・
人間性等」には，①「主体的に取り組む態度」として観点別学習状況の評価を
通じて見取ることができる部分と，②観点別学習状況の評価や評定にはなじま
ず，こうした評価では示しきれないことから個人内評価を通じて見取る部分が
あることに留意する必要があるとされている。すなわち，②については観点別
学習状況の評価の対象外とする必要があるとされている。「主体的に学習に取
り組む態度」の評価に際しては，単に継続的な行動や積極的な発言など，性格

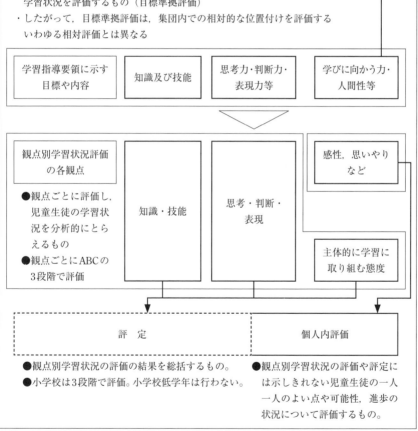

「学びに向かう力・人間性等」には
①「主体的に学習に取り組む態度」として観点別評価（学習状況を分析的に捉える）を通じて見取ることができる部分と，
②観点別評価や評定にはなじまず，こうした評価では示しきれないことから個人内評価を通じて見取る部分がある。

各教科における評価の基本構造

・各教科における評価は，学習指導要領に示す各教科の目標や内容に照らして学習状況を評価するもの（目標準拠評価）
・したがって，目標準拠評価は，集団内での相対的な位置付けを評価するいわゆる相対評価とは異なる

| 学習指導要領に示す目標や内容 | 知識及び技能 | 思考力・判断力・表現力等 | 学びに向かう力・人間性等 |

観点別学習状況評価の各観点

●観点ごとに評価し，児童生徒の学習状況を分析的にとらえるもの
●観点ごとにABCの3段階で評価

知識・技能

思考・判断・表現

感性，思いやりなど

主体的に学習に取り組む態度

評　定

個人内評価

●観点別学習状況の評価の結果を総括するもの。
●小学校は3段階で評価。小学校低学年は行わない。

●観点別学習状況の評価や評定には示しきれない児童生徒の一人一人のよい点や可能性，進歩の状況について評価するもの。

図3-5　学習評価の基本構造

（文部科学省，2018）

103

や行動面での傾向を評価するということではなく，各教科の「主体的に学習に取り組む態度」に係る観点の趣旨に照らして，知識及び技能を習得したり，思考力・判断力・表現力等を身に付けたりするために，自分の学習状況を把握し，学習の進め方について自分で調整しながら，学ぼうとしているかどうかといった意思的な側面を評価することが重要とされている（図3-6参照）。

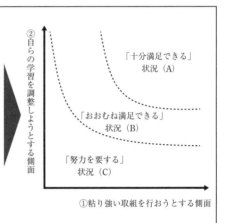

○「主体的に学習に取り組む態度」の評価については，①知識及び技能を獲得したり，思考力・判断力・表現力等を身に付けたりすることに向けた粘り強い取組を行おうとする側面と，②①の粘り強い取組を行う中で，自らの学習を調整しようとする側面，という2つの側面から評価することが求められる。

○これら①②の姿は実際の教科等の学びの中では別々ではなく相互に関わり合いながら立ち現れるものと考えられる。例えば，自らの学習を全く調整しようとせず粘り強く取り組み続ける姿や，粘り強さが全くない中で自らの学習を調整する姿は一般的ではない。

②自らの学習を調整しようとする側面

「十分満足できる」状況（A）

「おおむね満足できる」状況（B）

「努力を要する」状況（C）

①粘り強い取組を行おうとする側面

図3-6 「主体的に取り組む態度」の評価

（国立教育政策研究所，2020）

3．評価の観点

（1）観点別学習状況の評価における体育科の評価の観点と趣旨

体育科においても目標に準拠した評価を行うために，「評価の観点及びその趣旨」が教科の目標を踏まえて作成されている。

「知識・技能」では，各種の運動の行い方について理解しているとともに，基本的な動きや技能を身に付けている。また，身近な生活における健康・安全について実践的に理解しているとともに，基本的な技能を身に付けている。

「思考・判断・表現」では，自己の運動の課題を見付け，その解決のための

工夫をしているとともに，それらを他者に伝えている。また，身近な生活における健康に関する課題を見付け，その解決を目指して思考し判断しているとともに，それらを他者に伝えている。

「主体的に学習に取り組む態度」では，運動の楽しさや喜びを味わうことができるよう，運動に進んで取り組もうとしている。また，健康を大切にし，自己の健康の保持増進についての学習に進んで取り組もうとしている。

以上が，教科の目標を踏まえた「評価の観点及びその趣旨」である。

なお，小学校学習指導要領（平成29年告示）解説　体育編では体育科の目標は以下のように示されている。

体育や保健の見方・考え方を働かせ，課題を見つけ，その解決に向けた学習過程を通して，心と体を一体としてとらえ，生涯にわたって心身の健康を保持増進し豊かなスポーツライフを実現するための資質・能力を次のとおり育成することを目指す。

(1) その特性に応じた各種の運動の行い方及び身近な生活における健康・安全について理解するとともに，基本的な動きや技能を身に着けるようにする。

(2) 運動や健康についての自己の課題を見付け，その解決に向けて思考し判断するとともに，他者に伝える力を養う。

(3) 運動に親しむとともに健康の保持増進と体力の向上を目指し，楽しく明るい生活を営む態度を養う。

（文部科学省，2017）

同様にして「学年・分野別の評価の観点の趣旨」も，体育科の各学年の目標の(1)(2)(3)を基に対応して作られる。

(2) 指導と評価の一体化に向けた学習指導計画作成の手順（国立教育政策研究所の資料から）

また，「内容のまとまりごとの評価規準」も学習を評価するにあたっては必要となるため，低学年・中学年・高学年ごとの運動領域ごとでの設定が行われることになる。育成を目指す資質・能力は「内容のまとまり（学年別・運動領域別の内容のまとまりを指す）」ごとに示されているので，その記載はそのまま学習指導の目標となりうるため，記載事項の文末を「〜すること」から「〜している」と変換したものを「内容のまとまりごとの評価規準」として用いることができる。たとえば，第1学年及び第2学年の「B　器械・器具を使っての運動遊び」での「内容のまとまりごとの評価規準」は，以下のようになる。

「知識・技能」では，「次の運動遊びの楽しさに触れ，その行い方を知るとともに，その動きを身に付けること」とあるが，評価規準として「～行い方を知っているとともに，その動きを身に付けている」となる。

「思考・判断・表現」では，「器械・器具を用いた簡単な遊び方を工夫するとともに，考えたことを友達に伝えること」とあるが，評価規準として「～を工夫しているとともに，考えたことを友達に伝えている」となる。

「主体的に学習に取り組む態度」では，「運動遊びに進んで取り組み，順番や決まりを守り誰とでも仲良く運動をしたり，場や器械・器具の安全に気を付けたりすること」とあるが，「～進んで取り組もうとし，～運動をしようとしていたり，～に気を付けたりしている」となる。

(3) 単元ごとの学習評価について

体育科の単元における観点別学習状況の評価を行うに当たっては，年間計画に基づき，学習指導要領の目標や内容，「内容のまとまりごとの評価規準」の考え方に留意して，図3-7に示されるように進めることが考えられる。1) 単元目標の作成，2) 単元の評価規準の作成，3)「指導と評価の計画」の作成，4) 授業実施，5) 観点ごとに総括する。

単元の例として，第3学年でのゴール型ゲーム（タグラグビー）での「思考・判断・表現」の評価に着目した「指導と評価の計画」を挙げている。毎回の授業で3つの資質・能力に基づき指導を行い，評価を行うことになる。しかし，指導する3つの資質・能力のすべてを毎時評価することは困難も多く，そのためポイントを絞った評価を行うことが普通であろう。また，指導から評価まで期間（時間）を空けることが必要な場合も考えられるので，指導と評価をずらしたほうが望ましい場合も考えられる。表3-24にある「評価の重点」欄には表3-23「単元の評価規準」にある「知識・技能」，「思考・判断・表現」，「主体的に学習に取り組む態度」のそれぞれに丸数字で示された評価規準が組み込まれている。単元の指導と評価の計画には1単位時間の指導と評価の関係だけでなく，単元を見通した指導と評価の関係も忘れてはならない（表3-23，表3-24を参照のこと）。

この授業では，「思考・判断・表現」の評価に着目し，児童が自己課題を見付けること，自己の課題に応じて練習方法を選び，思考し判断したことを動作はもとより言葉や文章で伝えることを評価する。そこで，この授業を担当する

評価の進め方	留意点
1 単元の目標を作成する	○ 学習指導要領の目標や内容，学習指導要領解説等を踏まえて作成する。 ○ 児童の実態，前単元までの学習状況を踏まえて作成する。 * 単元の目標及び評価規準の関係性（イメージ）については下図参照
2 単元の評価規準を作成する	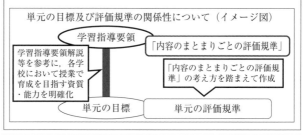
3 「指導と評価の計画」を作成する	○ 1，2を踏まえ評価場面や評価方法等を計画する。 ○ どのような評価資料（児童の反応やノート，ワークシート，作品等）を基に，「おおむね満足できる」状況（B）と評価するかを考えたり，「努力を要する」状況（C）への手立て等を考えたりする。
授業を行う	○ 3に沿って観点別学習状況の評価を行い，児童の学習改善や教師の指導改善につなげる。
4 観点ごとに総括する	○ 集めた評価資料やそれに基づく評価結果などから，観点ごとの総括的評価（A，B，C）を行う。

図3-7 単元における評価の進め方及び留意点

（国立教育政策研究所，2020より一部改変）

表3-23　単元の目標と評価規準

○ 単元の目標

(1) ゴール型ゲーム（タグラグビー）の行い方を知るとともに，易しいゲームができるようにする。

(2) 規則を工夫したり，ゲームの方法に応じた簡単な作戦を選んだりするとともに，考えたことを友達に伝えることができるようにする。

(3) 運動に進んで取り組み，規則を守り誰とでも仲良く運動をしたり，勝敗を受け入れたり，友達の考えを認めたり，場や用具の安全に気を付けたりすることができるようにする。

○ 単元の評価規準

知識・技能	思考・判断・表現	主体的に学習に取り組む態度
①タグラグビーの行い方について，言ったり書いたりしている。 ②ボールを持ったときにゴールに体を向けることができる。 ③味方にボールを渡したり，パスを出したり，ゴールにボールを持ち込んだりすることができる。	①攻めを行いやすいようにするなどの規則を選んでいる。 ②ボールを持っている人とボールを持っていない人の役割を踏まえた作戦を選んでいる。 ③パスを出したり，ゴールにボールを持ち込んだりするときの工夫を友達に伝えている。	①ゲームに進んで取り組もうとしている。 ②規則を守り，誰とでも仲良くしようとしている。 ③用具などの準備や片付けを，友達と一緒にしようとしている。 ④ゲームの勝敗を受け入れようとしている。 ⑤友達の考えを認めようとしている。 ⑥場や用具の安全を確かめている。

（国立教育政策研究所，2020）

表3-24　指導と評価の計画

○　指導と評価の計画（第3学年「ゴール型ゲーム（タグラグビー）」8時間）

時間		1	2	3	4	5	6	7	8
ねらい		学習の進め方を知り，見通しを持つ	チームに合った簡単な作戦を選んで取り組む				チームで見つけた課題の解決に取り組む		
学習活動		1　単元の学習内容と本時のねらいの確認 ・1時間の流れを知る ・規則を確認する 2　試しのゲーム ・提示された作戦を選び，役割分担を行う片付け 3　整理運動 ・振り返り，片付け	1　用具や場の準備，準備運動 2　学習課題の確認 3　ゲーム①＊ゲームはすべて易しいゲーム ・チームの課題を知る 4　課題解決についての話し合い ・誰もが楽しくゲームに参加できるように規則を工夫する ・ボールを持っている人とボールを持っていない人の役割分担を行い，チームに合った作戦を選ぶ ・全員がプレーに参加して得点できるように話し合う 5　チームでの練習 ・話しあったことや選んだ作戦の練習をする 6　ゲーム② ・話し合ったことを実行したり，チームの作戦を意識したりして取り組む 7　整理運動・振り返り・片付け ・チームの工夫やよさについて発表したり，学習カードに記入したりする場を設ける				1　用具や場の準備，準備運動 2　学習課題の確認 3　ゲーム① 4　作戦の話し合いや練習 ・攻めを行いやすくするための作戦を話し合い，チームで練習する 5　ゲーム② 6　整理運動・振り返り・片付け		
評価の重点	知識・技能		①（カード）	②（カード）	③（観察, ICT）				
	思考・判断・表現			①（観察, ICT）		②（カード）	③＊1（観察, ICT）		＊2
	主体的態度	⑥（観察）	①（観察）		②（カード）	④（観察）	⑤（カード）	③（カード）	

＊1　第6・7時では，児童の表現する機会が増えることが予想されるため，2時間続けて1つの評価を行うようにする。

＊2　第8時では，第7時までの学習状況により，児童の実態等に応じて柔軟に評価できるようにする。

（国立教育政策研究所，2020）

(1) はじめの規則について

・4人対4人
・ゴールゾーンにボールを持って走り込めば1点
・タグを取られたら3秒以内にパスをする
・前にパスをすることはできない　　など
＊ぶつかるのは禁止，タグを取ったら手渡しで返却

ゴールゾーン

30m

20m

(2) 提示する作戦について　＊児童の実態による

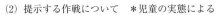

(⬤ 攻撃チーム，△ 防御チーム，❶ ボール，⟵ ボールや子どもの動き)

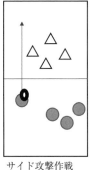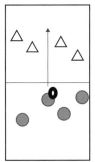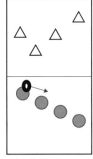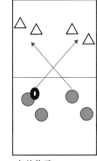

サイド攻撃作戦
・サイドの相手のい
　ないところを狙う

センター攻撃作戦
・中央から空いたス
　ペースを作り出す

パス作戦
・タグを取られたら，
　味方にパスする

交差作戦
・パスをする人と受け
　取る人が交差する

(3) 振り返りの場面での作戦の話し合いについて

・ゲーム①⇒振り返り⇒ゲーム②などの学習の流れを設定することにより，児童がチームの
　課題を振り返り，次のゲームに生かせるようにする。

〈ゲーム①終了時の言葉がけ〉

T（教師）：ゲーム①を振り返って，ゲーム②の作戦を話し合いましょう
S1（児童）：交差作戦は仲間の動きがわかりやすそうなサイド作戦かな？
S2：ゲーム②は仲間の動きがわかりやすそうなサイド作戦かな？
S3：いいね，役割分担だね，左にいるのはだれにする？
S4：私がいくね。
S1：ボールを持ったら，ゴールに向かってビューっと走ってね
S2：右に3人いたら，相手が集まるかもね，僕は右にいるよ
S3：僕もスーっと右に寄るね
S1：私も右に行くから，3人でぎゅっと集まろう
S4：きまった，サイド作戦でいこう

図3-8　タグラグビーの展開例
（国立教育政策研究所，2020より一部改変）

教員は補助的な運動や練習方法，作戦を書いたカード，作戦タイムの設定など，子どもたちが友達と話し合ったり，発表したり，作戦を披露したりといった表現できる活動を授業に取り入れる必要がある。

　思考・判断・表現の評価を行うに当たっては，子どもたちのこれらの資質・能力を育む授業を行うことがまず求められる。結果として立てた目標に到達できなかった場合は，子どもたちとともに授業を改善するために，次の授業への工夫が必要となる。

　タグラグビーの展開については，図3-8にあるように作戦を考えながら次のゲームへとつなげる。「思考・判断・表現」の観点別学習状況の評価を進めるにあたっては，児童が「課題を見付けたり，課題解決のための活動を選んだり，思考し，判断したことを伝えたり」しているなどの学習状況を評価することになる。評価方法の例としては，実際の場面や記録映像による観察，学習カードの活用，聞き取りなどを工夫して用いることなどが必要となる。

4．多様な評価方法の例

　児童の学びの深まりを把握するために，多様な評価方法の取り組みがある。
　「パフォーマンス評価」：知識やスキルを使いこなす（活用・応用・統合する）ことを求めるような評価方法。論説文やレポート，展示物といった完成作品（プロダクト）や，スピーチやプレゼンテーション，共同での問題解決，実験の実施といった実演（狭義のパフォーマンス）を評価する。
　「ルーブリック」：成功の度合いを示す数レベル程度の尺度と，それぞれのレベルに対応するパフォーマンスの特徴を示した記述語（評価基準）からなる評価基準表。イメージ例としては，以下のような形式になる。

項目＼尺度	Ⅳ	Ⅲ	Ⅱ	Ⅰ
項目	（記述語）…できる …している	…できる …している	…できる …している	…できない …していない

　ルーブリックの一般的特徴としては，①目標に準拠した評価のための基準作りに資するものである，②パフォーマンス評価を通じて思考力・判断力・表現力等を評価することに適している，③達成水準が明確化され，複数の評価者による評価の標準化がはかられる，④学習者の最終的な到達度だけでなく，現時点での到達度，伸びをはかることができる，⑤教える側（評価者）と学習者（非

評価者）の間で共有される，などが挙げられる。

「ポートフォリオ評価」：児童生徒の学習の過程や成果などの記録や作品を計画的にファイル等に集積し，そのファイル等を活用して児童生徒の学習状況を把握するとともに児童生徒や保護者等に対し，その成長の過程や到達点，今後の課題等を示す。

しかし，一般的には「ペーパーテスト」，「実技テスト（運動技能の実演など）」，「日常の観察（活動の状況，発問への応答など）」が，評価の方法として用いられているのではないだろうか。特に体育の授業では実技テストでの「できる」「できない」で，評価が止まっていないか。単元や題材など内容や時間のまとまりを見通しながら評価の場面や方法を工夫して，学習の過程や成果を評価し，指導の改善や学習意欲の向上を図り，資質・能力の育成に生かすようにすることが求められている。

課　題

1. 小学校体育の単元を1つ選び，指導と評価の計画を作成しなさい。

参考文献

岡出美則「学習指導改善に向けた体育科の評価」田中耕治編『2019年改訂指導要録対応シリーズ　学びを変える新しい学習評価　理論・実践編②各教科等の学びと新しい学習評価』ぎょうせい，2020年

金井茂夫編『小学校指導法　体育』玉川大学出版部，2011年

国立教育政策研究所「学習評価の在り方ハンドブック　小・中学校編」2019年　https://www.nier.go.jp/kaihatsu/pdf/gakushuhyouka_R010613-01.pdf，最終閲覧日2022年10月5日

国立教育政策研究所教育課程研究センター『「指導と評価の一体化」のための学習評価に関する参考資料　小学校　体育』東洋館出版社，2020年　https://www.nier.go.jp/kaihatsu/pdf/hyouka/r020326_pri_taiku.pdf，最終閲覧日2022年10月5日

高田俊也・岡沢祥訓・高橋健夫「態度測定による体育授業評価法の作成」『スポーツ教育学研究』20（1），pp. 31-40，2000年

高橋健夫・長谷川悦示・刈谷三郎「体育授業の『形成的評価法』作成の試み：子どもの授業評価の構造に着目して」『体育学研究』39，pp. 29-37，1994年

田中耕治「学習評価とは何か」田中耕治編『2019年改訂指導要録対応シリーズ　学びを変える新しい学習評価　理論・実践編①資質・能力の育成と新しい学習評価』ぎょうせい，2020年

中央教育審議会初等中等教育分科会教育課程部会「児童生徒の学習評価の在り方について（報告）」
　2019年

文部科学省『小学校学習指導要領（平成29年度告示）解説　体育編』東洋館出版社，2018年

文部科学省「小学校，中学校，高等学校及び特別支援学校等における児童生徒の学習評価及
　び指導要録の改善等について（通知）」2019年　https://www.mext.go.jp/b_menu/hakusho/
　nc/1415169.htm，最終閲覧日2022年10月5日

吉野聡「体育の授業評価」高橋健夫・岡出美則・友添秀則・岩田靖編著『新版体育科教育学入門』
　大修館書店，2010年

第6節　単元教材の作成と教材づくりの視点

1．優れた体育授業の実践は「教材・教具づくり」から

　目標が明確で学習内容が十分に達成できている授業は，子どもからの授業評価も高く，良い体育授業と言われている（高橋，2010）。体育の授業づくりでは，どのような力を身に付けさせるために，何を，どのように，教えなければならないのか。この学習内容を達成するうえで欠かせない視点が，教材・教具づくりである。

　平成29年小学校学習指導要領解説体育編において，資質・能力の三つの柱を育成する観点から，運動に関する「知識及び技能」，運動に関する課題の発見・解決等のための「思考力・判断力・表現力等」，主体的に学習に取り組む態度等の「学びに向かう力・人間性等」が，各学年の目標及び内容として示された。この「知識及び技能」，「思考力・判断力・表現力等」，そして，「学びに向かう力・人間性等」を確実に身に付けさせるためには，一連の教授学的思考のなかにおいて行われる授業づくりや教材・教具づくりが極めて重要となる。

　本節では，子どもたちの学習成果を保障していくために，重要な役割を果たしている「教材・教具づくりの視点」について述べたい。

2．「教材・教具づくり」の視点

(1)「教材」・「教具」とは何か

　これまで体育では，「スポーツ種目＝教材＝（学習）内容」といったイメージが浸透し，「内容」と「教材」の理解に混乱が見られた背景があった（岩田，1994，p. 27）。しかし，1980年以降，スポーツに関する知識（概念や法則）・認識（運動についての論理的，感覚的認識），技術・ルール・マナー，練習やゲームの組織・運営の仕方，さらには，これらの学習方法を含め，「学習内容[注1]」と示され「教材」と区別されるようになった（岩田，2012，p. 19）。

　岩田（2010，p. 55）は，教材について「学習内容を習得するための手段であり，その学習内容の習得をめぐる教授＝学習活動の直接的な対象となるものである」と定義している。つまり，既存のスポーツや運動種目等は，教材を構成していく際の「素材」であり，「教材」は学習内容が豊かに習得されるための手段と

しての機能を担っているのである。

1）教材づくりの基本的視点

　教材づくりでは，①内容的視点として，その教材が習得されるべき学習内容を典型的に含みもっていること，②方法的視点として，その教材が学習者の主体的な諸条件に適合しており学習意欲を喚起することができること，これら2つの視点が，教材が備えるべき条件として掲げられている。

　体育での教材づくりでは，習得されるべき「学習内容」や子どもたちの「学習意欲」が喚起されるように，スポーツとしての「素材」が再構成され，学習教材として提供される。教材の提供に際しては，「教具」を工夫し，適切な教師の「教授行為」によって，教材はその機能をより効果的に発揮することができる（図3-9）。

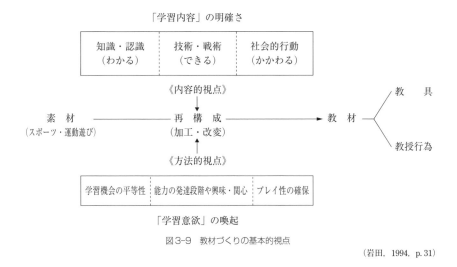

図3-9　教材づくりの基本的視点

（岩田，1994，p. 31）

2）教材の機能を高める教具づくり

　教材づくりでは，学習者が「わかる・できる」といった学習内容の習得に向け，主体的に学びに向かう仕掛けが構成される。それに関わって，学習内容が児童に明確に認識され，合理的に習得される必要がある。そのためには，「教具づくり」や教師の児童に対する働きかけとして「教授行為」が求められる。

　では，「教具」とは何か。岩田（2010，p. 55）は，教具について「学習内容

の習得を媒介する教材の有効性を高めるための手段として用いられる物体化された構成要素である」と定義している。教師の意図的な働きかけによって，「教具」は以下のような機能を有し，教材の機能を高めることができる。

表3-25 「教具」の有する機能

①運動の習得を容易にする（課題の難易度を緩和する）
②運動の課題性を意識させ，方向づける（運動の目標や目安を明確にする）
③運動に制限を加える（空間・方向・位置などを条件づける）
④運動のできばえにフィードバックを与える（結果の判断を与える）
⑤運動の原理や概念を直感的・視覚的に提示する（知的理解を促し，イメージを与える）
⑥運動課題に対する心理的不安を取り除き，安全性を確保する
⑦運動の学習機会を増大させ，効率を高める

（岩田，2010，p. 59）

(2) 下位教材群と教材の機能を高める教具づくり

【小学校2年生の跳び箱運動を対象とした「教材・教具づくり」の実践例】

たとえば，跳び箱運動にはじめて挑戦する子どもにとっては，体を空中に投げ出す感覚や腕を支点とした体重移動，逆さ感覚など，日常生活であまり見られない動きには恐怖がつきまとう。跳び箱運動ができるようになるためには，これらの運動感覚の習得が欠かせない。しかし，跳び箱を低い段数から徐々に高い段数へと挑戦させることが，学習の主たる目的になっていることも少なくない。

授業づくりでは，単元教材[注2]と下位教材（群）[注3]からなる「階層的な教材づくり」が，単元構成やその展開において重要な視点となる（岩田，2012，p. 27）。そこで以下では，開脚跳びの習得に必要とされる基礎的感覚づくりに焦点をあて，易しく意味のある運動遊びとして提供された小学校2年生の授業実践を紹介する。

1) 主教材の習得を効果的に高める「下位教材（群）」の在り方
①基礎的感覚づくり

開脚跳びに必要とされる運動感覚の習得に際し，類似の運動（アナロゴン）を下位教材として提供することは大変効果的である。また，技能習得に向けた運動課題については，スモールステップ化を図り，易しい運動から段階的・順次的に提供し，より細かなステップを踏んだ指導が重要になる。

　表3-26は，開脚跳びに関連した習得すべき感覚と運動遊びとして提供された学習教材（下位教材群）について示したものである。
　技能的な学習内容に対し，それに関連した学習教材（下位教材）が複数提供されている。これは，1つの下位教材が含み持つ動きの要素（身に付けさせたい運動感覚）が，技能的な学習の要素を幾つも兼ね備えているためである。
　たとえば，図3-10の「うさぎ跳び」は，開脚跳びにつながる「体の投げ出し」，「腕支持感覚」，「足―手―足の順次性」などの運動感覚を身に付けさせるための有効な下位教材である。

表3-26　開脚跳びに関連した習得すべき感覚と運動遊び（学習教材）

技能的な学習内容	学習教材（下位教材群）
・体の投げ出し ・腕支持感覚 ・腕を支点とした体重移動 ・足―手―足の順次性	○カエルの足打ち，○馬跳び ○うさぎ跳び，○うさぎ跳びライン越し， ○手足走り，○動物歩き，○ウルトラマン跳び， ○連結跳び箱や簡易跳び箱での跳び乗り競争 ○連結跳び箱や簡易跳び箱での腕支持移動 ○開脚座からの跳び出し競争 ○簡易跳び箱でのまたぎ越し跳び

※「・」は，開脚跳びで求められる運動感覚（技能的な学習内容）を示している。
　「○」は，各下位教材の名前を示している。

図3-10　うさぎ跳び（左），うさぎ跳びライン越し（右）

（髙橋他，2004，p. 6）

図3-11　ウルトラマン跳び

（高橋他，2004，pp. 5-7）

図3-12　簡易跳び箱を使ったまたぎ越しの練習

（高橋他，2004，p. 8）

図3-13　簡易跳び箱での「跳び乗り競争」，「腕支持移動」，「跳び出し競争」

（高橋他，2004，p. 7）

②成功裡な経験と学習機会

　体育では，各学校の施設環境等により，必ずしもすべての児童が平等に学習に参加し，楽しめる条件が整えられているわけではない。跳び箱を跳んでいる時間よりも待機時間の方が長く，数回に1度しか自分の順番が回ってこないということも少なくない。児童相互の個人差においていえば，運動が苦手あるいは運動能力の低い児童は，順番待ちの際に友達に割り込まれてしまうという姿も散見される。また，ボール運動系においては，チームの勝敗が関係してくるため，運動能力の低い児童のところにはボールが回ってきにくいなど，学習機会を十分に与えられずに疎外されてしまう傾向が強い。

　成功裡な経験やゲームでの勝利経験の機会を保障するためにも，教材・教具を作るうえでさまざまな工夫が求められる。

　たとえば，跳び箱運動では，いきなり跳び箱のような主となる教材・教具を用いて学習に入るのではなく，図3-11の「ウルトラマン跳び」のように，運動課題を易しくした下位教材から行うとよい。「ウルトラマン跳び」は，セーフティーマットに向かって，「助走→両足での踏み切り→両手を伸ばして遠くに跳び込む」といった，開脚跳びにつながる一連の運動であると同時に，子どもたちが意欲的にかつ楽しみながら取り組める下位教材である。また，「できない」といった状況が表出しにくいため，成功裡な経験を潤沢に保障することができる。

　子どもたちの学習機会を可能な限り提供するためには，規定の跳び箱だけではなくビールケースなどのプラスティックの箱など簡易跳び箱を使用することも効果的である。

　次に，図3-12，図3-13を詳しく見てみよう。簡易跳び箱が連結されていたり，着地点に数本の線が引かれていたりする。これは，腕を支点とした体重移動の運動感覚や腕を支点に遠くへ跳び出す運動感覚の習得に向けた下位教材である。着地点に線が設けられているため，仲間と見合うことや学習者自身が評価することも容易にできる。視覚化を活用した効果的な仕掛けである。

　また，いくつかの下位教材を組み合わせてそれらを配置・配列する。音楽の切れ目に合わせ次々と練習課題を移動していくといった，ステーション学習やチャレンジタイムなどは，プレイ的であり子どもの学習意欲が喚起される学習方法の一例と言える。

　このように，主教材の有効性を高めるために教材・教具を工夫したり，新た

に簡易的な教具を作成したり，それらを適切に配置・配列したりすることは，先ほど上述した教材づくりの方法的視点でもある。

　類似の運動（アナロゴン）を提供したり，課題のスモールステップ化を図ったりすることも，子どもたちの成功経験を豊かにするうえで有効な手立てである。さらには，教師は学習者に対し肯定的にフィードバックを与えたり，学び方や正しい練習の仕方を十分に理解させたり，丁寧に指導したりすることが，教材の有効性を高めるとともに，児童の学習成果を保障するうえで極めて重要となる（南島他，2007）。

　本節では，個人的運動領域の器械運動（跳び箱運動）を中心に教材・教具の授業づくりについて述べたが，集団的運動領域（ボール運動系）においても，「ボール操作」と「ボールを持たない動き」などの観点からゲームの魅力をクローズアップするような授業づくり，教材・教具づくりが必要となる。

課　題

1. 教材・教具づくりがなぜ必要なのか説明しなさい。
2. 教具が有する7つの機能について，それぞれ実際の場面を想像しながら例を挙げて説明しなさい。
3. 教材づくりの基本的な視点について説明しなさい。

注

1）学習内容は，教育的に価値のある文化的内容であり，「文化としてのスポーツ」及び「スポーツに関する科学」から選択される（岩田，1994，p.27；2012，p.19）。
2）「単元教材」とは，単元全体を通して，あるいは，その多くの部分において提示される教材（岩田，2012，p.27）。
3）「下位教材」とは，単元の中で部分的に用いられるもの，個々の認知的・技能的な学習内容の習得のために準備される教材（岩田，2012，p.27）。

参考文献

岩田靖「教材づくりの意義と方法」高橋健夫編『体育の授業を創る』大修館書店，1994年
岩田靖「体育の教材・教具論」高橋健夫・岡出美則・友添秀則・岩田靖編『新版　体育科教育学入門』大修館書店，2010年
岩田靖『体育の教材を創る』大修館書店，2012年

高橋健夫・南島永衣子「口絵連載20日本で一番受けたい体育の授業『やさしい運動遊びでみんな跳べるようになった』」『体育科教育』52（13），pp. 5-8，72，2004年

南島永衣子・高橋健夫「教材活用の仕方や指導行動が学習成果に及ぼす影響について：特に開脚跳びのできない児童に対する学習指導を中心に」『スポーツ教育学研究』27（1），pp. 21-35，2007年

第7節　体育科の学習指導論と学習形態

1．学習指導論

（1）体育科における学習指導

　　ある授業で，子どもたちの学習の状況は極めて自発性が高く，質の高い授業が展開されていた。教師は観察を中心にして，問題が発見されたときにアドバイスをする程度の関わりで授業は終えた。こういった授業に対して，生徒の活動は素晴らしかったが教師はほとんど何もしていなかったようで，これで体育の授業と言えるのか，といった意見があったとのことである。どのように受け止めればよいのだろうか。

　　永島（2000）は運動内容論における教師の指導性について述べるなかで，「指導」は活動の概念であり，「指導性」はリーダーシップのことで機能の概念であるとして，体育の学習指導においては，活動としての指導よりも，機能としての指導性が基本的な問題になることを示した。そして，体育における指導性は子どもの自発的な学習を保障するためのものであると規定できるとして，下の（ア）～（ウ）のように，単元における自発性と指導（性）の関係をまとめている。もし，自発的な学習にマイナスに働く指導がなされるならば，それは指導とは言えないとも述べている。

（ア）自発的学習を引き出しスタートさせるための指導（性）
　　①自発的学習の保障を目指す指導計画の作成
　　②自発的学習をとりあえずスタートさせるための指導（「はじめ」の段階の指導）
（イ）自発的学習を維持し発展させるための指導（性）（「なか」の段階の指導）
　　①問題を発見するための観察
　　②問題を解決するための直接指導と間接的指導
　　③その他の指標
（ウ）自発的学習を反省することへの指導（「まとめ」の段階の指導）

（永島，2000より）

　　授業で子どもたちの自発的な活動を生み出し，学習へ結び付いていくための（ア）の指導性から始まり①の指導計画の作成ではプランナーとして，また②

の「はじめ」の段階においてはオーガナイザーとしての指導性が主に発揮され，単元の紹介，学習の目標，学習過程，学習の仕方・進め方を理解させグルーピングや役割分担を行うことなどが中心的な指導項目となる。「はじめ」の段階における指導性が十分に機能すれば，学習者は自発的な学習を始めることになるとしている。

「なか」の段階の指導は，自発的な学習を維持・発展させるための指導とされ，教師は専門職としての目で子どもたちを観察し，必要に応じてアドバイスしたり，カウンセリングしたり，さまざまな形で指導性を発揮しなければならない。直接には子どもに働きかけることなく，学習資料を提供したり，施設用具に工夫を加えたりすることも間接的な指導となる。

「まとめ」の段階の指導は，自発的な学習の過程や結果を子どもたちが正しく評価し反省することへの指導性（アドバイザーとしての）である。

子どもたちが運動したいと思う場づくりや思わず手に取ってやってみたくなるような教具の工夫といった，意図的だけれども隠れているような環境を作ること，これらは間接的指導といえよう。環境が子どもたちの学習活動を引き出すように授業の準備を進めることは確かに教師の指導性の一部と理解できよう。自発的な素晴らしい体育授業には，その時点では目には映らない指導が存在しており，このことが重要な役割を果たしていることを確認しないといけない。活動としての指導そのものより機能としての指導性の発揮に注目するのはこの理由からとしている。上述の永島が述べていることは，直接的指導ばかりに目を向けることなく間接的指導について十分な理解が必要であることを強調しており，教師の指導方法を改善するにあたり忘れてはならない視点である。

(2) 指導方略としての学習指導

学習指導論は，学習者が授業の目標に対応してより豊かな学習成果を得ることができるように，授業の計画やその実行に関する適切な意思決定を可能にする理論的根拠を提供することになる（岡出，2021）。

〈直接的指導と間接的指導〉

鈴木（2002）は，「学習指導のスタイルは，授業中，教師が強い主導性を発揮するのか，あるいは学習者に大幅に意思決定が委ねられるのかによって，直接的指導と間接的指導に大別される」と述べており，『最新スポーツ科学辞典』（日本体育学会，2006）によれば，「前者の特徴は学習課題が階層構造的に明示

されて学習が方向付けられ，学習活動が構造化され，教師による積極的な巡視やフィードバックが与えられる。一方，後者では学習内容は意味のある全体として示され，学習過程が学習者の思考や感情，相互作用を促進するように計画され，学習者の能力，関心，要求が重視される。一般に，直接的指導は学習内容が階層構造を持つ場合やおもに基礎的な技術学習である場合，また学習の効率が求められる場合に有効である。しかし，認知学習や情意学習を含む複合的な学習である場合には，間接的学習が導入される必要がある」とされている。

〈学習指導スタイル論〉

　そして，直接的指導にせよ間接的指導にせよ，学習指導が教師の意思決定によっていること，さらに両指導ともに鈴木（2010）は，「学習指導とは単なる教師から学習者への知識・技術の伝達ではなく，教えたい事柄が成功裡に学習されていくように方向付ける目標志向活動である」と捉えられることを紹介し，その意思決定の仕方のさまざまな形を紹介している。表3-27には，MosstonによってまとめられたA～Kまでの指導スタイルと呼ばれる意思決定のパターンが示されている。ここでは，教師の意思決定によって単純に直接的指導と間接的指導とに二分する発想からさまざまな指導のスタイルがあることを見通すことが出来る。「この学習指導スタイルは，指導（エピソード）の計画（事前段階），実行（実施段階），評価（事後段階）のそれぞれで行われる意思決定（表3-28参照）が教師主導であるか，生徒主導であるかの程度に基づいて，一連の学習指導スタイルを概念化してまとめられている。」「ここで，エピソードはある学習指導スタイルが適用されたときから別のスタイルが適用されるまでの場面とされる。それぞれのエピソードには指導の目標がある。学習指導スタイルは，1授業単位，1単元単位で決まるのではなく，授業の中の1つ1つの指導場面（エピソード）ごとに（長谷川，2015）」とらえ，目標達成に最適な指導スタイルを選択すべきであることが述べられている。

　例として，バスケットボールの授業で，準備運動では「命令型」，その後シュートの反復練習では「練習型」，次は「自己チェック型」のスタイルで自己評価をする。チーム練習では「インクルージョン型」で技能水準の異なる学習者同士で各自のレベルにあった課題で練習する。授業の終わりでは，バスケットボールのシュートについて，認知レベルでの知識理解を「発見型」によって，確認し反省やまとめを行うといった流れが考えられよう。

表3-27　学習指導スタイルの特徴（Mosston & Ashworth, 2008）

スタイルA	命令型（command style） 学習者は手がかりにしたがって正確なパフォーマンスを再現する。すべての意思決定を教師が行う。
スタイルB	練習型（practice style） 学習者は，個別のフィードバックを教師から受けながら，記憶・再生課題を個々人で練習する。 教師は内容と計画，評価を決定して，実施段階では学習者が練習に関する意思決定を行う。
スタイルC	相互学習型（reciprocal style） 教師が準備した明確な規準より，学習者は他の仲間と相互にフィードバックを与え合う。 学習者は行為者と観察者という役割を交互に学習することで社会的相互交渉を発達させる。
スタイルD	自己チェック型（self-check style） 教師が準備した計画的な規準に基づき，学習者は記憶・再生の課題を個に練習，自己評価をする。
スタイルE	インクルージョン型（inclusion style） 技能水準の異なる学習者が，多様な難易度の課題に参加できるようにする。 学習者は練習・実行する難易度を選択することができ，初めの段階，課題の調整なども決定できる。
スタイルF	誘導発見型（guided discovery style） 教師は論理的に連続する発問を設計して，学習者がまだ獲得していない概念，関係性，ルールを発見できるように導く。 教師は内容・教材，発見させる概念，一連の発問のすべてを準備する。学習者の役割は答えを発見することである。
スタイルG	収束的発見型（convergent discovery style） 学習者が以前には経験したことのない問題に対して，想定された解答を生み出す。 教師は内容・教材，発見させる概念，一連の発問のすべてを準備する。 学習者の役割は推論・自問しながら内容につながる解答を論理的につきとめることである。 もし学習者が以前のQ&Aで解答を知っているのであれば，スタイルBの練習型となる。
スタイルH	拡散的発見型（divergent discovery style） 学習者それぞれが単一の質問，状況あるいは問題に対して多様な反応を生み出し，発見する。 教師は内容・教材に関わる主題と特別の質問，そしてそれを学習者にどのように順序だてて発問するかを準備する。 学習者の役割は，その問題に対する多様な計画，解決策，反応を発見することである。

スタイル I　学習者による個別プログラム型（learner-designed individual program style）
　　　　　学習者はそれぞれが自立して，幅の広い問題・論点を調査し，テーマを決定し，実施可能な詳細な計画・プログラムを作成する。
　　　　　教師は学習者のための一般的な内容を決定するのみで，多くの意思決定が学習者に移行する。
　　　　　学習者の役割は，一般的な内容を調査する方法，その内容から特別なテーマを絞り込み，課題を設定して，成果を評価する規準を作成する。

スタイル J　学習者主導型（learner's initiated style）
　　　　　教師による主導ではなく，学習者の主導で学習が起こる。個々の学習者は自ら進んでこのスタイルで学習を始める。
　　　　　生徒の役割は，学習の経験で自分が下した決定事項について教師に報告することである。

スタイル K　自己教授型（self-teaching style）
　　　　　学習者自らが学習経験を作り上げたいという強い欲求によるスタイルである。
　　　　　一般に，このスタイルは学校や教室には存在しない。

（長谷川，2015より引用）

表3-28　学習指導スタイルの構造に関わる意思決定（Mosston & Ashworth, 2008）

意思決定のカテゴリー
Pre-impact計画・準備　1　指導（episode）の目標
2　指導スタイルの選択
3　予想される学習スタイル
4　対象となる学習者
5　教材（subject matter）の選択
6　指導の時間
a.開始時間　b.ペースとリズム　c.期間　d.停止時間　e.間隔
f.終了
7　コミュニケーションの方式
8　質問への対処法
9　組織的な調整（用具，空間，時間）
10　指導の場所
11　隊形（立ち位置）
12　服装と容姿（安全，衛生）
13　パラメーター（上のカテゴリーを規定する要因）
14　授業の雰囲気
15　評価方法・資料
16　その他

Impact 実行・パフォーマンス	1	準備段階での決定事項の実行
	2	決定事項の調整
	3	その他
Post-impact 評価・フィードバック	1	学習者のパフォーマンスに関する情報収集
	2	評価規準に対応した評価
	3	学習者へのフィードバックの提供
	4	質問への対処法
	5	選択した学習スタイルの評価
	6	予想された学習スタイルの評価
	7	決定事項の調整
	8	その他

(長谷川，2015 より引用)

〈学習指導方略〉

　長谷川によれば，学習指導スタイル論に対して提示された問題提起を踏まえてMosstonは「学習指導方略（ストラテジー）」として再概念化を提唱し，「モデリング型学習指導方略（スタイルA)」，「課題型指導方略（スタイルB，C，D，E)」，「探求型学習指導方略（スタイルF-J)」として再分類されていることが紹介されている（長谷川，2015）。

　これらの学習指導方略について，『最新スポーツ科学辞典』では，「モデリング型は，学習者が当該の運動に初めて出会う場合，教師はまず必要最低限の技能を保障しなければならない。そのためには，①正しい演示や説明を行うこと，②ポイントを繰り返すこと，③技能に関する具体的なフィードバックを与えること，④練習機会を豊富に確保すること，⑤多くの成功を経験させることなどを考え，学習者が正しくモデリングできるように配慮する必要があり，ここでは教師がより多くの意思決定を行うような指導法（教授スタイル）が適している」とされている。

　「課題型は，学習者がすでにある程度の技能を身につけている場合，これをさらに習熟させることが考えられる。その際，学習の進め方に関する意思決定を学習者に委ねていくこともできよう。例えば，学習者が相互に観察・指導し合う，あるいは個人で課題を選択して練習する，などである。この場合，対象となる課題は，単純で，観察の基準が明確で，容易に測定・記述可能なものでなければならない。例えば，的に10回投げて当て，それが出来たら1歩下がる，

といった具合である。学習カードや観察チェックリストなどを整えておく必要がある」とされている。

「探求型は，学習者に正しいパフォーマンスをコピーするのではなく，思考・問題解決といった未知の問題を解決する場合，問題解決的な指導スタイルが適当である。問題解決学習では学習者の直接経験を大切にし，その経験の中から問題を発見し，主体的に解決する能力を身につけることが目指される。そのため，教師は学習者に意思決定の裁量を委ね，彼らが問題を発見・解決・検証するのを支援していくようなかかわり方（指導スタイル）を選択することになる」とされている。

〈学習指導モデル論〉

「めあて学習に基づいて展開された小学校5年生の跳び箱の授業で，前半は児童各自が自分のできる技に取り組み，後半は新しい技に挑戦することになっていた。その結果，授業の前半終了間際と後半開始直後に，非従事者が一気に増加した。前半の非従事者は技能の比較的高い児童であり，後半の非従事者は技能の比較的低い児童であった。この原因は技能の比較的高い児童は，次のめあてに取り組みたくてもそれが許されない状況にあり，技能の比較的低い児童は新たに取り組めめあてが見つけられない状況に陥っていたといえる。これは，次の課題への移行の権限を教師が握っていたことや課題の選択肢が技レベルにあったことに起因している。」といった例を取り上げ，岡出は「期待する学習効果を得るためには授業で実施すべき一定の手続きが必要であり，その手続きを適用していくための意思決定が必要である」ことを述べている（岡出，2021）。先の跳び箱の授業であれば，技能上位者と技能下位者のそれぞれに，新たな課題への取り組みや後半への移行時間を早めるといった手続きがあればよかったとも考えられよう。

岡出が述べている手続きについては，指導方略（teaching strategy）と呼ばれ，①マネジメント方略（Managerial strategy）と②学習指導方略（Instructional strategy）とに区別されている（表3-29）。

以下，岡出の説明によれば，「①マネジメント方略は，授業の約束事や用具の準備等を効果的に進めるための方略である。それは，予測で問題の発生を予防するために授業前に設定する予防的方略，授業中に派生した問題に対処する過程で設定されていく双方向的な方略並びにグループの人数や能力差等，グループの構成に関わる方略の3つに区別されている。②学習指導方略には児童

表3-29　体育授業を進めるために必要な指導方略と知識（Metzler, 2017, p. 78）

マネジメント	1	予防的	モデルベースの学習指導を展開するために必要な知識領域	1	学習の文脈
	2	双方向的		2	学習者
	3	グルーピング		3	学習理論
学習指導	1	課題の提示		4	発達の適時性
	2	課題の構造		5	学習の領域と目標
	3	課題への従事		6	体育の内容
	4	学習活動		7	評価
	5	課題の進度		8	社会的/情緒的雰囲気
	6	安全確保		9	平等性
	7	総括		10	体育のカリキュラムモデル

（岡出，2021 より引用）

の関心を引き，情報の伝え方に関する課題の提示方法，多様な難度の課題設定や配列等に関わる課題の構造，目標や生徒のレディネス等を踏まえた課題への従事のさせ方，目標に応じた活動の選択方法に関わる学習活動，課題の達成度や時間を踏まえた課題の進度，最大限の安全確保並びに授業を総括する方略が区別されている。」

　また，これらの方略は授業開始前に教師が多様な意思決定の下，計画を立てる必要のあることや計画を立てるにあたっての具体的な方略が多数あることを示している。「しかし，多様な方略を実際に使いこなすことは容易でないため，これらの方略を体系化しての提示が重要となる。この授業場面の意図に対応した意思決定の必要性を指摘し示したのがモストン（Mosston）の指導スタイルであり，その後，学習指導モデルという考え方がMetzlerによって提案されている。」（岡出，2021）

　Metzlerは，モデルに基づく学習指導論として，①直接指導（direct instruction），②個別化指導（personalized system for instruction），③協同学習（cooperative learning），④スポーツ教育（sports education），⑤仲間学習（peer teaching），⑥発問指導（inquiry teaching），⑦戦術学習（tactical games），⑧個人的，社会的責任指導（teaching personal and social responsibility）を挙げている。

　この中の協同学習について，我が国の「学びに向かう力・人間性等」といった社会，情意領域の指導内容の学習指導に有効な学習指導モデルであるとして岡出は取りあげている（岡出，2021）。

　協同学習の特徴は、「肯定的な依存関係を営んでいる」、「個々人が担う責任を設定する」、「肯定的な交互作用を営んでいる」、「改善に向けたグループでの省察がなされる」、「適切な社会的スキルを学習する」、「教師はファシリテーターをつとめる」、「異質集団を構成する」、「協同学習を促す課題構造が設定されている」とされている。

　協同学習モデルでは、児童が相互依存的な関係を営めるように、協同的な課題が設定されるとともに、その達成に向けて個人が担うべき責任が設定されることになる。チームとしての成果が結果的に得られればよいということではなく、その達成に向けて個々人が担うべき課題が共有され、その達成が個人レベルで求められることになる。そのため、課題達成に向けて、児童がグループ内で肯定的な相互作用を営む場面や学習成果の改善に向けたグループ内での省察の場面、さらに適切な社会的スキルを学習する機会が設定されることになる。

　表3-30では、協同学習で適用される課題構造についてその多様性が示されている。

表3-30　協同学習で適用される課題構造（Metzler, 2011, pp. 245-247）

名　称	定　義
チーム課題達成法	全チームに同じ学習課題とその達成に必要な資源が供給される。チーム内のメンバーの個人得点が総計され、チーム内のレベルは、1回目から2回目にかけてのチーム得点の伸びで判定される。
チームゲームトーナメント	複数のトライアルで得られたチーム内の得点を、その順位に応じて他チームと比較し、得点化してチームの持ち点として、チーム間で競う。
チーム支援法	個人的に取り組む課題を設定し、その成果を一定の基準で評価し、得点化する。個人の得点の総点をチームの得点とする。
ジグソー	チームあるいは個人に達成すべき課題を割り振り、その専門家になることを要求する。そのうえで、専門家として友達に教えることを求める。評価は、獲得した内容の教え方を量的、質的に検討して行う。
グループ調査法	チームで課題を割り振り、その課題に関してグループとして取り組み、収集した情報をメディアを活用して他のチームに伝える。評価は、あらかじめ設定してある得点表にしたがってなされる。

（岡出、2021より引用）

　また，協同学習で指導される社会的スキルは，例として以下のようなことが挙げられている。「積極的に傾聴する・他人を認める・援助を求める・人のアイデアを活用する・配慮する・争いを解消する・同意を得ること・協同・他人を励ます・支援する・リーダーシップの技能・忍耐力・他人の視点を取り入れる・尊敬・責任・共有」

　授業計画にあたっては，これらの社会的スキルの獲得を促す効果的な指導方略の検討が必要となるとされている。

　なお，図3-14では，フラッグフットボールの授業づくりに協同学習を引き寄せる場合の考え方として，日本フラッグフットボール協会が公開しているパンフレットを紹介している。

2. 学習形態論

　体育授業における学習形態については，学習者相互の人間関係の在り方や学習者と教師との関係のあり方によって分類する考え方が一般的であり，一斉学習，班別学習，グループ学習及び個別学習とされている（大友，2010；高島，2000）。これらの分類では，学習者が個人としてとらえられるか，集団としてとらえられるか，集団の大きさや機能といった観点とそのなかでの教師と学習者との関係学習者相互の関係も組み入れられており，授業の持ち方に対する意図が組み込まれている。

(1) 一斉学習（一斉指導）：一つの体育学級を一つの集団としてとらえ，教師がその集団の学習者に対して同一内容を一緒に指導し学習する形態（図3-15）。一斉学習では多様な子どもが含まれるため異質集団となる。また，効率的な指導が可能となるので，基礎的・基本的な内容を共通に学ぶのに適している。一斉学習では，子ども（集団内学習者）相互の社会的関係は薄く，受動的な学習態度を生じやすいとされている。

(2) 班別学習（班別指導）：一つの体育学級に所属する子どもが，いくつかの集団に分かれ，教師がそれぞれの集団に応じて指導し学習する形態（図3-16）。班別学習は，一斉指導の効率のよさと個別学習の個人差への対応のよさを取り入れている。この形態での班は，等質集団となることも異質集団となることもある。等質集団を形成するのは運動技能の観点から編成されることが多い。班別学習においては，子ども同士の教え合いを強く求めないことが多い。この点，一斉指導の場合と同様に受動的な態度での学習が生じやすいので自主的・主体的な学習に配慮した指導が求められる。班編成が運動技能のレベル別に行われた場合，技能の個人差の解消につながり

協同学習モデルでは

協同学習モデルでは，授業の計画段階で
 1）チームとして目指すべき目標を明示すること
 2）その達成に向け個人が追うべき責任を明確にすること，
さらに
 3）成功に向けた実質的な機会を保証することが求められます。

加えて，
 1）グループ内異質，グループ間等質のグループ分けをし，
 2）グループを固定し，
それにより
 3）グループ内の継続的な相互作用を保証し，グループ内のメンバー間の相互依存性を高めることになります。
同時に
 4）個人の負うべき責任を明確にするとともに，
 5）仲間と上手に関わるスキルの発達を意図して，
 6）教師は促進者として機能することになります。

　例えば，教師は授業中に，生徒達がチームとして得た経験を省察することを意図的，定期的に促すことになります。同時に，生徒間のコミュニケーション能力の改善に関わる期待を明示したり，その実現状況を観察，評価し，現実的な修正を加えながら授業を行うことになります。例えば，授業の最後に全体の前で好ましい行動を称賛したり，好ましくない行動への省察を求めるといった手続きが取られます。この過程では，解決すべき課題の説明の仕方や発問の仕方が重要になります。君たちのグループが抱えている問題は何だろうか。その問題を解決する方法を3つあげてごらん。といった具合です。

図3-14　フラッグフットボール授業での協同学習モデル

（日本フラッグフットボール協会ホームページより）

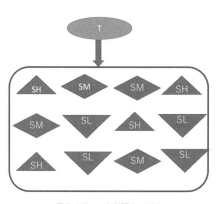

図3-15　一斉学習のモデル

（大友，2010）

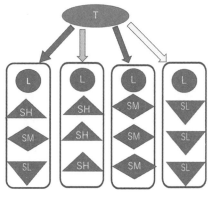

図3-16　班別学習のモデル

（大友，2010）

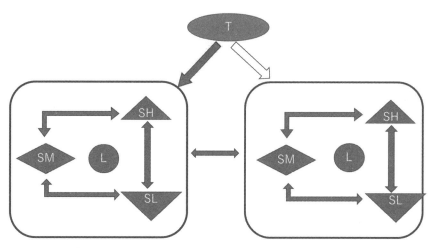

図3-15〜3-17の注）Tは教師，Lはリーダーの子ども，Sは子ども，H/M/Lは技能，態度などの特性から見た子どもの能力程度（上位，中位，下位など）を示す。たとえば，子どもの特性を技能とした場合，SHは技能上位の子ども，SMは技能中位の子ども，SLは技能下位の子どもを示す。Tからの矢印は指導内容を示す。矢印の濃度が異なる場合，指導内容が異なることを示す。

図3-17　グループ学習のモデル

（大友，2010）

　教師の指導上一定の意味があるが，技能の低い子どもたちで編成された班に所属した場合は劣等感を感じ，学習意欲をなくす可能性もある。

(3) グループ学習（小集団学習）：一つの体育学級に所属する子どもがいくつかの集団に分かれ，各集団に所属する子どもが自分たちの学習計画を立案し学習する形態（図3-17）。集団内には多様な子どもが所属しているため，さまざまな意見が出され，多様な方法で学習が進行する。また，子ども相互の教え合いや相互援助が求められるので，教師の適切な指導により自主的・主体的な学習へ結びつくことが期待できる。

　グループ学習では単元のはじめの段階が重視される。その段階で，子どもたちは，学び方についてきちんと学習する必要がある。教師には効果的な学習資料の準備や高い指導上のスキルが求められる。個人やグループの課題設定，学習を適切に進めるためのグループノート等の準備も必要である。グループ学習には直接的な指導が少ないとしても，間接的な指導が求められる。この形態での学習がうまく進まないときは間接的な指導が適切であるか検討する必要があるとされている。

(4) 個別学習（個別指導）：1つの体育学級に所属する子どもたちが，教師から個々に指導を受けて個々に学習する形態であり，この形態の学習は基本的な学習形態であるといわれる。個々人の能力に応じて，学習のペースを調整することもできるので，技能の完全習得が実現される学習形態である。プログラム学習は，特別にプログラミングされた教材（小さなステップを追う）を決められた順序に従って学習していく個別指導の学習形態をいい，「自学自習による個別指導こそ，一人ひとりを大切にする教育に欠くことのできないものである」とする考え方が特徴であるとしている。

　これらの多様な学習形態を理解し，教師の指導性を適宜適用することで，「主体的・対話的で深い学び」の実現に役立てていくことが求められよう。

課　題

1. 小学校の体育を思い出し，それがどの学習指導スタイルの特徴をもっていたか考えなさい。
2. 小学校の体育授業を思い出し，どのような学習形態で行われたかを考えなさい。

参考文献

宇土正彦監修，阪田尚彦・高橋健夫・細江文利編『学校体育授業事典』大修館書店，1995年

大友智「体育の学習形態論」高橋健夫・岡出美則・友添秀則・岩田靖編『新版　体育科教育学入門』大修館書店，2010年

岡出美則「体育の学習指導論」岡出美則・友添秀則・岩田靖編著『体育科教育学入門　三訂版』大修館書店，2021年

岡出美則・植田誠治編著『平成29年版　小学校学習指導要領ポイント総整理　体育』東洋館出版社，2017年

鈴木理「体育科の学習指導論」高橋健夫・岡出美則・友添秀則・岩田靖編著『体育科教育学入門』大修館書店，2002年

鈴木理「体育の学習指導論」高橋健夫・岡出美則・友添秀則・岩田靖編『新版体育科教育学入門』大修館書店，2010年

高島稔「体育の学習形態」宇土正彦・高島稔・永島惇正・高橋健夫編『新訂体育科教育法講義』大修館書店，2000年

田村学編『カリキュラムマネジメント入門』東洋館出版社，2017年

中央教育審議会「幼稚園，小学校，中学校，高等学校及び特別支援学校の学習指導要領等の改善及び必要な方策等について（答申）【概要】」2016年

永島惇正「体育の学習と指導（自発的学習と指導）」宇土正彦・高島稔・永島惇正・高橋健夫編『新

　訂体育科教育法講義』大修館書店，2000年

日本体育学会編『最新スポーツ科学事典』平凡社，2006年

日本フラッグフットボール協会　https://japanflag.org/，最終閲覧日2022年10月5日

長谷川悦示「英語圏にみる体育科の学習指導論」岡出美則・友添秀則・松田恵示・近藤智靖編『新
　版体育科教育学の現在』創文企画，2015年

文部科学省『小学校学習指導要領（平成29年告示）解説　総則編』東洋館出版社，2018年

第8節　体育指導と安全

1．事故発生の実態

　体育での負傷等の実態を知るために独立行政法人日本スポーツ振興センター発行「学校の管理下の災害［令和元年版］」の2018年度データを活用した。場合別（教科別）の負傷，疾病件数を全体に対する割合（％）に換算し表3-31，図3-18に示した。年度の違いを比較するために2013年度版（2012年度データ）の％も示した。

　体育の場合でほとんどの負傷，疾病が発生していることがわかる。子どもたちの好きな教科は体育であると言われる。好きな教科での負傷，疾病はぜひ避けたいものである。しかし，この傾向は毎年繰り返されている。2013年度も同じ傾向であることがわかる。

表3-31　負傷・疾病の場合別，男女別件数表（小学校）

場　合		2019年度版合計（件）			2019年度版（％）			2013年度版（％）		
		計（件）	男（件）	女（件）	計（％）	男（％）	女（％）	計（％）	男（％）	女（％）
各教科等	体育	80,502	42,031	38,471	80.4	77.6	83.6	79.2	75.8	83.4
	図画工作	4,537	2,912	1,625	4.5	5.4	3.5	4.8	5.8	3.5
	理科	1,755	1,050	705	1.8	1.9	1.5	2.1	2.3	1.7
	家庭	1,650	900	750	1.6	1.7	1.6	1.6	1.6	1.7
	道徳	716	464	252	0.7	0.9	0.5	0.1	0.2	0.1
	外国語活動	317	196	121	0.3	0.4	0.3	0.3	0.3	0.2
	総合的な学習の時間	2,252	1,355	897	2.2	2.5	1.9	2.6	3.0	2.1
	自立活動	94	68	26	0.1	0.1	0.1	0.1	0.1	0.1
	その他の教科	8,366	5,209	3,157	8.4	9.6	6.9	9.2	10.8	7.3
計		100,189	54,185	46,004	100.0	100.0	100.0	100.0	100.0	100.0

（日本スポーツ振興センター，2019より筆者作成）

　具体的な発生場所については図3-19に示した。「運動場・校庭」での発生が一番に多く，ついで「体育館・屋内運動場」である。体育関係の場所，施設での発生が多くを占めている。小学生が学校で時間的に長くいる場所はやはり「教

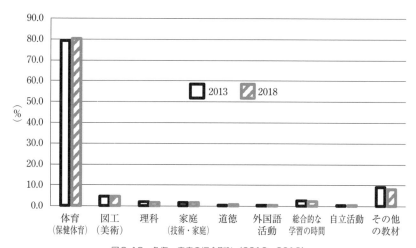

図3-18　負傷，疾病の場合別%（2013，2018）

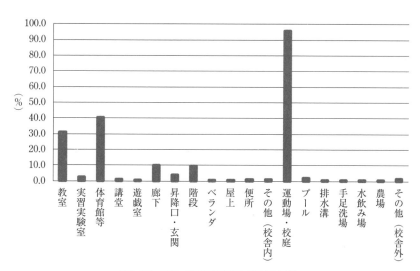

図3-19　負傷，疾病の場所別%（2018年度）

（日本スポーツ振興センター，2019より筆者作成）

室」だと思われ，負傷，疾病の発生も多いと思われる。このことを考慮すると，いかに体育関係の場所に危険が多いか予測できる。

　体育用具・遊具別の統計データを男女別に％に換算しまとめてみた。「鉄棒」での発生が男女とも多くみられ，「雲てい」，「ぶらんこ」と続いている。

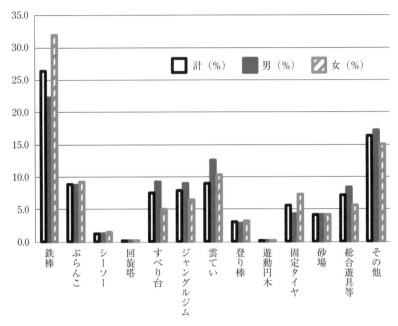

図3-20　体育用具・遊具別の件数，％（2018年度）

（日本スポーツ振興センター，2019より筆者作成）

2．潜在危険

　厚生労働省のホームページに記載されている「令和元（2019）年人口動態統計月報年計（概数）の概況」のうち「死亡数・死亡率（人口10万対），性・年齢（5歳階級）・死因順位別」の表から「不慮の事故」に注目した。

　「不慮の事故」による死亡率は5〜9歳で571.1を示し，「悪性新生物」に次いで2番目に多い。10〜14歳では「悪性新生物」，「自殺」の次に多く521.0を示している。社会全体で「不慮の事故」による死亡が多いことがわかる。そもそ

も「不慮」とは「思いがけないこと」を意味し，避けられないものという考え方があるように思われる。社会生活でもそうだが学校生活ではとくにこの「思いがけない原因」を探り，事故を無くす必要がある。

その方法として，「潜在危険論」がある。事故は見えにくく潜んでいる危険，

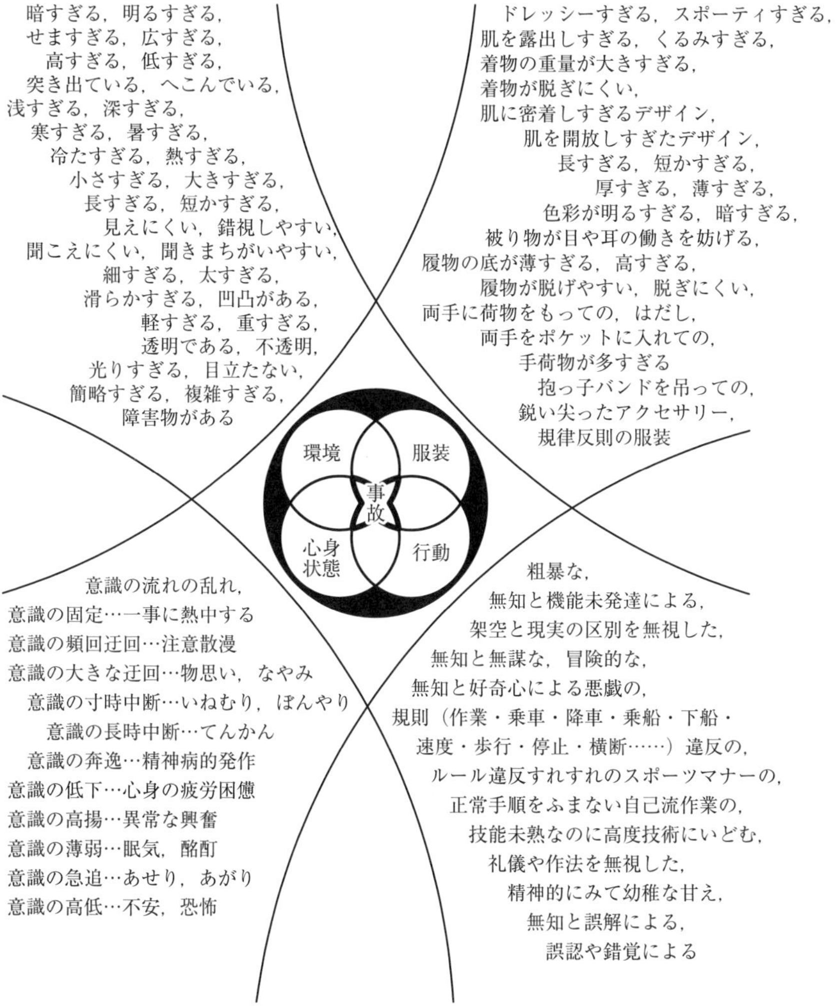

暗すぎる，明るすぎる，
せますぎる，広すぎる，
高すぎる，低すぎる，
突き出ている，へこんでいる，
浅すぎる，深すぎる，
寒すぎる，暑すぎる，
冷たすぎる，熱すぎる，
小さすぎる，大きすぎる，
長すぎる，短かすぎる，
見えにくい，錯視しやすい，
聞こえにくい，聞きまちがいやすい，
細すぎる，太すぎる，
滑らかすぎる，凹凸がある，
軽すぎる，重すぎる，
透明である，不透明，
光りすぎる，目立たない，
簡略すぎる，複雑すぎる，
障害物がある

ドレッシーすぎる，スポーティすぎる，
肌を露出しすぎる，くるみすぎる，
着物の重量が大きすぎる，
着物が脱ぎにくい，
肌に密着しすぎるデザイン，
肌を開放しすぎたデザイン，
長すぎる，短かすぎる，
厚すぎる，薄すぎる，
色彩が明るすぎる，暗すぎる，
被り物が目や耳の働きを妨げる，
履物の底が薄すぎる，高すぎる，
履物が脱げやすい，脱ぎにくい，
両手に荷物をもっての，はだし，
両手をポケットに入れての，
手荷物が多すぎる
抱っ子バンドを吊っての，
鋭い尖ったアクセサリー，
規律反則の服装

（中央図）環境　服装　事故　心身状態　行動

意識の流れの乱れ，
意識の固定…一事に熱中する
意識の頻回迂回…注意散漫
意識の大きな迂回…物思い，なやみ
意識の寸時中断…いねむり，ぼんやり
意識の長時中断…てんかん
意識の奔逸…精神病的発作
意識の低下…心身の疲労困憊
意識の高揚…異常な興奮
意識の薄弱…眠気，酩酊
意識の急追…あせり，あがり
意識の高低…不安，恐怖

粗暴な，
無知と機能未発達による，
架空と現実の区別を無視した，
無知と無謀な，冒険的な，
無知と好奇心による悪戯の，
規則（作業・乗車・降車・乗船・下船・
速度・歩行・停止・横断……）違反の，
ルール違反すれすれのスポーツマナーの，
正常手順をふまない自己流作業の，
技能未熟なのに高度技術にいどむ，
礼儀や作法を無視した，
精神的にみて幼稚な甘え，
無知と誤解による，
誤認や錯覚による

図3-21　潜在危険

つまり潜在危険によって起こるという考えである。気づかない原因で事故が発生してはじめて認識されるものである。この潜在危険を早期に取り除くことが事故を防ぐことにつながっていく。潜在危険は図3-21のように4つの側面に分類されている。

　体育という場面を想定して4種の潜在危険を考えてみる。まず環境では「グランドや砂場に異物が混入」，「グランドの周りに設置されている低鉄棒，固定遊具の不具合」，「側溝やスプリンクラーの水漏れ」，「グランドのサッカーゴール，バスケットボールゴールの固定，点検」，「体育倉庫，石灰庫の整理整頓」（図3-22，3-23），「体育館フロアー，壁の破損」「跳び箱等の器具の破損（図3-27）」などが考えられる。

　行動とは「転がったボールを追うのに夢中で低鉄棒に気が付かない（図3-22）」，「ふざけてハードルを逆から跳んでしまう」，「大縄跳びの回す係が縄を

図3-22　グランドの潜在危険1

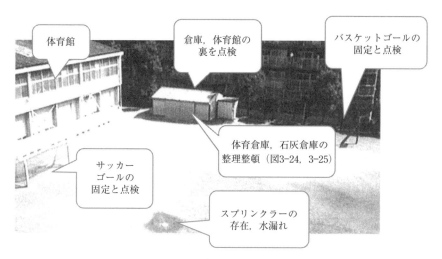

体育館

倉庫，体育館の
裏を点検

バスケットゴールの
固定と点検

体育倉庫，石灰倉庫の
整理整頓（図3-24，3-25）

サッカー
ゴールの
固定と点検

スプリンクラーの
存在，水漏れ

図3-23　グランドの潜在危険2

図3-24　整頓前の石灰倉庫

図3-25　体育倉庫

図3-26　整理された体育館フロアー（器械運動系の単元時）

手首に巻いてしまう」などである。

　心身状態は「ゲームを買ってもらうことがうれしくて先生の注意が聞けない」,「寝不足,空腹で集中力がない」などがある。服装は「紅白帽のあごひもをしっかりとめないため帽子が飛んでしまい道に飛び出す」,「体育館履きのかかとをふんで走り転んでしまう」などが考えられる。これらの危険をいち早く発見し取り除く能力が教師には必要となろう。

　図3-26は整理された体育館の写真である。器械運動系の単元を展開してい

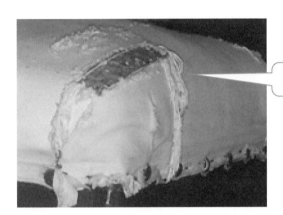

跳び箱の破損

図3-27　破損した跳び箱

図3-28　整理整頓前の体育館倉庫

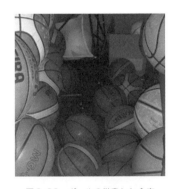

図3-29　ボールの散乱した倉庫

る時の様子である。授業の準備，片付けの際の取り出しやすさ，安全な収納を考慮し，置き場所を決めている。整備前の跳び箱，体育館倉庫の写真を見て，どのような危険があり，どのような事故につながるか考えてみよう。

課　題

1. 自身の家や庭，近所の公園の危険な個所を見付けなさい。
2. みなさんが経験した，あるいは目撃した事故，災害を潜在危険論から考察しなさい。

参考文献

厚生労働省『人口動態統計月報年計（概数）の概況』2019 年　https://www.mhlw.go.jp/toukei/saikin/hw/jinkou/geppo/nengai19/index.html，最終閲覧日 2022 年 10 月 5 日

軸丸勇士・中崎眞由美・照山勝哉・藤井弘也・山下茂「児童・教師の調査に基づいた支援とその在り方」『日本科学教育学研究会報告』17（5），pp. 39-44，2003 年

日本スポーツ振興センター『学校の管理下の災害［令和元年版］』2019 年

平山宗宏・高野陽・野村東助編『現代子ども大百科』中央法規出版，1988 年

第9節　体育におけるインクルーシブ教育

1. インクルーシブ体育

（1）インクルーシブ体育とは

「インクルーシブ教育システム」とは，以下のように定義される。

> 人間の多様性の尊重等の強化，障害者が精神的及び身体的な能力等を可能な最大限度まで発達させ，自由な社会に効果的に参加することを可能とするとの目的の下，障害のある者と障害のない者が共に学ぶ仕組み

（中央教育審議会，2012）

　インクルーシブ教育システムでは，「障害のある者が『general education system』（署名時仮訳：教育制度一般）から排除されないこと，自己の生活する地域において初等中等教育の機会が与えられること，個人に必要な『合理的配慮』が提供されること等」が求められる（文部科学省中央教育審議会，2012）。つまり，インクルーシブ教育の大前提は，教育がすべての人の権利であることといえる。

　体育科におけるインクルーシブ教育は，「インクルーシブ体育」と称されその推進が求められている。「インクルーシブ体育」とは，障害を持つ児童を含む多様な子どもたちが一緒に参加する体育授業を指す（金山，2013：筑波大学，2020）。つまり，インクルーシブ体育は，インクルーシブ教育としての体育科の授業，および指導・支援の在り方を問うものであり，共生社会の実現に向けてその役割を担うものであるといえる。

（2）インクルーシブ体育と授業のユニバーサルデザイン化

　では，インクルーシブ体育はどのようにあるべきか。

　内田（2017；2018）は，「合理的配慮」がその中枢となると述べ，「ユニバーサルデザインの考え方」の重要性を示している。また，ユニバーサルデザイン（以下「UD」）化された授業は，障害の有無等にかかわらず，「すべての子どもが学ぶ授業で必要となる合理的配慮の提供の根幹」であるとも述べる。

　体育授業のUD化とは，体育授業において「特別な支援が必要な子も含めて，

通常学級の全員の子が，楽しく学び合い『わかる・できる』ことをめざす授業デザイン」（日本授業UD学会HPより）を実現していくことである。清水（2019）は，体育授業のUD化が「クラスの中で技能水準が下位にある子や個別に配慮が必要な子」という「体育授業で気になる子」にとっても，それ以外の子どもにとっても「意味のあるわかりやすい学びにつながる」と述べている。

　以上を踏まえると，インクルーシブ体育では，障害のある児童を含めたすべての児童が体育科の目標に示される育成を目指す資質・能力に迫るための個々の特性やニーズに応じた配慮が求められるだろう。さらに，こうした授業の実現には，体育授業のUD化が極めて重要な視点となるだろう。

　2017年に改訂された学習指導要領においては，体育科改訂の要点の1つが以下のように示された。

> 運動やスポーツとの多様な関わり方を重視する観点から，体力や技能の程度，年齢や性別及び障害の有無等にかかわらず，運動やスポーツの多様な楽しみ方を共有することができるよう指導内容の充実を図ること。その際，共生の視点を重視して改善を図ること。

（文部科学省，2018，p. 8）

　この改訂方針に基づき，指導計画の作成と内容の取り扱いでは，「障害のある児童などについての指導方法の工夫」として「障害の有無を超えたスポーツの楽しみ方の指導の充実として，合理的な配慮に基づき障害の有無にかかわらずスポーツをともに楽しむ工夫をする経験は，スポーツを通した共生社会の実現につながる学習機会である」（文部科学省，2018，p. 15）と示されている。こうした記載からも現在，そしてこれからの体育授業において，インクルーシブ体育は一層推進が求められるものである。

　他方，インクルーシブ体育における「合理的配慮」については，特に個々の障害に応じた個別の支援が求められるところも大きい。内田は，「集団全体」「一斉指導中に行う個に応じた」「個別指導の場」という3つの階層性をもつ指導・支援の工夫のあり方を示している（内田，2017；2018）。まずは，先に述べた体育授業のUD化の視点から「集団全体」，つまり，障害の有無にかかわらず，すべての児童に配慮した授業を考えていく必要があるだろう。そのうえで，特別に支援を必要とする児童の「個に応じた」配慮について，特別支援学級の教員等とともに十分な教材研究や指導・支援の工夫を検討する必要があるといえる。そのため，実際の指導の計画では，指導や支援は個別性をもつことになり，

この点がインクルーシブ体育における難しさであると考えられる。

2. 授業UD化の視点を踏まえた単元展開

　ここでは，授業のUD化の視点から「集団全体」，つまり，障害の有無にかかわらず，すべての児童に配慮した通常学級での指導，および通級による指導としてのインクルーシブ体育授業の展開例と指導上の工夫を示す。清水は，体育授業のUD化における授業づくりの視点として「焦点化」，「多感覚化」，「共有化」，および「個別の配慮」の4つの視点が特に重要であると述べている（清水，2019）。これら4つの視点を踏まえながら，以下では体つくり運動領域について具体的な単元展開と指導・支援の工夫を示す。

(1) 中学年の体つくり運動領域の単元展開例

　第3学年の体つくり運動領域「イ　多様な動きをつくる運動」のうち「(イ)体を移動する運動」を対象にした単元の展開例を紹介する。単元の展開は，表3-32に示す4時間で設定した。本単元におけるUD化の工夫を，「単元のねらい」「教材特性」「学習の場」「学習カード」の4つに焦点を当てて指導上の工夫として示す。

①単元のねらい

　学習指導要領解説において第3学年及び第4学年の体つくり運動領域では，知識及び運動の指導内容として「運動の楽しさや喜びに触れ，その行い方を知るとともに，体を動かす心地よさを味わったり，基本的な動きを身に付けたり

表3-32　第3学年の体つくり運動領域の単元展開例

1時間目	2時間目	3時間目	4時間目
あいさつ・準備運動・本時の目標			
オリエンテーション	跳ぶ・はねる運動	跳ぶ・はねる運動	
試しのチャレンジシャトルラン	チャレンジシャトルラン（2分）	チャレンジシャトルラン（3分）	
まとめ			

すること」が示されている。その中で，多様な動きをつくる運動の体を移動する運動には，例示の1つに「一定の速さでのかけ足」として「無理のない速さでかけ足を3～4分程度続けること」が示されている。また，思考力・判断力・表現力等の指導内容には，「自己の課題を見付け，その解決のための活動を工夫するとともに，考えたことを友達に伝えること」と示されている。これらの指導内容を踏まえ，さらには体つくり運動領域の特性を踏まえて，本単元では，自己の能力に応じて運動の課題を選ぶことができるようになることを学習のねらいとした。

　これは，障害の有無にかかわらず運動の得意な児童にも苦手な児童にも配慮した指導を可能とする点であるといえる。清水に示される体育授業のUD化の視点からの指導の工夫という点では，授業の「焦点化」として，ねらい・学習内容・学習活動をシンプルにする工夫であるといえるだろう（清水，2019）。

　2017年に改訂された学習指導要領解説には，各学年の各領域の指導内容において「運動（遊び）が苦手な児童への配慮の例」および「運動（遊び）に意欲的でない児童への配慮の例」が具体的に示されている。本単元に関連する「運動が苦手な児童への配慮の例」には，「個別に助言するなどの配慮」が例示されている。体育授業のUD化の視点からインクルーシブ体育を考える際，他者との比較ではなく，個々の能力に応じた運動の行い方を工夫することに着目した課題を設定するとともに，児童一人ひとりの能力に応じた運動を選択できるような教師の言葉かけは極めて重要になるだろう。

②教材の特性を生かす

　前述の学習のねらいに迫るための単元教材には，「チャレンジ・ペースシャトルラン」（図3-30）を位置づけた。岩田（2012）によって開発されたこの教材は，取り組む運動の課題に豊かな学習内容が内包され，子どもたちに人気のない「持久走」において学習意欲を喚起できるような魅力や工夫が多くみられる。

　本単元の学習のねらいは，「自己の能力に応じた運動の課題を選ぶことができる」ことである。そのため，学習活動においては，自己の課題を見付けることができ，その解決のために活動を工夫することができる学習が求められる。本教材では，自己の能力に応じて折り返し距離を選ぶことができ，単元の進行に伴って距離を少しずつ伸ばす「チャレンジ」が可能である。3分間の一定の時間の中で，個々の能力に応じて走る距離を変えることができるように配慮さ

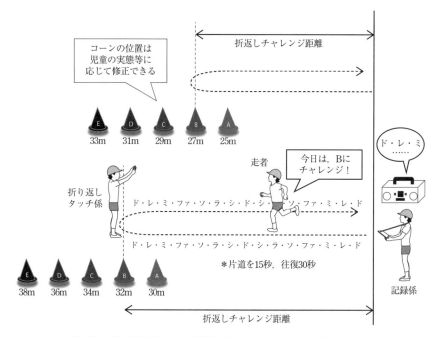

図3-30　岩田（2012）によって開発された「チャレンジ・ペースシャトルラン」

（岩田，2012を基に筆者作成）

れたこの教材の特性を生かすことにより，すべての児童がそれぞれの課題に向
けた学習に取り組むことを可能とすると考えられる。

　これは，体育授業のUD化の視点から指導を工夫する場合には，素材の「教
材化」として，目の前の子どもたちの実態に即して子ども達が楽しく学ぶこと
ができるような工夫であるといえる。

③学習の場の工夫

　図3-30に示すように，チャレンジ・ペースシャトルランでは自己の能力に
応じて折り返す距離＝コーンを選択する。この距離＝コーンの設定は，学校，
学年，あるいは学級の児童の実態に応じて決定することができる。とりわけ，
もっとも短い距離は，すべての児童が折り返すことのできる距離とすることが
大切である。また，特別に支援の必要な児童については，その実態に応じて個
別の距離＝コーンを設定することも可能である。本教材の特性は，すべての児

童が，個々の能力に応じた学習課題の設定とその解決に向けて活動を工夫することを可能とする点にあるといえよう。この教材の特性を十分に生かした個別の配慮によって，すべての児童が楽しさや喜びに触れることができるようにすることが求められる。

さらに，体育授業のUD化の視点から指導を工夫する場合の「授業でのバリアを除く工夫」（清水，2019，p. 14）として「個別の配慮」における学習の「場の工夫」が求められる。たとえば，折り返し位置を示すコーンには，番号を付けることによって，コーンの選択と実際の運動の実施を関連付けることができるだろう。また，3人や4人でのグループ活動によって，折り返し位置のコーンには同じグループの友達がタッチ係の役割を担うことで，課題の「共有化」にもつながる。折り返し位置をグループで共有し，折り返し時のハイタッチと声かけを行うことができ，その日のチャレンジに対する友達同士の肯定的な関わり合いを促進することが期待できる。

④学習カードの工夫

学習のねらいに迫る学習活動において学習カードの活用は不可欠と言っていいだろう。本単元では，学習カードを活用して，学習課題としての自己の能力に応じた折り返し距離＝コーンを選択し，実際の運動に取り組むとよい。その際，学習カードにも学習の場の工夫に述べたような「授業でのバリアを除く工夫」が求められる。

これは，体育授業のUD化の視点から指導を工夫する場合の「個別の配慮」における学習の「場の工夫」であるといえる。たとえば，折り返し距離＝コーンの選択においては，児童が実際に運動場で見る状況と同様に図示することにより，児童が理解しやすくなることにつながる。スタート位置に立った時に実際に児童の目の前に広がる光景を想定し，学習カードに反映させ，課題の選択においてもコーンの番号を選択するようにしておくとよいだろう（図3-31）。さらに，学習カードは，単元を通して毎時の学習成果が可視化されるようにすることで，毎時の達成状況や自己の課題を把握することにつながる。

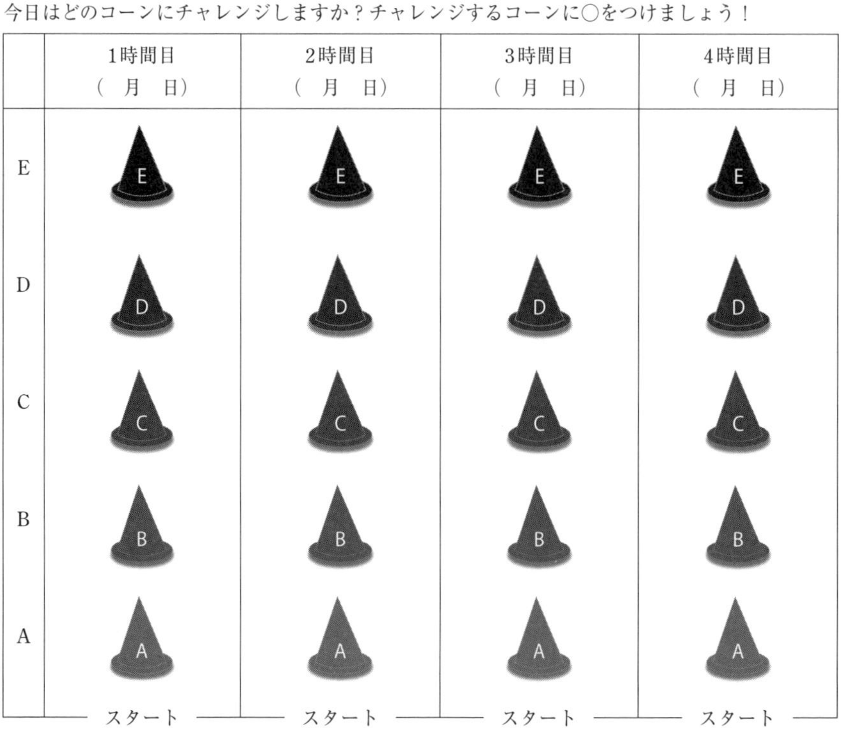

今日はどのコーンにチャレンジしますか？チャレンジするコーンに○をつけましょう！

	1時間目 （　月　日）	2時間目 （　月　日）	3時間目 （　月　日）	4時間目 （　月　日）
E	E	E	E	E
D	D	D	D	D
C	C	C	C	C
B	B	B	B	B
A	A	A	A	A
	── スタート ──	── スタート ──	── スタート ──	── スタート ──

図3-31　学習カードの例

（筆者作成）

（2）インクルーシブ体育におけるアダプテッド・スポーツ

　授業においてすべての子どもが参加する「インクルーシブ」の考え方には，「常にすべてにおいて一緒に実践するフルインクルージョン」と「部分的に一緒に参加するパーシャルインクルージョン」があり，児童の状況や実態に応じてどのように参加させていくのかを考える必要がある。その視点として「アダプテッド体育・スポーツ」を活用した方法があげられる（筑波大学，2020）。「アダプテッド（adapted）」とは，「適応された」を表す語であり，「アダプテッド・スポーツ（adapted sport）」は，「身体に障害のある人などの特徴に合わせてルールや用具を改変，あるいは新たに考案して行うスポーツ活動」（中澤，2006）と示される。その対象は，身体に障害のある人のみならず「健常者と同じルールや用具の下にスポーツを行うことが困難な人々」とされている。ここでは，アダ

プテッド・スポーツの教材としての修正・活用の視点からインクルーシブ体育の教材例を示す。

①ボール運動領域・ゴール型における「ゴールボール」

ゴールボールは，イギリス発祥のパラリンピック正式種目の1つである。アイシェード（目隠し）を着用し，鈴の入ったボールを転がしあって相手ゴールに入れて得点を競い合う。この種目は，「障害の無意味化を内包したスポーツ」であるといえよう。つまり，プレイヤーにアイシェード着用を義務付けることによって，そこに参加する障害者を非障害者化し，参加者の障害が無意味化されるような仕組みを持つ種目である。体育授業のなかでは，競技特性を残したまま教材として修正することももちろん可能であり，ここではオリンピック・パラリンピック教育としての側面を持たせることもできる。他方，視覚障害による特別に配慮の必要な児童がいない状況であれば，視覚的な制限を設けずにUDの視点からゴール型教材として修正することもできる。その際は，個々の子どものつまずきに応じた個別の配慮の視点も重要な修正の観点となる。

3. 共生社会の実現に向けた体育，スポーツの役割

2006（平成18）年，国連において「障害者の権利に関する条約（略称：障害者権利条約）」が採択された。この条約の第24条教育の条項の冒頭には，「締約国は，教育についての障害者の権利を認める。締約国は，この権利を差別なしに，かつ，機会の均等を基礎として実現するため，障害者を包容するあらゆる段階の教育制度及び生涯学習を確保する」とある。この原文には「inclusive education system」と表記され，「障害者を包容する教育制度」と訳されている。

我が国は，2011（平成23）年「障害者基本法」の改正にはじまり，2013（平成25）年「障害を理由とする差別の解消の推進に関する法律」（いわゆる「障害者差別解消法」）の制定等の法整備のもと，2014（平成26）年1月に141番目の「障害者権利条約」締結国となった。2017年に改定された学習指導要領においても，障害のある児童生徒の指導について第1章「総則」第4の2「特別な配慮を必要とする児童への指導」が示されている。さらに，今回の改訂では総則に加えて，各教科等の学習指導要領解説において学習の過程で考えられる「困難さ」に応じた指導方法の工夫が求められた。

冒頭に述べたように，インクルーシブ教育は，教育がすべての人の権利であ

ることを大前提におくものである。インクルーシブ体育も同様に，教育における体育科の授業，および指導・支援の在り方を問うものであり，共生社会の実現に向けてその役割を担うものであるといえる。UNESCOは2015年「体育・身体活動・スポーツに関する国際憲章」（第23期日本学術会議健康・スポーツ科学分科会監訳）において，体育・身体活動・スポーツの実践がすべての人の基本的権利であることを述べている。また，2030アジェンダ宣言において，スポーツは「持続可能な開発における重要な鍵となるもの」と示され，スポーツを通じたSDGsの達成には大きな期待が寄せられている。

　こうしたなかで，2017年及び2018年に改訂された体育科・保健体育科の学習指導要領では，育成を目指す資質・能力の柱の1つである「学びに向かう力・人間性等」について具体的な指導内容が示された。ここには，共生にかかわる指導内容が明確に示されており，インクルーシブ体育の推進は，すなわち「持続可能な開発のための教育（Education for Sustainable Development：ESD）」の推進であり，「共生社会の実現」に向けてその重要性は一層増すといえる。

課　題

1. インクルーシブ体育と授業のUD化の関係について説明しなさい。
2. ボール運動領域ゴール型における「学習の場」をUD化する指導・支援の工夫を具体的に3つあげなさい。
3. インクルーシブ体育が「共生社会の実現」に向けてどのような役割を担うか，「授業のUD化」「学びに向かう力・人間性等」のキーワードを用いて自分の考えを述べなさい。

参考文献

岩田靖著『体育の教材を創る―運動の面白さに誘い込む授業づくりを求めて』大修館書店，pp. 55-61，2012年

内田匡輔「第5章インクルーシブ体育」藤田紀昭・齊藤まゆみ編著『これからのインクルーシブ体育・スポーツ―障害のある子どもたちも一緒に楽しむための指導』ぎょうせい，pp. 154-175，2017年

内田匡輔「インクルーシブ体育の現状と課題」齊藤まゆみ編著『教養としてのアダプテッド体育・スポーツ学』大修館書店，pp. 118-121，2018年

外務省「障害者の権利に関する条約（略称：障害者権利条約）」2006年　https://www.mofa.go.jp/mofaj/gaiko/jinken/index_shogaisha.html，最終閲覧日2022年10月5日

金山千広『日本におけるアダプテッド・スポーツの現状と課題―インクルージョンの普及に伴う学校体育と地域スポーツ』広島大学大学院総合科学研究科学位論文，2013年

清水由『体育授業のユニバーサルデザイン』東洋館出版社，2019年

中央教育審議会「共生社会の形成に向けたインクルーシブ教育システム構築のための特別支援教育の推進（報告）」2012年　https://www.mext.go.jp/b_menu/shingi/chukyo/chukyo3/044/houkoku/1321667.htm，最終閲覧日2022年10月5日

筑波大学「2019年度スポーツ庁委託事業『障害者スポーツ推進プロジェクト（障害者のスポーツ参加促進に関する調査研究）』成果報告書」2020年　https://www.mext.go.jp/sports/content/20200519-spt_kensport01-300001071-16-1.pdf，最終閲覧日2022年10月5日

中澤公孝「アダプテッド・スポーツ」日本体育学会編『最新スポーツ科学事典』平凡社，p. 17，2006年

文部科学省『小学校学習指導要領（平成29年告示）解説体育編』，東洋館出版社，2018年

第10節　体育における ICT の活用

1．ICT活用の意義と必要性

　社会情勢などの変化の激しい社会において，現在，子どもたちの周囲には，インターネットやSNS関係のアプリなど，大量の情報があふれ，スマートフォンやタブレット型PCなどの情報機器がより身近な存在となっている。さらに，近年は新たな社会としてSociety5.0が提唱され，IoT（Internet of Things），ビッグデータ，AI（Artificial Intelligence），5G（第5世代移動通信システム）等の情報技術を活用し，仮想空間と現実空間を融合させたシステムの社会が目指されている。

　教育現場においては，表3-33のように文部科学省，総務省，経済産業省などの複数の省庁が連携しICT（Information and Communication Technology）を活用した教育環境の整備，それに加えてICT活用指導力の向上や情報モラル教育等の充実を目指した教員研修が取り組まれている。

　特に，「GIGA（Global and Innovation Gateway for All）スクール構想」では，

表3-33　各省によるICTに関連する事業

ICTに関連する事業名	事業開始年	関連する省		
		文部科学省	総務省	経済産業省
GIGA（Global and Innovation Gateway for All）スクール構想	2019	○		
教育現場の課題解決に向けたローカル5Gの活用モデル実証	2019		○	
「未来の学び」構築パッケージ	2020	○	○	○
「教育の情報化の手引き」	2019	○		
EdTech導入実証事業	2019			○
校務・学習のデータ連携のための標準仕様の普及促進	2020		○	
地域ICTクラブの普及	2020		○	
未来の学びコンソーシアムによる「小学校を中心としたプログラミング教育ポータル」	2020	○	○	○

学校内に高速大容量の通信ネットワークの整備，クラウド活用推進，児童生徒に1人1台端末を確保することなどICT機器を活用可能とする環境が整えられた。これまでの学校は，クラスに1台設置されたパソコンやクラス単位で利用するパソコン室の設置などであった。また，これまでは使用可能なICT機器は限られていたが，これからは1人1台の端末が使用可能となり，教育現場において大きな変革を迎えている。

　文部科学省は，教育の情報化の推進として「各教科等の指導におけるICTの効果的な活用に関する解説動画」を公開した。そこでは，「体育・保健体育科の指導におけるICTの活用について」と題して，これまでの体育の活動例と比較した1人1台端末の使用による5つの効果的な活用例を示した。

　表3-34に示すように，これまでのグループで1台のタブレットPCを利用した体育から，1人1台端末によるICTを利用した体育に代わる。そこでは，見本

表3-34　これまでのICTを利用した体育と1人1台端末によるICTを利用した体育

項目	これまでの ICTを利用した体育	1人1台端末による ICTを利用した体育
① 知識の習得 （技の行い方を確認）	一斉の視聴，時間内の理解	一人一人の視聴 見たい動きを必要に応じて繰り返し使用可能
② 技能の習得 （学習の様子を確認）	グループ1台 複数名での視聴 時間内の確認	自分の動きを即座に確認 確認したい場面を繰り返し確認，比較，成果，修正点を確認可能
③ 技能の習得 （運動に挑戦している状況を撮影し確認）	前時の動きの確認は困難	変容の確認が可能 毎時間の動きを撮影記録の保存が可能
④ 思考力・判断力・表現力等の育成 （ゲームの映像を確認，作戦を交流）	限られた時間内にチーム全員で動きを確認	自分の考えを深めることが可能 各自の視点でゲームを撮影確認可能 各自で作戦を考え，交流が可能
⑤ 学びに向かう力・人間性等の涵養 （毎時間，学習カードに記録）	過去の記録の確認は困難	変容の確認が可能 即時的に過去の記録と全国の平均値等が比較可能

（文部科学省，2020）

の映像など一斉の視聴から，一人一人の視聴を可能にし，見たい見本の動きを必要に応じて繰り返し使用することが可能となり，個に応じた学びの保障が可能となった。また，自分の動きをその場で即座に確認できることにより自己の動きの変容への気づきなどの学習意欲の高まりを保障することが可能となった。

　また，文部科学省（2019）が示した「教育の情報化に関する手引き」では，表3-35のように体育におけるICTの効果的な活用場面として，アからキの7つの例を報告している。このようにICTの環境整備だけでなく具体的な学習場面や活用例を示し，学校現場におけるICTを活用した教育の推進を促している。

表3-35　学習場面に応じたICT活用の分類

	ICTの効果的な活用場面	学習場面	具体的学習活動
ア	自分の動きを確かめる場面	個別学習	個に応じた学習
イ	仲間の動きの画像をもとにアドバイスをする場面	協働学習	発表や話合い
ウ	グループの動きが撮影された画像をもとに，思考し判断し表現する場面	協働学習	発表や話合い
エ	模範となる動きを画像で確かめ，技能のさらなる習得に生かす場面	一斉学習	教師による教材の提示
オ	画像の蓄積により，学習の成果を確認したり評価の資料としたりする場面	個別学習	思考を深める学習
カ	アンケート機能を活用し，他者の多様な考えを共有し，思考し判断し表現する場面	協働学習	発表や話合い
キ	自分の活動量等のデータを客観的に評価する場面	個別学習	調査活動

（文部科学省，2019）

写真1　タブレットPCを用いて，仲間の動きを確認し合う児童

　以上のように，これからの学校教育において，高速ネットワーク環境の下，1人1台の情報端末がスタンダードとなる。今後，ますますICTを活用した体育授業はとても重要になる。ICT活用の効果と限界を理解して，新たな体育授業を実践していく必要がある。

2. ICTを活用した実践例提案①

　ここでは，実際の体育の授業において，ICTと体育の指導を組み合わせた単元計画を設定し，具体的な場面を想定した活用例とその効果について説明する。

実践例①

使用するICT：タブレットPC

指導モデル：協働学習（ジグソー学習）

単元：陸上運動（走り幅跳び）高学年

単元計画：全8時間

表3-36　単元計画　陸上運動（走り幅跳び）全8時間計画

時間	1	2	3	4	5	6	7	8
めあて	オリエンテーション	局面のポイントを見付けよう	局面のポイントを生かそう	練習方法を考えよう	練習方法を考えよう	動きを身に付けよう	判断基準をつくって挑戦しよう	大会
導入 10分	準備，準備体操，試し跳び，めあての確認など							
活動① 10-15分	走り幅跳びのオリエンテーション（授業の約束，準備の仕方，補助運動，活動の仕方，単元のめあてなど）	ピースタイム ・助走，空中姿勢，着地の局面毎に担当で分かれ，タブレットPCを使用し，動きのポイントを見付ける	ジグソータイム ・局面毎に見付けてきた動きのポイントを伝え確認する	ピースタイム ・局面毎に練習方法を考える	ピースタイム ・局面毎のアドバイスの仕方を考える	チャレンジタイム ・局面毎にタブレットPCを使用し，走り幅跳びに挑戦する	ピースタイム ・局面毎に動きの判断基準をつくる	テクニカル＆チャレンジ ・今までのポイントと跳躍距離を得点化して競う
活動② 10-20分				ジグソータイム ・局面毎の練習方法を伝え確認する	ジグソータイム ・局面毎のアドバイスの仕方を確認する		ジグソータイム ・局面毎の動きの判断基準を確認，試す	
振り返り 5分	本時の学習の振り返り							単元の振り返り

　東海林（2018）によると，協働学習（ジグソー学習）は，「ジグソーという名前の通り，各学習者をジグソーパズルのピースに見立てて課題の一部分を担当させ，それをグループに持ち寄ることで課題全体を達成させるという手法である。」と報告している。図3-32に示すように，①から③のように進める。
①グループ内で学習課題の分担を決める。
②各グループの同一課題を担当する者同士で集まり，課題に取り組む（エキスパート活動）。
③各学習課題の解決策を持ち寄り，グループ内でそれらを共有して考えを深めたり，広げたりする学習である（ジグソー活動）。

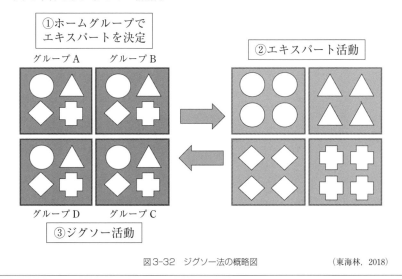

図3-32　ジグソー法の概略図　　　　（東海林，2018）

　体育の走り幅跳びの学習の場合は，走り幅跳びの助走と踏み切り，空中姿勢，着地の3つの運動局面に分け，6人のグループで各運動局面を2人で分担する。
【エキスパート活動（ピースタイム）の設定】
　運動局面ごとに分担した2人が集まり，新たな6人のグループとなり，共通した課題に取り組む。たとえば，空中姿勢を担当するグループの場合は，空中姿勢のフォームのポイントや，それが身に付くための練習方法を学習課題として，実際に空中姿勢について試しながら，グループ内で課題解決に取り組む。他の運動局面の担当も同様に進めていく。
【ジグソー活動（ジグソータイム）の設定】
　元のグループに戻り，各運動局面での課題解決の考えをグループ内で共有し，

担当が中心となって運動局面の動きのポイントや練習を説明する。また，その運動局面の練習をする際は，運動局面を担当する児童が中心となる。各運動局面における学習課題を担当することで責任をもつことができ，学習者主体で学習を進めることができる。

[単元作成段階における留意点]
【教師からみた授業のメリット（○）・デメリット（▲）】
○児童が授業の進め方を把握することができるので，児童同士で積極的に活動することができる。
○子どもたちが，自主的，主体的に進める授業を展開することができる。
▲分担者同士で課題を解決する学習となるので，単元作成段階において，運動局面毎の運動のポイントや練習方法を想定しておく必要がある。
▲複数の課題を複数のグループが同時進行で話し合い，活動して展開するので，必要な助言やワークシートを各運動課題に合わせて用意しておく必要がある。
▲グループ分けでは児童の運動技能や理解があるか等を把握し，児童の能力バランスを考えて組み合わせる必要がある。

【児童からみた授業のメリット（○）・デメリット（▲）】
○運動課題の分担が決まっているので，責任感を持って取り組むことができる。
○一人の児童が1つの課題に時間を掛けて取り組むことができるので，その課題について自信をもって仲間に説明をしたり，助言をしたりすることができる。
▲学習活動が複雑なため，学習の進め方を把握することが大変である。
▲運動課題の分担が決まっており，少人数で担当しグループ内で説明等もすることになるため，プレッシャーを感じる場合がある。

【ICTの位置付け（ICTの効果的な活用場面：表3-35参照）】
◆1時間目
【走り幅跳びの動きのイメージを持つ場面（表3-35-エ）】
　走り幅跳びの正しい動きや動きのイメージを持てるようにするため，走り幅跳びの模範となる動きの映像をタブレットPCに保存しておき，タブレットPCで確認することができるようにする。示範や走り幅跳びの得意な児童の見本では，一瞬の動きである。タブレットPCでは，各個人の必要に応じて，繰り返

し見ることやスローモーションで見ることができ，個に応じてイメージを確かにすることが可能となる。

◆2時間目

【走り幅跳びの動きのポイントを見付ける場面（表3-35-ア）】

　課題を担当する児童は，分担された走り幅跳びの運動局面の動きのポイントを見付けることができるようにする必要がある。その際，実際に試技をして見付けるだけでなく，タブレットPCを使用し，模範の映像や仲間の映像を繰り返し見ることやスローモーションで見ることで確認できるようにする。試技をするだけでは，一瞬の動きで動きのポイントを見付けるのは困難である。タブレットPCでは，静止映像で体の動きやフォームをじっくりと観察することができ，動きのポイントをつかむことが可能となる。

◆6時間目

【自分や仲間の動きを高める場面（表3-35-イ）】

　走り幅跳びの技能を身に付けることができるように，実際に繰り返し試技をして，仲間からのアドバイスを受けるだけでなく，タブレットPCで試技を撮影し，仲間とともに映像を確認する。試技をした際の仲間からのアドバイスでは，仲間からの他者評価のみで技能を身に付けなければいけない。タブレットPCでは，自分の動きの映像を客観的に捉えることができ，仲間からの他者評価に加え，自己評価を試技に生かすことが可能となる。

3. ICTを活用した実践例提案②

実践例②

使用するICT：ハートレート（HR）モニター（心拍数計），タブレットPC

指導モデル：仲間学習

単元：体つくり運動（体の動きを高める運動）高学年

単元計画：全6時間

表3-37　単元計画　体つくり運動（体の動きを高める運動）全6時間

時間	1	2	3	4	5	6
めあて	オリエンテーション	腕ふりのポイントを生かして走ろう	姿勢のポイントを生かして走ろう	自分に合ったペースを考えて走ろう	ペースを考えて走ろう	挑戦会

導入 10分	準備，準備体操，試し跳び，めあて，ポイントの確認など	準備運動，補助運動				
活動1 10–15 分	オリエンテーション (授業の約束，準備の仕方，補助運動，活動の仕方，単元のめあてなど)	ピアタイム① 腕ふりをタブレットPCで確認	ピアタイム① 姿勢をタブレットPCで確認	ピアタイム① HRモニターを見ながらペースを考える	ピアタイム① HRモニターを見ながらペースを考える	自分の記録に挑戦しよう
活動2 10–15 分		ピアタイム② 腕ふりをタブレットPCで確認	ピアタイム② 姿勢をタブレットPCで確認	ピアタイム② HRモニターを見ながらペースを考える	ピアタイム② HRモニターを見ながらペースを考える	
振り返り 5分	本時の学習の振り返り					単元の 振り返り

荻原（2015）によると，仲間学習は，ペアとなり，教え手のチューターと学び手の児童の役割を分担して学習に取り組む。学習課題に取り組む際，運動の技能を身に付けるアドバイスを教師の代わりにチューター役となり，児童にアドバイスをする。また，チューター役は，教師の代わりとして学習指導を行うという明確な責任が求められる。さらに，チューター役と児童は交互にどちらの役割も行う学習である（図3-33）。

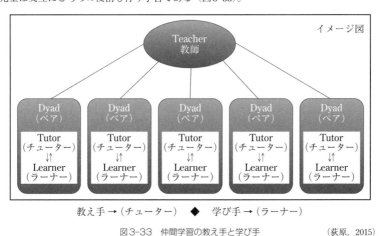

教え手 → （チューター）　◆　学び手 → （ラーナー）

図3-33　仲間学習の教え手と学び手　　　　　　　　　　　　（荻原，2015）

　体つくり運動の体の動きを高める運動における動きを持続する能力を高める運動（以下，持久走とする）の学習の場合は，2人組で5分から10分程度の時間，チューター役と児童を固定し，学習課題に取り組む。その後，チューター役と児童を交代し，同様の時間，役割を固定して取り組む。

【チューター役】

　チューター役は，運動技能を身に付けるために腕振りや姿勢などのポイント等の具体的なアドバイスをする。

【児童】

　児童は，運動の技能についてチューター役のアドバイスを受けながら繰り返し運動に挑戦する。

　仲間学習は，アドバイスすることと運動を試すことが明確に区別され，活動時間が確保されているので，役割の活動へ集中することができる。それにより，児童にとって技能を効率的に身に付けることができる学習である。

［単元作成段階における留意点］

【教師からみた授業のメリット（○）・デメリット（▲）】

○ペアでアドバイスし合うことできるので，教師が一人だけでは困難である個々に応じたアドバイスを児童同士ですることができる。

○ペアでアドバイスをし合うことができるので，教師のアドバイスが必要な児童に，時間を取ってアドバイスをすることができる。

○チューター役でアドバイスをするので，学習内容の理解を深めることができる。

▲児童同士で動きを見てアドバイスし続けることは難しいので，運動のポイントや動きの視点などをあらかじめ提示するなどの準備をする必要がある。

▲2人の関係がうまくいかず，アドバイスが出ない場合には，必要に応じた声掛け等を行う必要がある。

【児童からみた授業のメリット（○）・デメリット（▲）】

○チューター役はアドバイスに集中することができるので，児童は運動の練習に集中することができる。

○仲間の動きをよく観察し，改善のアドバイスを考えることができるので，自己の動きの改善にもつながる。

▲チューター役と児童の交代の時間が決まっているため，自分が運動したいときに運動をすることができない。

【ICTの位置付け（ICTの効果的な活用場面：表3-34参照）】

◆1時間目

【持久走の動きのイメージをもつ場面（表3-35-エ）】

　持久走の動きのイメージを持てるようにするため，持久走の模範となる動きの映像をタブレットPCに保存しておき，タブレットPCで確認することができるようにする。正しいフォームの見本では，繰り返しの動きでフォームなどを捉えるのが難しい。タブレットPCでは，各個人の必要に応じて，繰り返し見たりスローモーションで見ることができ，個に応じてイメージを確かにすることが可能となる。

◆2，3時間目

【持久走の正しいフォームのポイントを身に付ける場面（表3-35-ア，エ）】

　持久走の正しいフォームのポイントを身に付けることができるように，チューター役がタブレットPCで試技を撮影し，映像を確認しながら，チューター役からアドバイスを受ける。その際，タブレットPCの模範となる動きの映像や以前に撮影した映像の動きなどと比較することで，動きの違いを基に改善点を明確にすることが可能となる。タブレットPCでは，見本や過去の動きの映像と自分の動きの映像を同時に流して比較することができ，仲間からの他者評価や自己評価を明確にして改善に生かすことが可能となる。

◆4，5時間目

【自分や仲間の動きを高める場面（表3-35-イ）】

　持久走において一定のペースで走ることができるように，HRモニターを装着し，心拍数を表示してチューター役からアドバイスを受ける。客観的な指標である心拍数を把握することで，基準となる心拍数を基にペース配分を考慮した的確なアドバイスが可能となる。

4. ICT活用のまとめ

　体育の授業においてICTを活用することにより，これまでの取り組みや運動が映像や数値などにデジタル化される。デジタル化による恩恵は，必要な情報が瞬時に可視化されることである。たとえば，一瞬の動きで捉えることができない動きをタブレットPCで撮影し，スローモーションで見直すことにより，容易に改善点を見付けることが可能となる。これまで以上に有益な情報が手に入ることで，課題解決に向けての意思決定の質が上がり，思考の幅が広がると

考えられる。また，大量のデータを瞬時に処理したり変換したりといった情報処理の自動化も進むと考えられる。これにより，浮いた時間を活動の時間にすることで児童は運動量の確保，また，教師は賞賛や具体的な助言の回数を増やすことが可能となる。だからこそ，これからの時代は，ICTを理解し，活用することでまったく新しい体育の授業の未来が開けるだろう。

写真2　タブレットPCを活用し，仲間の動きを撮影している児童

参考文献

荻原朋子「仲間学習モデルの体育授業への適用過程とその成果」『体育科教育学研究』31（2），pp. 42-48，2015年

経済産業省「EdTech導入実証事業」2019年　https://www8.cao.go.jp/kisei-kaikaku/kisei/meeting/wg/koyou/20191218/191218koyou02c.pdf，最終閲覧日2022年10月5日

鈴木直樹『体育の「主体的・対話的で深い学び」を支えるICTの利活用』創文企画，2019年

総務省「教育現場の課題解決に向けたローカル5Gの活用モデル構築」2019年　https://www.soumu.go.jp/main_content/000746714.pdf，最終閲覧日2022年10月5日

総務省「総務省説明資料 令和元年11月6日」2019年　https://miraino-manabi.mext.go.jp/assets/pdf/191106_siryo2.pdf，最終閲覧日2022年10月5日

東海林沙貴「小学校の体育授業におけるジグソー法に関する研究—学習者同士の関わり合いを促すための授業実践を通したその適用条件の解明」『早稲田大学審査学位論文 博士（スポーツ科学）』2018年　https://core.ac.uk/download/pdf/286958683.pdf，最終閲覧日2022年10月5日

内閣府「Society5.0」2019年　https://www8.cao.go.jp/cstp/society5_0/，最終閲覧日2022年10月5日

文部科学省「GIGAスクール構想の実現パッケージ」2019年　https://www.mext.go.jp/content/

20200219-mxt_jogai02-000003278_401.pdf，最終閲覧日2022年10月5日

文部科学省「教育の情報化に関する手引き」2019年　https://www.mext.go.jp/a_menu/shotou/
zyouhou/detail/mext_00724.html，最終閲覧日2022年10月5日

文部科学省，総務省，経済産業省「小学校を中心としたプログラミング教育ポータル」2020年
https://miraino-manabi.jp/assets/pdf/191106_siryo2.pdf，最終閲覧日2022年10月5日

文部科学省「体育・保健体育科の指導におけるICTの活用について」2020年　https://www.mext.
go.jp/content/20200911-mxt_jogai01-000009772_10.pdf，最終閲覧日2022年10月5日

文部科学省，総務省，経済産業省「『未来の学び』構築パッケージ」2020年　https://www.mext.
go.jp/content/20200219-mxt_syoto01-000003278_501.pdf，最終閲覧日2021年5月12日

課　題

1. 体育の授業で利用することが可能な情報機器をできるだけたくさん挙げなさい。
2. 体育の授業でICTをどのように活用することができるか。具体的な場面を想定してどのような場面でICTをどのように活用するか具体例を挙げなさい。

Ⅲ　体育科教育の実践

第4章

体つくり運動系領域

体つくり運動系領域は,低学年が「体つくりの運動遊び」,中・高学年が「体つくり運動」で構成されている。本章ではまず,体つくり運動系領域の特性について解説し,第2節では低学年,中学年,高学年の学習内容とねらいを説明しながら,児童がねらいを習得するための学習指導のポイントについて解説する。また,第3節では第5学年4月の設定で,体つくり運動の学習指導計画の例と,本時の展開例を取りあげながら,仲間との交流を通して運動する楽しさを味わうとともに,各運動の基本となる動きを培うための指導・評価について解説する。

キーワード　運動遊び　気づき　運動好き　交流

第1節　特性

体つくり運動系領域(以下,体つくり運動系)については,自己の心と体の関係に気づくとともに,仲間との交流を通して,小学校でのさまざまな運動遊びに親しむことをねらいとしている。また,基本的な体の動きを身に付けたり,体の動きを高めたりして,体力を高めるために行われる運動である(文部科学省,2018,p. 25)。

そのため,伸び伸びとした動作やさまざまな動き方(運動遊び)を身に付けたり,柔軟性,巧みな動き,力強い動き,動きを持続する能力など一人ひとりの基本的な体の動きを広げ高めていくことが求められる。

第2節　発達段階による学習指導のポイント

1. 低学年

　低学年の体つくり運動系の運動遊びは，「体ほぐしの運動遊び」及び「多様な動きをつくる運動遊び」で構成されている。易しい運動を通して伸び伸びと運動する楽しさや心地よさを十分味わえるよう，従前の「体つくり運動」から「体つくりの運動遊び」として扱われるようになった。

　「体ほぐしの運動遊び」では，日常の簡単な運動や律動的・リズミカルな運動を行って体を動かす楽しさや心地よさを味わうことができることをねらいとしている。同時に友だちと関わり合いながら心と体の変化に気づき，進んで活動することを大切にし，さまざまな運動遊びに親しんでいけることをねらいとしている。

　「多様な動きをつくる運動遊び」では，片足やジャンプして身体を回転させたり，リズムよく跳びながら回転するなどの運動遊びや，寝転んだり起きたりする運動遊び，友達としゃがみあいバランスを崩し合ったりしながら体のバランスを保つなどの運動遊びなど，さまざまな動きを楽しく行いながら，一人ひとりの動きの幅を広げ高めていくことを大切にする。

　それらの運動遊びを通して，楽しさを味わいながらさまざまな基本的な体の動きを身に付けていくことをねらいとする。

2. 中学年

　中学年の体つくり運動は，「体ほぐしの運動」及び「多様な動きをつくる運動」で構成されている。

　「体ほぐしの運動」では，体を動かす楽しさや心地よさを味わいながら，自己や仲間の動きや体の様子に気づき，仲間と仲良く交流したりする運動を行う。

　さまざまな運動に楽しく取り組むとともに，活動を工夫したり，考えたことを他者に伝えたり，きまりを守り仲よく運動したり，安全に気を付けながら活動したりできることをねらいとする。

　「多様な動きをつくる運動」では，体のバランスをとったり移動したり，さまざまな用具を操作したりする動きや人や物を押す，引く，運ぶ，支える，ぶ

ら下がるなどの動きや力比べをするなどの運動を行いながら，個々の基本的な動きの幅を広げ高めていくことを大切にする。

　また，用具を操作しながら移動したりバランスをとる動きをするなど2つ以上の運動を組み合わせて行い，それらの運動を通して，より組み合わせた動きを身に付けていくとともに，仲間とともに楽しさを味わいながら，生涯にわたって運動するうえで，さまざまな基本的な体の動きを身に付けていくことをねらいとする。

3. 高学年

　高学年の体つくり運動は，「体ほぐしの運動」及び「体の動きを高める運動」で構成されている。

　「体ほぐしの運動」では，運動をすると心が軽くなったり，体の力を抜くとリラックスできたり，体の動かし方によって気持ちも異なることなど，自己や仲間の心と体の関係に気づいたり，仲間の心と体の状態に配慮しながら豊かに交流したりできる運動を行う（文部科学省，2018，p. 117）。

　そのため，伸び伸びとした動作で用具を用いた運動やリズミカルな動きを行ったり，ペアやグループになって，仲間と力を合わせて挑戦する運動を行ったりして，自他の心と体の違いや仲間のよさを認め合うことが求められる。

　また，動きや人数など条件や場を工夫し，仲間との交流を図りながら進めていくことも大切にする。それらの運動を通して，心と体の関係に気づき，仲間との関わりを楽しむとともに，場を工夫し，安全に気を付けたりしながら，体の基本的な動きを培うことをねらいとする。

　「体の動きを高める運動」については，より体のさまざまな動きを身に付け高めていくことを主にし，従前の「体力を高める運動」から変更された。体力の必要性や体の柔らかさ，巧みな動き，力強い動き，動きを持続する能力を高める運動を行う。体の各部位の可動範囲を広める運動をしたり，教具・用具や活動する場を工夫し，タイミング・バランスよく動いたり，自己や仲間の体の重さを利用した運動をしたり，動きを一定時間続けていったりする運動を進めていく。

　これらの運動で習得した知識や動き方をもとにしながら，自らのめあてをもち，さまざまな動きを身に付けたり高めたりできることをねらいとするとともに，仲間と話し合ったり協力したりしながら安全に配慮しながら運動できるこ

とを目指していく。

第3節　体つくり運動の学習指導計画と評価

1．指導と評価の一体化を図った学習指導計画の作成

（1）単元計画の例とその概要

　体つくり運動では，手軽な運動（遊び）や律動的な運動を行い，体を動かす楽しさや心地よさを味わうとともに，心と体の調子を整え，仲間との関わり合いを通して豊かな交流を図っていくことが大切になる。

　ここでは，第5学年の体ほぐしの運動について，児童自身がめあてをもち，自らの課題に進んで取り組んでいけるよう動き方や活動方法・場や用具の使い方など工夫しながら展開していく指導計画を，例として4時間単元で設定した（表4-1）。

　さまざまな動きの幅を広げ高めていくとともに活動の楽しさを味わえるようにするためには，動き方を見合ったり，気づいたことを伝えあったりする仲間との交流も大切になる。

　さらに，評価については，授業のなかでの個々の活動状況の観察，準備・片付け・安全への姿勢や話し合いや教え合いなどの活動だけでなく，学習のめあてを明確にした各自の学習カードも活用し幅広い視点から授業を進めていくことが求められる。

　また，一人ひとりに合った指導支援の声かけやアドバイスを適時行い，活動の場やグループ編成などを配慮しながら進める。

表4-1　体ほぐしの運動の単元構造図

<table>
<tr><td rowspan="3">単元の目標</td><td>知識及び技能</td><td>さまざまな動き（運動）を行い，心と体の関係に気づいたり仲間と関わり合ったりすることができるようにする。</td></tr>
<tr><td>思考力・判断力・表現力等</td><td>自己の体の調子や体力に応じて，運動の行い方を工夫できるようにする。
動きを広げ高めるための工夫した動き方を他者に伝えることができるようにする。</td></tr>
<tr><td>学びに向かう力・人間性等</td><td>積極的に運動に取り組み，約束を守り，仲間と助け合ったり考えを認めたり，運動の場や用具の安全に気を配ったりすることができるようにする。</td></tr>
<tr><td></td><td>知識・運動</td><td>思考・判断・表現</td><td>主体的に学習に取り組む態度（以下，主体的態度）</td></tr>
<tr><td>内容のまとまりごとの評価規準</td><td>・手軽な運動の行い方を理解し，体を動かす楽しさや心地よさを味わうことができている。</td><td>・自己の体の状態や体力に応じて，運動の行い方を工夫するとともに，自己や仲間の考えた活動方法を他者に伝えている。</td><td>・運動に積極的に取り組み，約束を守り助け合って運動しようとしている。
・仲間の考えや取組方法を認めようとしている。
・活動する場や用具の安全に気を配ることができている。</td></tr>
<tr><td>単元の評価規準</td><td>①体を動かすと心が弾むことに気づくことができる。
②リズムに乗ってさまざまな動きができる。
③仲間と力を合わせ，グループでさまざまな動きに挑戦できる。</td><td>①運動をとおして心と体の関係に気づき，ねらいに合った活動を工夫できている。
②自己の体の状況を知り，さまざまな動き方を工夫し取り組むことができている。
③自己や仲間で考え工夫した動き方や活動の場について他に伝えたり見せたりできている。</td><td>①自己の体の状況を知り，積極的に体を動かし，伸び伸びと活動している。
②運動時の約束・ルールを守り，仲間と助け合い協力して活動できている。
③場の設定や片づけなど進んでできている。</td></tr>
</table>

		1	②本時	3	4
学習の流れ	0	オリエンテーション 学習のねらいと進め方	学習のねらいの確認 ➡体ほぐしの運動をより大きく気持ちよく リズムを変えて歩く・走る	学習のねらいの確認 ➡体ほぐしの運動をより大きく気持ちよく リズムを変えて歩く・走る　ほぐし運動を大きく	
	10	グループ編成と活動の場（活動図・示範）		工夫した動き方で	
		➡簡単な体ほぐしの運動をする。（一人で）	ほぐし運動を大きく	（友達の動きを見て　真似て） （体と心の変化を感じて）	
	20	リズムよく歩く・走る 体を伸ばす・縮ませる	一人でストレッチ タオルやボールを使った運動，工夫した動き方で（一人で）	➡体ほぐしの運動を広げて 二人でストレッチ　（より大きく　柔らかく） ・体側伸ばし　・背負って背伸ばし ・前屈　背中押し　など リズムに合わせて体・足ジャンケン	
	30	➡活動的な運動をする（二人で・グループで）	➡活動的な動きに変えて（二人で・グループで）	➡グループで動きを工夫して ・輪になってぐるぐる回る ・グループで手をつなぎ合わせて走る 　（手つなぎラン）	
	40	さまざまなストレッチ ➡グループで動きを工夫して（話し合い　発表）	二人でストレッチ リズムを合わせて歩く・走る・スキップ		
	45	みんなでリズムを合わせて バランスくずし 風船つき まとめ　カード記入	➡グループで動きを工夫して 輪になって動きを工夫して　足踏み 風船つき まとめ　カード記入	・風船つきゲーム グループで用具を工夫して （ボール・棒） グループでまとめ・話合い まとめ　カード記入	ゲーム 風船つき(脚で　頭で) 1分間落とさずに
評価	知識・運動	観察①②③	観察①②③	観察①③	観察①③
	思考・判断・表現		活動状況観察①②③	活動状況観察　発言②③	活動状況観察　発言②③
	主体的態度	学習カード①②③	学習カード①②③	発言　学習カード②③	発言　学習カード②③

174

(2) 本時の展開例（2/4時間目）

　本授業では，第5学年当初4月における体ほぐしの運動を行う設定である。学年（学級）の新たなスタート時期でもあり，伸び伸びと体を動かしながら，個々の体の調子を整えたり仲間と交流したりする楽しさや心地よさを感じることができるとともに，学級づくりや仲間づくりへの動機づけともなるような学習内容としている。

　1時間目では，学習の進め方や約束・ルールや基本となる体ほぐしの運動を例示し（示範・図・映像など）活動がスムーズに進められるようにする。

　2時間目になる本時では，体ほぐしの運動をリズミカルに大きく動かすことや，子どもたち自身が動き方を工夫しながら活動できるようにした（表4-2）。また，仲間との関わり合いや活動をとおして，より心が弾み楽しさが感じられるような学習を進められるようにする。

　導入部分である一人での体ほぐしの運動では，第4学年までに行った身体を前後・左右に大きく伸ばしたり回したり・曲げたりする手軽なストレッチ運動や全身や各関節部位をゆっくり大きく回したりねじったりする動的なストレッチ運動を中心に行い，伸び伸びとした動作で，心と体をリラックスさせる。次に，二人でのストレッチ運動を中心に行い，互いの体や心の状態に気づきながら，より大きく体を曲げたり伸ばしたりする。

　展開場面であるグループ（4〜6名）での運動では，リズムやタイミングを合わせて行う活動的な運動（手つなぎラン・輪になって風船つき）やグループで工夫した運動を行う。仲間との関わり合いを重視し，互いの動き方や工夫した動きを見合ったり教え合ったりできることが求められる。

　4月の年度当初の学習であることから，学習を進めるうえでの役割分担や約束・ルールの遵守や場や用具の設定・安全面などに配慮し，楽しく運動が進められるようにする。基本となる体ほぐしの運動を経験しながら，自身の心身の変化を体感し，さらに仲間と交流し工夫しながら運動する楽しさが感じられる学習の進め方を次につなげていくことが大切になる。

表4-2　本時の指導計画（2/4時間扱い）

		学習内容・学習活動	指導上の留意点（●指導，▲支援・配慮，◆評価規準）○ゲームの基本ルール	評価		
				知識・運動	思考・判断・表現	主体的態度
学習の流れ	0	学習のねらいの確認　●これまでに行った体ほぐしの運動や，例示した運動を行う	●学習のねらいや活動の場を確認する　●準備など役割をきめて学習を進める　●基本となる体ほぐしの運動（例示）を行う			②
		一人で体ほぐしの運動	●前時の運動を取りあげて，より大きく深く動かすようにする	①		
		体の各部位をより大きく気持ちよく動かす	▲苦手な児童には，できる動きから始め，徐々に大きく広げて動けるよう支援・助言する			
	15	リズムを変えて歩く・走る　工夫した動き方で　●二人組で体ほぐしの運動をする	▲運動すると自己の体と心がどう変化するか気づかせる　◆積極的に運動に取り組んでいる			①
		二人で体ほぐしの運動	●ゆっくり体を動かし心地よいところまで押したり引き合ったりする　●一人で行う時と二人で行う時の心や体の動きの変化に気づかせる		①	
		静的な動き　背押し前屈	▲相手の気持ちや体の様子を感じながら行うようにする			
		背伸ばし　体側伸ばしリラクゼーション　背おし	◆仲間と協力し工夫しながら取り組んでいる	③	②	
	30	脚伸ばし				
		活動的な動き　●リズムを合わせて歩く・走る	◆リズムよく歩いたり走ったりできている	②		

		◆動き方を工夫しながら活動できている	③	③
	スキップ　体ジャンケン	▲グループごとにリズムや動きをそろえて工夫した動きができるよう指導支援していく		
	グループで動きを工夫して	▲グループのよい動きは他のグループにも紹介できるようにする		
	リズムをそろえてスキップ	●円を崩さず楽しい動き方を工夫して行えるようにする	③	
	輪になっていろいろな動き方を動きを工夫して	○各グループで手をつなぎ円形になり頭や脚で風船を落とさず何回つけるかを工夫して行わせる		
45	風船つきゲーム 　　頭で 　　脚で グループで振り返り話し合い　カード記入	○練習後連続何回つけたかを発表させ，意欲的に取り組めるようにする ◆自らの考えを伝えるとともに，仲間の考えや動き方を選びながら活動できている ◆自らの役割を果たし協力し運動できている	②	② ③

2. 単元及び授業づくりの工夫等

(1) 教材・教具の工夫

　この単元では，体を動かす楽しさや心地よさを味わえるよう，教具や活動の場を工夫し，グループ内の仲間の動きを見ながら活動できるようにする。

　一人で行う運動では，徒手によるストレッチ運動に加え，タオルやボールなどの教具を工夫し活用する。タオルを両手で持ち体を上に伸ばしたり，左右に捻転させたりなどすると，より大きく幅広く動かすことができる。また，両手でボールを持ち，長座の姿勢で前屈すること，背伸ばしすることなども有効な運動になる。

　グループの運動では，みんなで気持ちをそろえて活動する楽しさを味わわせる運動として風船を使い，輪になって頭や脚で落とさずにつくなどの，ゲーム性のある運動を取り入れた。ゲーム性のある運動を取り入れることにより，一

活動例1…もとになる動き方をより高めていくためタオルやボールなど活用し，児童自身で工夫した
　　　　動きができるようにする。

ボールを持って

タオルを使って

活動例2…グループの仲間と力を合わせ運動したり，工夫したり，ともに楽しさが実感でき
　　　　るようにするため，風船・ボール・体操棒などを活用しゲーム性を取り入れていく。

笛が鳴ったら反対回
りでやってみよう

風船でサッカー

図4-1　教材・教具を工夫した活動例

人ひとりの意欲的な活動が展開されるとともに，仲間のよりよい動きから学び，
さまざまな動き方ができるようになる。さらに，チームで協力し活動すること
により，運動への積極性・興味関心が高まり，楽しさを味わうことができる。
　このような全児童が自主的・創造的にさまざまな動きを体験しながら，動き
の広がり・高まりや仲間と協力し教え合い助け合って活動することの楽しさが
実感できる教材・教具の工夫が求められる。

（2）学習資料の工夫

　本単元では，各児童が自身の動きや友達の動きを振り返ったり，見合ったり
しながら，個々に合ったねらいを明確にもち，取り組んでいくことが大切にな
る。また，運動をとおして自己や仲間の心と体の状態に気づき，仲間とよりよ
い交流を図っていくことも大切になる。

図4-2　基本となる運動例の掲示

体ほぐしの運動の目標　「体を動かす楽しさや心地よさを感じよう‼」

1	伸び伸びと気持ちよく体を動かし，心と体の関係に気づいたり，楽しく仲間と関わり合ったりしよう。
2	自己の体や心の状況に合わせ，さまざまな運動を工夫しよう。
3	進んで運動に取り組み，約束を守り，仲間と協力して安全に運動しよう。

◎　よくできた　　○　できた　　△　もう少し

め　あ　て	1時間	2時間	3時間	4時間
体を大きく動かし気持ちよく運動できた。				
さまざまな動きを工夫できた。				
友達と協力し気持ちよく運動できた。				
ルールを守り安全に気を付け運動できた。				
グループ　風船つきゲーム　回数	回	回	回	回
自分で決めためあて				

楽しかったこと・気づいたことをまとめよう。

1時間目	
2時間目	
3時間目	
4時間目	

図4-3　学習カード例

　そのために，導入時間にねらいに応じた基本となる運動例を学習資料や映像資料で明示し，全児童が取り組みやすくした（図4-2）。また，体ほぐしの運動では，学習カード（図4-3）を活用し，自己の心と体の変化や，仲間との助け合い・交流を記録し，児童が自己課題を見付けられるように工夫する。その記録（学習カード）を活用しながら，各児童が自己の課題をもって楽しく運動を行い，自らの身体能力・運動能力の伸びや高まりを確かめていくとともに，今後の自らの心身の成長への意欲や関心を高めていけるような工夫が求められる。

（3）言葉かけの工夫

　高学年になると運動への得意・不得意の差が広がってくるため，苦手な子もみんなと一緒に楽しめるような運動を工夫していくことが大切になる。

　本単元では，まず誰でもできるやさしい運動から始めるが，より効果的で楽しさが感じられる運動にしていくためには，子どもたち自身で考えたり工夫したりできる活動が求められる。そのためには，子どもたちが気持ちよく進んで取り組んでいけるような言葉がけが大切になる。

　初めの段階では，基本とする運動（手軽な運動や経験した運動）をわかり易く説明（図示・映像・示範など）し，体を動かす楽しさや心地よさを味わえるようにする。次の段階では，一人ひとりの動きを観察し，個々への適切な言葉がけが大切になる。より動きが大きく広がっていくような言葉がけをしていくと同時に，よい動きがあるときは，タイミングよく認め称賛する声かけをしていく。

言葉かけの例（個人）
・身体の動きが小さく硬い児童には
　→「息を大きく吐きながら，体の力をぬいて，ゆっくり大きく伸ばしたり，曲げたりしてみよう」
・リズムがなくぎこちない動きの児童には
　→「手拍子やタンバリンなどのリズムに合わせてみよう」
　→「伴奏音楽のリズムを聞きながら動いてみよう」
・運動に消極的な児童には
　→「易しい動きから，一緒に動いてみよう」
・楽しく積極的に動けている児童には
　→「気持ちよく動いているね」「リラックスできているね」
　　「工夫した動き方ができたね」など

　ペア・グループでの小集団による活動場面では，心の動きも大切にしていくような言葉がけをしていく。仲間とともに，助け合ったり教え合ったりできる場を設定し，活動の状況を観察しながら，豊かな関わり合いができるよう配慮し，心が軽やかになったり，楽しくなったりすることに気づくような言葉がけをしていく。

　また，グループでのゲーム活動では，勝敗や失敗・成功にこだわりすぎないよう配慮し，仲間と気持ちを合わせ協力して楽しく運動が進められるよう指導していく。

　そして，仲間との交流が盛んになるよう，互いの心や体の状態に気づいたり，力を合わせて挑戦したりできる活動を促す言葉がけをし，仲間とともに運動する楽しさや心地よさを感じられるようにしていく。

言葉かけの例（ペア・グループ）
・仲よく協力して活動できているグループには
　→「友達と助け合って運動できているね」「友達の体や心の様子に気づき，楽しく運動できているね」「話し合ったり，教え合ったりしながら運動できているね」など
・活動が滞っているグループには
　→具体的な動きを例示し，「みんなで一緒にやってみよう」
　→「グループの活動目標・めあてを話し合い確かめよう」
　　（教師も参加して）

課　題

1. 2017（平成29）年の改訂においても，体つくり運動が重要視されている。その背景にある今の子どもたちの心身上の発育発達についての課題を挙げ，指導を進めていくうえでの配慮や工夫する点を述べなさい。
2. 体つくり運動で，一人ひとりに合っためあてをもたせ，より楽しく進めていくために創意工夫する点を具体的に述べなさい。
3. 体つくり運動（遊び）でグループ学習を効果的に進めていくうえで大切にしたい点を3点挙げ，述べなさい。

参考文献

文部科学省『小学校学習指導要領（平成29年告示）解説　体育編』東洋館出版社，2018年

文部科学省「小学校体育（運動領域）まるわかりハンドブック」 https://www.mext.go.jp/a_menu/sports/jyujitsu/1308041.htm，最終閲覧日2022年10月5日

文部科学省『学校体育実技指導資料第7集　体つくり運動─授業の考え方と進め方（改訂版）』東洋館出版社，2013年

川崎市立小学校体育研究会「小学校体育指導の手引き」2018年

相模原市立小学校「さがみっ子の体育」2014年

細江文利編著，池田延行・村田芳子『小学校新学習指導要領の授業　体育科実践事例集（1年2年）』小学館，2009年

細江文利編著，池田延行・村田芳子『小学校新学習指導要領の授業　体育科実践事例集（3年4年）』小学館，2009年

細江文利編著，池田延行・村田芳子『小学校新学習指導要領の授業　体育科実践事例集（5年6年）』小学館，2009年

第 **5** 章

器械運動系領域

　器械運動系領域（以下，器械運動系）は，「回転」「支持」「懸垂」等の運動で構成される。

　低学年では，さまざまな器械・器具の条件の下で，回ったり，支えたり，逆さになったり，ぶら下がったり，振動したり，手足で移動したり等の基本的な動きを身に付ける楽しさや喜びに触れさせることが大切になる。

　中・高学年では，基本的な技を身に付けたり，新しい技に挑戦したり，困難な条件の下で達成できたり，より雄大で美しい動きができたりする楽しさや喜びに触れたり味わったりさせることが大切になる。

　とくに，器械運動系では，技に関連する類似の運動の学習や段階的な指導が求められるため，場や教材・教具，学習資料，評価等の工夫が必要になる。

キーワード　「回転」「支持」「懸垂」等の運動　多様な動きを身に付ける　身に付けた動きをより高める

第1節　特性

　器械運動系は，さまざまな動きに取り組んだり，自己の能力に適した技や発展技に挑戦したりして技を身に付けたときに楽しさや喜びを味わうことのできる運動である。

　器械運動系で学習する技は，逆さになって回転したり，ぶら下がって回転したり，手で支えて跳び越したりする運動で，非日常性をもっている。できるようになったときの達成感や成就感を味わうことのできる達成型・克服型の運動といえる。

第2節　発達段階による学習指導のポイント

1. 低学年

　低学年の「器械・器具を使っての運動遊び」は，「固定施設を使った運動遊び」，「マットを使った運動遊び」，「鉄棒を使った運動遊び」，「跳び箱を使った運動遊び」で構成される。

　器械・器具を使っての運動遊びの楽しさに触れ，その行い方を知るとともに，回転，支持，逆さの姿勢，ぶら下がり，振動，手足での移動等の基本的な動きや技能を身に付けさせる運動遊びである。楽しく行うために簡単な遊び方を工夫すること，きまりを守り誰とでも仲よく運動遊びをしたり，場や器械・器具の安全に気を付けたりすることを目指す（文部科学省，2018，p. 45）。

　そのために，日常生活では経験できない多様な動きや感覚を身に付け，器械・器具の特性に応じた多くの運動遊びや技をできるようにすること，また，条件を変えた多様な場を設け，自分に合った場で自分の力に合った動きを身に付けた喜びを味わうことができるようにすることをねらいとしている。

　「器械・器具を使っての運動遊び」の学習指導では，児童一人ひとりが「楽しい！」「もっとやりたい！」と思える多様な場を設定することが大切である。また，回転や支持，逆さ感覚，手足での移動（腕支持感覚）など基本的な動きや技能を身に付けさせる工夫が求められる。

　また，児童一人ひとりが課題をもって運動遊びに取り組めるようにするためにわかりやすいめあてを提示し児童が選択できるようにしたり，身に付けた動きを組み合わせたり友達とタイミングを合わせて取り組んだりすることで，楽しさの広がりをもてるようにすることが大切である。

2. 中学年

　中学年の「器械運動」は，「マット運動」，「鉄棒運動」，「跳び箱運動」で構成され，回転したり，支持したり，逆位になったり，懸垂したりすることなどの技に挑戦し，その技ができる楽しさや喜びに触れさせる運動である。

　低学年の学習を踏まえ，器械運動の楽しさ・喜びに触れ，その行い方を知るとともに，基本的な動きや技を身に付けること，楽しく行うために自己の課題

を見付け，その解決のための活動を工夫すること，きまりを守り誰とでも仲よく運動したり，友達の考えを認めたり，場や器械・器具の安全に気を付けたりすることを目指す（文部科学省，2018，p. 79）。

　そのために，基本的な動きや技に十分取り組ませること，技に関連した感覚づくりの運動を取り入れ，苦手な児童でも意欲的に学習へ取り組めるようにすること，易しい場や感覚づくりの運動を通して，段階的に練習に取り組み，基本的な動きや技ができるようにすることをねらいとしている。

　中学年の「器械運動」の学習指導では，低学年の「運動遊び」から「器械運動」へとスムーズに移行できるようにすることが求められる。そのため，単元前半では，技の習得に関連する動きや感覚づくり，類似の運動などを主運動として位置付け，単元後半では，準備運動として感覚づくりや類似の運動を位置付けることなども考えられる。また，基本的な技を習得するために，児童一人ひとりの課題を明確にして学習に取り組ませるとともに，課題解決に向けた練習方法を提示することも有効な手立てである。

3. 高学年

　高学年の「器械運動」は，中学年と同様「マット運動」，「鉄棒運動」，「跳び箱運動」で構成され，回転したり，支持したり，逆位になったり，懸垂したりする等の技に挑戦し，その技ができる楽しさや喜びを味わわせる運動である（文部科学省，2018，p. 123）。

　低・中学年の学習を踏まえ，その行い方を理解するとともに，中学年で学習した基本的な技を身に付けること，楽しく行うために自己の課題を見つけ，その解決のための活動を安定して行ったり，その発展技やさらなる発展技に取り組んだり，それらを組み合わせたりして技を身に付け，中学校の学習につなげていくことを目指す。また，自己やグループの課題を見つけ，その解決のための活動を工夫すること，約束を守ったり，仲間の考えや取組を認めたり，場や器械・器具の安全に気を配ったりすることが求められる（文部科学省，2018，p. 123）。

　高学年の「器械運動」の学習指導では，技を安定してできるようにするために，単元前半では易しい運動や基本的な技を行ったり，易しい場や条件を設定することが有効な手立てである。また，単元後半では，発展技に挑戦したり，できる技を組み合わせて演技したり，ペアやグループで動きを合わせて演技したり

する時間を設定し，多様な楽しさを味わえるようにすることも大切である。

第3節　器械・器具を使っての運動遊び（マットを使った運動遊び）の学習指導計画と評価

1. 指導と評価の一体化を図った学習指導計画の作成

(1) 単元計画の例とその概要

　ここでは，第2学年の「器械・器具を使っての運動遊び」（マットを使った運動遊び）5時間単元の設定で実践例を以下に示す（表5-1）。本単元の指導では，易しい動きを行うことから運動遊びの楽しさを味わわせ，基本的な動きを習得するという一連の学習の流れを作るという設定である。

　易しい動きを楽しく行うことで，「もっとやりたい！」，「違う動きをしてみたい！」という愛好的態度を育むこと，また，運動をする際に，順番やきまりを守ったり，誰とでも仲よくすることによって公正・協力に関する態度を形成することをねらいとした。

　また，器械運動系では，非日常的な動きを行うことなどから運動に恐怖心を持つ児童も少なくないため，教材・教具の工夫を加えた。

　学習を進めるに当たって，たとえば，感覚づくりを活用した単元を設定したり，感覚づくりに関連する下位教材を多く提供することによって，進んで運動遊びに取り組む態度（愛好的態度）の育成が期待できる。

　公正・協力などの態度の育成では，グループでの活動を中心として学習を設定する。たとえば，設定された多様な場（4つの場）の学習において，グループごとに順番に移動したり，授業内で提示されたきまりを守ることで公正的な態度の育成が期待できる。また，グループ内での教え合い・励まし合い・助け合いなど，誰とでも仲よく学習することで協力の態度を育成することが期待できる。

　健康・安全に対する態度については，場の準備・片付けを友達と一緒に行わせたり，活動中に順番を守って運動することやマットのずれを直すなどの場の安全について友達と声をかけ合わせたりすることで，安全に気を付けて運動する態度の育成が期待できる。

学習過程の工夫として,「知る段階」,「多様な動きを身に付ける段階」,「動きを高める段階」を設定し,課題解決的に学習を展開した。

表5-1　器械・器具を使っての運動遊び（マットを使った運動遊び）の単元構造図

単元の目標	知識及び技能	マットを使った運動遊びの行い方を理解するとともに，いろいろな方向に転がったり手で支えての体の保持や回転をしたりして遊ぶことができるようにする。	
	思考力・判断力・表現力等	器械・器具を用いた簡単な遊び方を工夫するとともに，考えたことを友達に伝えることができるようにする。	
	学びに向かう力・人間性等	マットを使った運動遊びに進んで取り組み，順番やきまりを守ったり誰とでも仲よく運動したり，場や器械・器具の安全に気を付けたりすることができるようにする。	
		知識・技能	思考・判断・表現	主体的に学習に取り組む態度（以下，主体的態度）
内容のまとまりごとの評価規準	・次の運動遊びの楽しさに触れ，その行い方を知るとともに動きを身に付けている。 ・マットを使った運動遊びでは，いろいろな方向への転がり，手で支えての体の保持や回転をすること。	・器械・器具を用いた簡単な遊び方を考え・工夫している。 ・友達のよい動きを見つけたり，考えたりしたことを友達に伝えている。	・運動遊びに進んで取り組もうとし，順番やきまりを守り，誰とでも仲よく運動をしようとしていたり，場や器械・器具の安全に気を付けたりしている。
単元の評価規準	①マットを使った運動遊びの行い方を言葉で表したり行動したりしている。 ②マットに背中や腹などをつけていろいろな方向に転がったり，手や背中で支えて体の保持や回転の動きをしたりして遊ぶことができる。	①マットを使った簡単な遊び方を工夫している。 ②工夫された場で場に応じた遊び方を工夫している。 ③友達のよい動きを見つけたり，考えたりしたことを友達に伝えている。	①マットを使った運動遊びに進んで取り組もうとしている。 ②順番やきまりを守り誰とでも仲よく運動しようとしている。 ③場やマットの安全に気を付けている。

		1	2	3	4	5
学習の流れ	0	【知る段階】 1. 学習の流れの確認 　○学習カードの使い方 　約束づくり，場の準備の仕方について等	【多様な動きを身に付ける段階】 1. 場の準備 　○グループごとに準備する。 2. 準備運動 3. 学習内容とめあての確認 　○本時のめあて，学習の流れを確認する。		【動きを高める段階】 1. 場の準備 　○グループごとに準備する。 2. 準備運動 3. 学習内容とめあての確認 　○本時のめあて，学習の流れを確認する。	
	10	2. 場の準備 3. 準備運動				
		4. 感覚づくりの運動	4. 感覚づくりの運動		4. 感覚づくりの運動	
	20		5. アクションタイム1 　○4つの場（ひとりマット，さかみちマット，川とびマット，かべのぼりマット）をグループで順番に回り，いろいろな基本的な動きを試してみる。		5. アクションタイム2 　○更に多様化された4つの場（ひろびろマット，ジグザグマット，くねくねマット，ほそみちマット）をグループで順番に回り，いろいろな発展的な動きを試してみる。	
		5. 感覚づくりの運動を活用したマットを使った運動遊び				
	30		6. 確認タイム 　○各グループで見られたよい動きを全体で確認し，運動ポイントをつかむ。		6. 確認タイム 　○各グループで見られたよい動きを全体で確認し，運動ポイントをつかむ。	
			7. チャレンジタイム1 　○確認タイムを参考にして，4つの場で新たな動きにチャレンジして楽しむ。		7. チャレンジタイム2 　○確認タイムを参考にして，4つの場で新たな発展的な動きにチャレンジして楽しむ。	
		6. 整理運動				
	40	7. 学習の振り返り	8. 整理運動 9. 学習の振り返り		8. 整理運動 9. 学習の振り返り	
	45	8. 片付け	10. 片付け 　○グループごとに片付ける。		10. 片付け 　○グループごとに片付ける。	
評価	知識・技能	①（観察・聞き取り）		②（観察・カード）		②（観察・カード）
	思考・判断・表現		①（観察・カード）	③（観察）	②（観察・カード）	③（観察）
	主体的な態度	③（観察）	①（観察）		②（観察）	

(2) 本時の展開例（3/5時間目）

　本授業では，4つのグループを編成し，学習を進めていく。以下に，5時間単元の3時間目の授業展開例を紹介する（表5-2）。

　この時間では，2時間目の取り組みを基に「多様な動きを身に付ける段階」とし，多様な場を設定し学習を展開する。

　具体的な学習の流れとしては，まず場の準備，準備運動を行い，本時の学習内容・めあてを確認した後，感覚づくりの運動に取り組む。

　感覚づくりの運動では，主運動につながる運動遊びをとして，カエルの足打ち（図5-1），ゆりかご（図5-2），動物歩き，背支持倒立（図5-3）などの下位教材が有効である。グループで，ゆりかご玉入れ（図5-4），カエルの足打ち回数競争，ブリッジくぐり（図5-5）等，感覚づくりの運動をゲーム化して行い，友達と声を掛け合ったり動きを見合ったりしながら動きの楽しさを味わえるようにする。

　「アクションタイム1」では，2時間目で取り組んだ「チャレンジタイム1」の動きを基にさらに多様な動きに取り組む。その際，各コースに動きの例示や動きのポイントを掲示することで，児童が動きをイメージできるような工夫を行うことも考えられる。

　「確認タイム」では，「アクションタイム1」で行ったよい動きをクラス全体で紹介し合うとともに動きのポイントを教師が解説することで，「チャレンジタイム1」での動きに活用できるようにし，児童が進んでさまざまな動きに挑

図5-1　カエルの足打ち

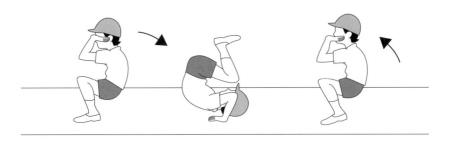

図5-2　ゆりかご

図5-3　背支持倒立

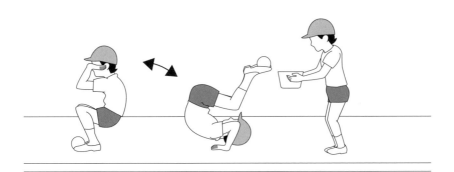

図5-4　ゆりかご玉入れ

図5-5　ブリッジくぐり

戦することで多様な動き（技能）の高まりにつなげていく。また，グループ内
で互いのよい動きに対する声の掛け合いが活発化するよう，教師が率先して声
かけを行うようにする。

　「学習の振り返り」では，グループ内での話し合いを通し，自己評価や工夫
した動きなどを学習カードに記入させ，その後，クラス全体で友達のよい動き
について発表しあう時間を設ける。

表5-2　本時の指導計画

| | | 学習内容・学習活動 | 指導上の留意点（●指導，▲支援・配慮，◆評価規準） | 評　価 | | |
				知識・技能	思考・判断・表現	主体的な態度
学習の流れ	0	1. 集合・挨拶 2. 場の準備 　○グループで協力して 　　場の準備をする。 3. 準備運動 4. 学習内容・めあての 　確認	●素早く集合，元気に挨拶することを 　日常的に指導する。 ●グループごとに役割分担しておく。 ▲マットの配置は掲示資料化し，確認 　しながら準備できるようにする。 ●手首，足首，首，膝等については， 　入念に行うようにする。 ▲教師が準備運動の手本を示し，運動 　のポイントについて声かけを行う。 ●各自，学習カードを確認し，本時の 　めあて，学習の流れを確認する。			

▲動きのポイント，学習の流れは，掲示資料化し，常に確認できるようにする。

> めあて；いろいろなコースで，あそびかたをくふうして
> いろいろなころがり方にチャレンジしよう！

5. 感覚づくりの運動 ○どうぶつあるき，かえるの足打ち，ゆりかご，背支持倒立，ブリッジ等を行う	●主運動につながる，回転系，腕・背支持系の多様な運動遊びについてゲーム化して取り組めるようにする。 ▲うまくできていない児童には，友達の動きを参考にするよう助言する。
6. アクションタイム1 ○いろいろなころがり方や手や背中での支持の仕方を楽しむ。 ・まえまわり ・うしろまわり ・川とび ・かべのぼり ・どうぶつあるき	●設定された多様な場（4つ）をグループで順番に回り，いろいろな動きを試させる。 ▲各コースでの運動例を絵図で掲示しておき，遊び方をイメージできるようにしておく。 ▲グループ内で，よい動きを見付け合い，声をかけ合いながら活動できるよう，教師が率先してよい動きについて積極的に声かけをする。
・ひとりマット ・さかみちマット ・川とびマット ・かべのぼりマット	◆友達のよい動きを見付けたり，考えたりしたことを友達に伝えている。
7. 確認タイム ○どのようなころがり方，支え方ができたか紹介し合う。	●各グループで見られたよい動きを全体で確認し，運動ポイントをつかめるようにする。 ▲各コースでのよい動きについて，教師が意図的に指名し，全体に紹介するようにする。
8. チャレンジタイム1 ○友達のよい動きをまねして，4つの場でいろいろなころがり方，手や背中での支持の仕方にチャレンジする。 ・まえまわり ・うしろまわり	●確認タイムを参考にして，更に多様な動きにチャレンジして楽しむことを指導する。 ▲動きのイメージがもてない児童には，個別に声をかけ支援する。

学習の流れ

45

③

学習の流れ	・川とび ・さかさ立ち	◆マットに背中や腹などをつけていろいろな方向に転がったり，手や背中で支えて体の保持や回転の動きをしたりして遊ぶことができる。	②
	9. 整理運動	●運動でとくに使った部位を中心に，リラックスしながらクールダウンさせるように声をかけながら行う。	
	10. 学習の振り返り ○各自の振り返りを行う。 ○友達のよい動きを発表し合う。	●学習カードに記入させ，振り返りを行えるようにする。 ▲発言を促すために，よい発言については具体的に称賛する。 ◆友達のよい動きを見付けたり，考えたりしたことを友達に伝えている。 ●グループごとに役割分担しておく。	③
	11. 片付け	▲マットの片付け位置を掲示資料化し，確認しながら片付けできるようにする。	

2. 単元及び授業づくりの工夫等

(1) 学習資料の工夫

　動きや遊びのポイントを理解するために図や学習の流れ，約束，準備・片付けの仕方を示した資料を掲示するなどの工夫がある。また，めあてやできばえを確認したり，気付いたり考えたりした動きや遊びを言葉や文章で表し，学習内容の確実な習得を図るために学習カードを活用することも考えられる。

(2) 安全に対する工夫

　運動を楽しく安全に行うためには，用具の準備・片付けの仕方に加え，運動実施上の約束事を提示することで児童の意識を高めることが必要である。とくに，低学年段階では，安全な準備・片付けの仕方や安全な運動の実践の仕方について徹底して指導しておくことが求められる。マットの移動は，4人組で四隅を持って行うこと，跳び箱の移動では，1段目とその他の段を分けて，それぞれ二人組で両側を持ち「さん，はい。」と声を掛け合い持ち上げて行うことなどが挙げられる。

○○さん
どうぞ

図5-6　安全な準備，片付け，運動の行い方

（3）教材・教具の工夫

　2，3時間目の【多様な動きを身に付ける段階】では，児童一人ひとりが多様な基本的な動きを身に付けることのできる場を設定する。ひとりマット，さかみちマットでは，ゆりかご，前転がり，後ろ転がり，だるま転がり，丸太転がり，背支持倒立，ブリッジ等，いろいろな方向に転がったり逆立ちしたりできるようにする。また，かべのぼりマット，川とびマットでは，跳び箱やコーン，壁を設置することで，逆立ちしたり移動したり，支持での川跳び，腕立て横跳び越し等，手で支持する動きに取り組めるようにする。

　4，5時間目の【動きを高める段階】では，【多様な動きを身に付ける段階】の動きを基に，発展的な動きに取り組める場を設定する。ひろびろマットやジグザグマットでは，さまざまな方向への転がりやさまざまな姿勢での逆立ちに取り組めるようにする。くねくねマットでは，跳び箱を置いたりゴムを張ったりすることで，より工夫した動きができるようにする。ほそみちマットでは，幅の狭いマットを設置することで方向性に着目していろいろな方向への転がりや手や背中で支えての逆立ち等の動きのこつをつかみやすくする場として設定する。

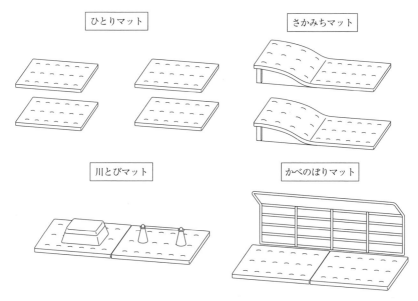

図5-7　多様な動きを身に付けるための場の工夫

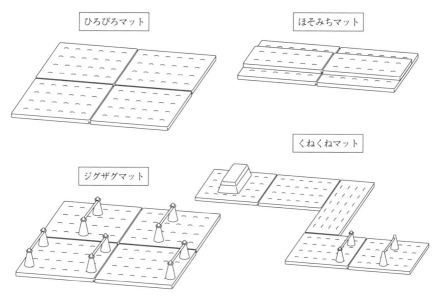

ひろびろマット

ほそみちマット

くねくねマット

ジグザグマット

図5-8 発展的な動きに取り組むための場の工夫

(4) 運動遊びが苦手な児童及び，意欲的でない児童への配慮等

　前転がりや後ろ転がり，横転がり等が苦手な児童には，ゆりかご，だるま転がり，丸太転がり等，簡単な運動遊びに繰り返し取り組ませたり，補助用具を使ったり教師が補助して動きのポイントに気付くことができたりするような配慮を行う。

　手や背中で体を支えて逆立ちしたり移動したり体を反らせたりする運動遊びが苦手な児童には，かえるの足打ちや動物歩き，ゆりかごからの背支持倒立等の感覚づくりの運動が簡単にできる場や用具を工夫したり，手や足を着く位置に印を付けたりするなどの配慮を行う。また，運動のポイントや自己の運動の様子・状態に気付くために「トン・トン・トーン」，「クルリン・パッ」，「ドン・パーン・スッ」等の擬態語の活用も考えられる。

　運動遊びに意欲的でない児童には，達成感や成功体験を多く味わえるよう簡単な運動遊びを取り入れ，できた喜びを友達と共有できる機会を多くするために，グループで協力して活動させ，励まし合い，学び合うなかで友達とともに運動遊びをする楽しさに触れさせたりするよう配慮する。

> **課　題**
>
> 1. 器械運動系の運動の特性についてまとめなさい。
> 2. 指導の工夫について学習場面ごとに具体的に述べなさい。
> 3. 器械運動系の学習における安全指導について具体的に述べなさい。
> 4. 低学年「マットを使った運動遊び」の指導計画作成上の留意点について具体的に述べなさい。

参考文献

金井茂夫編『小学校指導法　体育』玉川大学出版部，2011年
国立教育政策研究所教育課程研究センター『「指導と評価の一体化」のための学習評価に関する
　参考資料　小学校　体育』東洋館出版社，2020年
文部科学省『学校体育実技指導資料第10集　器械運動指導の手引き』東洋館出版社，2015年
文部科学省『小学校学習指導要領（平成29年版）解説　体育編』東洋館出版社，2018年
吉田武男監修，岡出美則編著『初等体育科教育』ミネルヴァ書房，2018年

第**6**章

陸上運動系領域

陸上運動系領域（以下，陸上運動系）は，走る，跳ぶ，投げるという基本的な動きから構成される。この領域の学習では，動き自体の心地よさやおもしろさに触れながら，競走（争）を楽しんだり，課題解決や挑戦の方法を工夫する楽しさや喜びを味わうことのできるような授業を目指すことが求められる。また，このような特性に触れながら，「走る，跳ぶ，投げる」といった基礎的な運動能力を習得できる内容も含んだ授業を展開していくことが重要である。

キーワード　走る　跳ぶ　投げる　競走（争）　挑戦

第1節　特性

　陸上運動系は，「走る」，「跳ぶ」，「投げる」などの運動で構成されている。これらの運動では，体を巧みに操作しながら，合理的で心地よい動きを身に付けることができる（文部科学省，2018, p. 28）。陸上運動系を構成する運動は，「走る」，「跳ぶ」，「投げる」などの運動場面において基本的な動きとなる。そのため，よい動きを身に付けることは，将来のさまざまなスポーツ活動に向けて極めて重要であると言える。したがって，発育発達に応じた適切な条件や場を設定し，そのなかで体を思いきり動かす心地よさや楽しさが経験できるように配慮する必要がある。

　さらに，陸上運動系の運動は，自己の能力に適した課題や記録に挑戦したり，仲間（友達）と速さや高さ，距離を競い合ったり，自己の課題の解決の仕方や記録への挑戦の仕方を工夫したりする楽しさや喜びを味わうことができる（文

部科学省，2018，p. 29)。陸上運動系で取りあげる各種運動は，個々の記録の伸びによる変化から自己の課題を設定できるように配慮する必要がある。

　とくに，発育発達の個人差が著しいこの時期には，競走（争）の規則や記録への挑戦の仕方を選べるように，学習課題の提示や場の配置・配列に配慮が必要である。他者との競走（争），協力・尊重，自己課題の達成などについて学習カード等を用いた学習が期待できる。

　なお，今回の学習指導要領では，児童の投能力が引き続き低下傾向にあることから，遠投能力の向上を意図して，「投の運動（遊び）」を加えて指導できることになっている。遠くに力いっぱい投げることに主眼を置き，投の粗形態の獲得とそれを用いた遠投能力の向上を図ることが指導内容となっている（文部科学省，2018，p. 29)。

第2節　発達段階による学習指導のポイント

1．低学年

　低学年の「走・跳の運動遊び」では，元気よく楽しみながら走る，跳ぶといった運動に親しむことが，学習の中心となる。この時期は，多様な動きの経験によって運動のバリエーションを増やし，また，繰り返し行うことで全身を巧みに動かす感覚を養う必要がある。また，運動遊びのなかで，ジグザクに走る，方向転換をする，スピードの上げ下げをする，片足や両足で連続して跳ぶなど，ゲーム的な要素を取り入れながら運動の楽しさを味わわせ，さまざまな動きを経験できるように配慮することが求められる。

　「走の運動遊び」のかけっこでは，まっすぐ走ったり蛇行して走ったりする運動遊びに加え，体の軸を傾けて曲線を描くように走ったりする運動遊びを行い，いろいろな方向に走る学習を位置付けることが求められる。リレー遊びでは，手のタッチやバトンをパスする折り返しリレー遊び，段ボールや輪などの低い障害物を用いてのリレー遊びを通して，中学年段階につながる基本的な走り方やバトンパスに必要な動きを学習することが求められる。

　「跳の運動遊び」では，幅跳び遊び，片足や両足で行うケンパー遊び，ゴム跳び遊びなどを通して，リズミカルな動き，短い助走から片足での踏み切り・

着地などができるようにすることを目標にする。また，踏み切りも行いやすい足に偏ることなく，左右どちらでも自由に踏み切ることができるようになることが望ましい。

　また，走・跳の運動遊びを楽しく行うために，簡単な遊び方を工夫するとともに，決まりを守り仲間と仲よく活動したり，勝敗を受け入れたり，場の安全に気を付けたりすることができるようにすることも求められる（文部科学省，2018，p. 50）。

2. 中学年

　中学年では，低学年で経験した動きを発展させ，「走の運動」，「跳の運動」それぞれの運動自体の面白さや楽しさを大切にしながら，さらに動きの巧みさを洗練させる学習を行うことが大切である。

　「走の運動」のかけっこ・リレーでは，距離を決めて調子よく最後まで走ったり，走りながらバトン受渡しをする周回リレーをしたりすることが求められる（文部科学省，2018，p. 88）。その際，上体を起こし，腕を前後に振りながら前方を見てバランスよく走ったり，他者を意識した走りやバトンを持って安定して走り，タイミングよくバトンパスできるようにする。また，記録を得点化してチーム対抗戦をしたり，チームの目標点数を設定し，チーム全員で協力しながら課題を解決するなどの学習過程の工夫が求められる。小型ハードル走では，自己に合ったリズムで走り越えることが求められる（文部科学省，2018，p. 88）。たとえば，さまざまな距離のインターバルや高さの小型ハードルを走り越えながら，自己に合ったリズムで調子よく走りきることができるように配慮する。また，段ボールを小型ハードルの代用として用いるなど，子どもの恐怖心を軽減する配慮も必要となる。

　「跳の運動」の幅跳びや高跳びでは，短い助走から足を決めて強く踏み切り，遠くへ跳んだり高く跳んだりすることが求められる（文部科学省，2018，p. 89）。

　幅跳びでは，5～7歩程度の短い助走から踏み切り足を決めて前方に強く踏み切り，遠くへ跳ぶとともに膝を柔らかく曲げて，両足で着地することが求められる。踏み切り足が定まらず，強く前方へ跳ぶことが苦手な児童には，3～5歩など，短い助走による幅跳びをしたり，「トン・トン・ト・ト・トン」など，一定のリズムの助走からの幅跳びを行ったりする場を設定するなどの配慮

が必要となる。高跳びでは，3〜5歩程度の短い助走から，踏切り足を決めて上方に強く踏み切り，高く跳ぶとともに膝を柔らかく曲げて，足から着地することが求められる。踏切り足が定まらず,強く上方へ跳ぶことが苦手な児童には,3歩など短い助走による高跳びをしたり，「トン・トン・ト・ト・トン」など，一定のリズムの助走からの高跳びを行ったりする場を設定するなどの配慮が必要となる。

　中学年の学習指導では，体力や技能の程度にかかわらず誰でも競走（争）に勝つことができたり，勝敗を受け入れることができるよう配慮し，子どもが意欲的に運動に取り組むことができるように，楽しい活動の仕方や場を工夫することが大切である。

3. 高学年

　高学年では，中学年までに習得した動きを発展させ基本的な技能を身に付けられるようにし，記録の伸びや目標とする記録の達成を目指した学習指導の工夫を考えながら進めていくことが求められる。

　短距離走・リレーでは，走る距離やバトンの受渡しなどのルールを決めて競走することが求められる（文部科学省，2018，p. 131）。その際，意識的に自分の身体をコントロールして，一定の距離を全力でリズミカルに走り抜けることができるようにする。また，リレーでは，受け手（次走者）のスタートがタイミングよく行われ，減速せずにトップスピードでバトンパスができるようにする。

　ハードル走では，インターバルの距離やハードルの台数などのルールを決めて競走したり，ハードルをリズミカルに走り越えることができるようにすることが求められる（文部科学省，2018，p. 131）。また，一定の距離を，バランスをくずさずにリズミカルに走り越えることができるようにする。

　走り幅跳びでは，試技の回数や踏切りゾーンの設置などのルールを決めて競争したり，リズミカルな助走から力強く踏み切って跳ぶことができるようにすることが求められる（文部科学省，2018，p. 132）。たとえば，7〜9歩のリズミカルな助走をしたり,踏み切りゾーン（30〜40cm）を設定して力強く踏み切って跳ぶことができるようにする。

　走り高跳びでは，試技の回数やバーの高さの決め方などのルールを決めて競争したり，リズミカルな助走から力強く踏み切って跳ぶことができるようにす

ることが求められる（文部科学省，2018，p. 132）。たとえば，リズミカルな助走（5〜7歩）をしたり，上体を起こして力強く踏み切ったりすることができるようにする。

　競走（争）では勝敗が伴うことから，できるだけ多くの児童に勝つ機会が与えられるよう工夫することが求められる。それとともに，勝敗の結果を受け入れることができるよう指導することも大切である。一方，記録を達成する学習活動では，自己の能力に適した課題をもち，適切な運動の行い方を知り，記録を高めることができるようにすることが求められる。

第3節　陸上運動の学習指導計画と評価

1. 指導と評価の一体化を図った学習指導計画の作成

（1）単元計画の例とその概要

　ここでは，第3学年を対象に「幅跳び」の単元（5時間設定）の実践例を以下に示す（表6-1）。低学年で，幅跳び遊びが実施され，助走を付けて片足でしっかり地面を蹴って前方に跳ぶことを経験していることを前提とした設定である。

　本節の単元では，「より遠くに跳ぶために自分の課題に合った練習や場を選んで幅跳びに取り組もう」という目標を設定し，子どもが幅跳びの動きについて知り，技能を身に付けることを目指す指導計画を設定した（知識・技能）。

　幅跳びの学習では，自分の記録を高めるための課題を見付け，その課題に適した問題解決の場で，学習を自ら進めていくことの楽しさが増すような工夫が求められる。そこで，単元を通して「記録会」を簡易なルールのゲーム形式で行い，毎時間チームごとに幅跳びの得点を競い合うことも意欲を高めることにつながる。楽しみながらゲームを行ううちに，個人の記録をチームの仲間同士で高め合う必要感が生まれ，そのなかで，次第にお互いに気付いたことを伝え合うようになる。このような見合い，教え合いの促進は，個人の問題解決に結びつき「できること」につながると考えられる。

　単元の2〜4時間目（なか）では，少ない歩数（3歩または5歩）でリズムよく助走する技能を身に付けるために，着地，踏み切り，リズミカルな助走など

表6-1 第3学年「幅跳び」授業の単元構造図

	知識及び技能	幅跳びの行い方を知るとともに，その動きを身に付けることができる。	
単元の目標	思考力・判断力・表現力等	自己の能力に適した課題を見付け，動きを身に付けるための活動や競争の仕方を工夫するとともに，考えたことを友達に伝えることができる。	
	学びに向かう力・人間性等	幅跳びに進んで取り組み，決まりを守り，誰とでも仲よく運動したり，勝敗を受け入れたり，友達の考えを認めたり，場や用具の安全に気を付けたりすることができる。	
	知識・技能	思考・判断・表現	主体的に学習に取り組む態度（以下，主体的態度）
内容のまとまりごとの評価規準	・3～5歩程度の短い助走から決めた足で上方に強く踏み切り，足から着地している。 ・幅跳びの行い方を知り，理解した上で幅跳びに取り組んでいる。	・自分の力に合った課題をもち，動きを身に付けるための運動の場や練習方法を工夫している。 ・自己や仲間が考えたことを他者に伝えている。	・幅跳びに進んで取り組もうとしている。 ・誰とでも仲良く，協力して楽しく学習に取り組んでいる。
単元の評価規準	①幅跳びの行い方を知っている。 ②踏み切り足を決めて跳ぶことができる。 ③3～5歩の助走から前方に踏み切り，遠くに跳ぶことができる。 ④膝を柔らかく曲げ，足から着地することができる。	①助走のリズムや踏み切りなど，自己の能力に適した課題を見付け，その課題の解決のための活動を選んでいる。 ②友達との競争の仕方を考えたり，競争の規則や記録への挑戦の仕方を選んだりしている。 ③友達の良い動きや変化を見付けたり，考えたりしたことを友達に伝えている。	①幅跳びに進んで取り組もうとしている。 ②決まりを守り，誰とでも仲よく励まし合おうとしている。 ③用具の準備や片付けを友達と一緒にしようとしている。 ④友達の考えを認めようとしている。 ⑤場や用具の安全を確かめている。

		はじめ(1)	なか(2~4)			まとめ(5)
学習の流れ	0 / 10	1 準備運動 2 感覚づくり運動 3 記録会 ・課題を見付ける ・いろいろな跳び方で跳ぶ	1 準備運動 2 感覚づくり運動			1 準備運動 2 感覚づくり運動
	20 / 30		3 本時の課題 ※基本的な動き定着の時間 ・決めた足で踏み切る ・足から安全な着地の確認 4 個別タイム ・個人課題への取り組み(ICTの活用) 5 記録会	3 本時の課題 ※基本的な動き定着の時間 ・短い助走(3歩) →踏み切り 4 個別タイム ・個人課題への取り組み(ICTの活用) 5 記録会	3 本時の課題 ・短い助走(5歩) →踏み切り 4 個別タイム ・個人課題の取り組み(ICTの活用) 5 記録会	3 個人タイム ・個人課題の取り組み 4 記録会
	40 / 45	4 振り返り 5 整理運動	6 振り返り 7 整理運動	6 振り返り 7 整理運動	6 振り返り 7 整理運動	5 振り返り 6 整理運動
評価 知識・技能			②④観察・カード	③観察・カード	③観察・ICT・カード	①ICT・カード
評価 思考・判断・表現		②観察	①②観察・カード	①②③観察・カード	①②③観察	①カード
評価 主体的態度		③⑤観察	①②④観察	①②④観察	①②④観察	①②④観察

の幅跳びに必要な動きづくりをねらいとして設定した。5時間目(まとめ)では,リズムよい助走から踏み切り,足から安全に着地するというまとまりのよい動きづくりをねらいとして設定している。

　これらのねらいを達成するために,授業の前半に,それぞれ,「個別タイム」として,幅跳びに必要な動きの向上に取り組む時間を設けた。この時間は,子どもたちが自分自身,また,仲間同士でそれぞれの動きの確認をするグループ活動を通して,動きの課題を解決する場として設定している。さらに,この時間には,前時に行った「幅跳び記録会」で発見した,自らの動きの課題を解決するための活動も行う。この活動を経て,次にその授業の後半で「幅跳び記録

会」を行う。ゲーム形式での記録会では，子どもが楽しみながら，ポイントを競いあうなかで「個別タイム」で練習した動きの確認を行った後に，「振り返り」で学習カードを用いて次時以降の課題を明確にする設定となっている。

　ここでの，ICT機器を用いての学習も有効である。動きを録画して見返すことは，自らの動きを幅跳びの動きのコツやポイントと比較できるとともに，子どもたち相互の見合い，教え合いを促すことにもつながる。

（2）本時の展開例（3/5時間目）

　この時間のねらいは，「リズムよい助走から自分の決めた足で踏み切る」である（表6-2）。そのため，学習者たちは，少ない歩数（3歩または5歩）でリズムよく助走し，自分で決めた踏み切り足で踏み切るための動きづくりを行ったり，自己の課題を見付けたりする活動を行う。

　3/5時間目の導入場面では，幅跳びのための感覚づくりのドリル教材として，ミニハードルのリズム走からジャンプ（図6-1），高いポイントへのジャンプ（図6-2），ゴム切りジャンプ（図6-3）などを行う。感覚づくりのための運動は，単元を通して導入の段階に取り入れている。

　展開場面では，短い助走から強く踏み切って前方に跳ぶことに焦点を当てた動きづくりを行う。学習者は，助走のリズムと踏み切りのタイミングを理解するために，輪や踏み切り板などの器具を用いて場の工夫をしたり，3歩や5歩のリズムを声に出す口伴奏など練習方法を工夫して行う。ここでは，助走のリズムとともに，最後の2歩を素早くリズムアップしながら動き，強く踏み切ることが遠くに跳ぶことのできるジャンプにつながることを理解し，より遠くに跳ぶための動きを身に付ける。同時に，前時の「記録会」で発見した自己の課題解決に向けた活動を行う。

　次に，4人程度のチームを設定して，チームごとに得点を競い合うゲーム形式で行う「幅跳び記録会」を行う。各チーム間で幅跳びの得点を競い合うことで，チームの仲間同士で学習に向かう意欲を高め合う必要感を生ませる（図6-4）。「幅跳び記録会」を楽しみながら，自己の動きや他者の動きを観察し，個人の記録を高めるための課題を発見したり，課題解決の場の工夫を仲間同士で助言したりする。一方，教師は，3歩助走ができる学習者に対しては，5歩助走に移行するよう助言したり，動きの理解が不十分な学習者には，口伴奏などを用いて動きのリズムがイメージできるような支援などを行う。

表6-2　幅跳びの習得に向けた学習指導の活動例

		学習内容・学習活動	指導上の留意点（●指導，▲支援・配慮，◆評価規準）	評　価		
				知識・技能	思考・判断・表現	主体的態度
学習の流れ	0	1　場の準備をする 2　学習の進め方と動きのポイントを確認する。 より遠くに跳ぶために自分の課題に合った練習や場を選んで幅跳びに取り組もう。 ・本時の自分のめあてを再確認する。 3　準備運動，感覚づくり運動 　・ミニハードルを使ったジャンプ，高いポイントへのジャンプ，ゴム切りジャンプなど 4　本時の課題に取り組む。 （3〜5歩程度の歩数で踏み切る練習） 　・短い助走で自分の決めた踏切り足で踏み切りをするためには歩数を意識することが大切であることを理解する。	▲取り組む上で出てくるであろう課題について事前にまとめておく。 ▲考えられる課題について子どもたちと共有し，解決する場を提示する。 ▲めあてを意識して学習に取り組めるよう，学習資料の自分の課題の箇所に付箋を貼り，めあてを再確認させる。 ▲感覚づくり運動で取り組む運動が，本時の主運動にどのようにつながるのか確認し，意識して運動できるようにする。 ▲助走から踏み切りのリズム（3歩の場合は，「イチ・ニ・サーン」または「タン・タ・ダーン」，5歩の場合は，「イチ・ニ・イチ・ニ・サーン」「タン・タン・タッ・タ・ダーン」）を意識できるよう資料を提示する。			①

		・前時の記録会で見つけた自分の課題解決に向けてチームごとに練習に取り組む。	▲3歩のリズムで踏み切れるように，必要に応じて自分で口伴奏をしたり，仲間に口伴奏してもらうよう促す。	①		
20 25		・踏み切りまでの動きに関する課題を見付け，課題を解決していけるよう場を選んだり，ICTを用いて友だちと交流（友達の歩数を数える，お互いに見合う）しながら運動に取り組む。	▲3歩で助走できる子どもには，5歩助走をすすめる。また，5歩助走でうまく踏み切ることができていない子どもには3歩助走で踏み切ることをすすめる。	③		
	5	幅跳び記録会（チーム対抗の競争）競争を楽しむ	▲場づくりの資料を参考に必要に応じて場づくりを行ったり，場を変え利用を促す。	② ③	② ④	
	6	本時の学習を振り返り，次時の活動のめあてをもつ。 ・学習カードを記入する。	◆課題解決のための練習方法や場を選んでいる。（思・判・表） ◆短い助走から踏切り足を決めて強く踏み切り，跳ぶことができる。（知・技）			
35	7	協力して場を片付ける。				
45	8	整理運動をする。	▲振り返りの視点を確認し，その視点で振り返ることができるようにする。			

図6-1　ミニハードルのリズム走からジャンプ

（池田他編，2015，p. 38より筆者作成）

図6-2　高いポイントへのジャンプ
（池田他編，2015，p.38 より筆者作成）

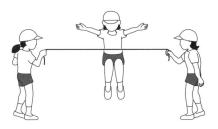

図6-3　ゴム切りジャンプ
（池田他編，2015，p.38 より筆者作成）

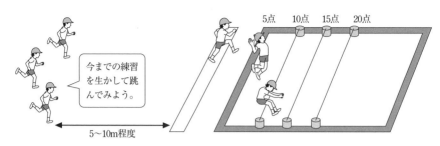

1. 砂場（マット）の縁から1mのところに踏切ゾーンを設ける
2. 砂場（マット）の縁から20cmきざみで10点, 20点, 30点···50点（1m）, 100点（2m）となる。

記録会の得点:	
合 計 得 点：個人の得点のグループ合計	
グループ得点：前回からの伸びのグループ合計	

図6-4　記録会の場の設定と得点
（文部科学省, 2020b, p.29と文部科学省「小学校中学年体育デジタル教材　09幅跳び」（https://www.youtube.com/watch?v=weI_rq07Eqc　を基に筆者作成）

2. 単元及び授業づくりの工夫

（1）教材・教具, 場の工夫

　跳び箱や踏み切り板を用いて, 助走から着地に至るまでの動きを心地よく楽しみながら経験できる場の工夫や着実に着地ができるように目印として輪を置くなどの工夫も有効である。このような場の設定は, 課題の可視化や音の合図によって, 動きのイメージをもって運動に取り組むことができるようになる。

　幅跳びの授業では, 短い助走から力強く前方に踏み切って遠くに跳ぶなかで, 跳ぶ動き自体の楽しさや心地よさを大切にしながら, 意欲的に取り組むことができるような楽しい活動を工夫することが必要となる。助走では, リズミカルな動きを身に付けるために, 輪や跳び箱の踏み切り板を用いて場の設定を工夫するとよい（図6-5）。

図6-5　踏み切り板を用いた場

（池田他編，2015，p.38より筆者作成）

（2）学習資料の工夫

　単元の初めには，幅跳びの動きについて知るための連続写真を用いた資料を子どもたちに提示し，目指す姿のイメージの共有化を図る。次に，「助走」，「踏み切り」，「着地」などの動きのポイントがわかる資料（図6-6）や，課題解決を図るための資料（図6-7）を用意し学習を進めていく。このように動きを細分化し，可視化することで，学習資料と自己や他者の動きを見比べることができる。また新たな気付きを得たり，子どもたち同士での対話の質も向上し，動きの理解を深めることにつながる。

　図6-8は，授業の振り返りを行う学習資料である。学習者は単元を通して，毎時間，自分のめあてにもとづいた振り返りや各時間の課題についてのコツやポイントなどを詳細に記入する。また，これをもとに，次時のめあてを考えて

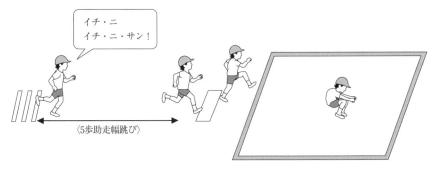

> イチ・ニ
> イチ・ニ・サン！

〈5歩助走幅跳び〉

図6-6　リズミカルな動きの言語化

（文部科学省，2020b，p.29より筆者作成）

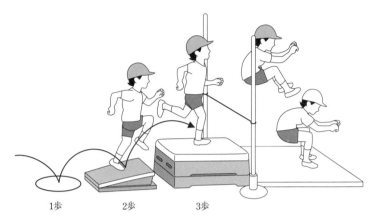

1歩　　　2歩　　　3歩

図6-7　踏み切り板や跳び箱を用いた場

（文部科学省，2020b，p. 29 より筆者作成）

図6-8　幅跳び学習カード

（筆者作成）

いく。さらに，各自の課題や課題解決の適切な方法を見付けられたかどうかなどについて○を付けるなどして評価していく。指導と評価の一体化を図った学習資料であり，学習者ばかりでなく教師もそれぞれの学習状況が把握できる資料となり，学習指導の改善がしやすくなる。

(3) 運動が苦手な児童への配慮

　助走でリズムがつかめない子どもには，教師が手でリズム打ちをしたり，リズムを声に出して動きを言語化したり，足踏みをしながらリズムをとるなどの配慮をするとよい。たとえば，助走のリズムと踏み切りのタイミングをつかむためには，「イチ・ニ・サーン」，「タン・タ・ターン」など動きを言語化した口伴奏のリズムに合わせて行うと効果的である（図6-6）。

　助走の歩数が合わない子どもには一定の間隔で目印を置いて足の運びがわかるような場の設定を行うと良い。

　力強い踏み切りが不得意な子どもには，3歩または5歩の助走から踏み切り板を足の裏で力強く蹴って跳ぶことのできる場を設けるとよい。また，両足での着地がうまくいかない子どもには，跳び箱などを用いて台上から両足で跳び下りる場を設定するなど，より教材・教具の工夫が求められる。

課　題

1. 短距離走が苦手な子どもと得意な子どもが，運動の達成感を得ることができるようにするための授業を展開するには，どのような配慮が必要だろうか。具体的な事例を挙げて説明しなさい。
2. 幅跳びの授業を展開する際に，「どうしたら遠くに跳ぶことができますか」という質問に対して，どのように答えたらよいだろうか。具体的に技術のポイントを挙げて説明しなさい。
3. 幅跳びの授業を展開する際，安全面にはどのような配慮をしたらよいだろうか。具体例を挙げて説明しなさい。

参考文献

池田延行・岩田靖・日野克博・細越淳二編『体育科教育別冊26　新しい走・跳・投の運動の授業づくり』大修館書店，2015年

岩田靖・吉野聡・日野克博・近藤智靖編『初等体育授業づくり入門』大修館書店，2018年

加賀谷凞彦・麓信義編纂『小学校教育のための体育学概論』杏林書院，1989年

白旗和也編『平成29年版　小学校新学習指導要領の展開　体育編』明治図書出版，2017年

宮下充正『こどものからだ-科学的な体力づくり』東京大学出版会，1980年

文部科学省『小学校学習指導要領（平成29年告示）解説　体育編』東洋館出版社，2018年

文部科学省『小学校体育（運動領域）まるわかりハンドブック　低学年（第1学年及び第2学年)』アイフィス，2020年a

文部科学省『小学校体育（運動領域）まるわかりハンドブック　中学年（第3学年及び第4学年)』アイフィス，2020年b

文部科学省『小学校体育（運動領域）まるわかりハンドブック　高学年（第5学年及び第6学年)』アイフィス，2020年c

文部科学省「小学校中学年体育デジタル教材—09幅跳び」 https://www.youtube.com/watch?v=weI_rq07Eqc，最終閲覧日2022年10月5日

第 **7** 章

水泳運動系領域

　水泳運動系の領域は，低学年を「水遊び」，中・高学年を「水泳運動」で構成しており，水の特性に親しみ，楽しさや喜びを味わうことのできる運動である。水泳は，命にかかわる事故や怪我が発生する単元であるため，子どもたちが安全確保につながる運動を学び合える場を工夫し，学校全体における緊急時の体制を整えておくことも重要である。学校教育における水泳運動は，将来，子どもたちが自分自身あるいは他者の生命を守ることへつながることを念頭に置いて指導してほしい。

キーワード　水上安全教育　自己保全能力　呼吸動作

第1節　特性

　水の物理的な特性を生かし，浮く，呼吸する，進むなどを試み，水に親しむ楽しさや喜びを味わうことのできるのが水泳運動系である。低学年の「水遊び」から，中・高学年の「水泳運動」にいたるまで，児童らは水とのふれあいから，浮力や水圧など，陸上とは異なる特殊な環境を体感する。
　水の密度は，空気の830倍で水中を進む際に，泳ぐ速度の2乗あるいは3乗に比例して抵抗を受ける。抵抗の少ない姿勢を保つことや腕全体で多くの水をとらえ抵抗を利用することが，楽に速く泳ぐために必要な技術となる。水中での体温は，陸上の約25倍の速さで熱が奪われるため，指導する際には児童の体調にも注意したい。水中では浮力があり，自己の体重が軽くなる。泳ぐためには，支持点がなく不安定な状態で水面上に浮く必要があり，姿勢を保持することが難しい。泳ぎが苦手な児童には，水の深さや水の抵抗，冷たさ，浮力に

よる不安定さ，さらには呼吸ができないといった水に対する恐怖心を除去して
あげることが重要である。

　また，水泳運動は，全身運動であり，体をバランスよく鍛えることができる。
浮力の影響で，無重力に近い感覚が得られ，リラクゼーションにつながり，生
涯スポーツとしても最適な運動の一つである。教員は，水泳授業を安全に進め
るためにも，必要最低限の水の特性については理解しておきたい。

第2節　発達段階による学習指導のポイント

1. 低学年

　低学年の「水遊び」は，「水の中を移動する運動遊び」および「もぐる・浮
く運動遊び」で構成されている（図7-1）。児童には，水遊びを通して，水に
親しむ楽しさや心地よさを体験させるとともに，水泳が好きになるような授業
を心がけたい。楽しい雰囲気のなかで，水中にもぐったり，浮いたりすること
で非日常的な感覚を体験しながら，水中で自分の体をコントロールできる能力
や呼吸動作を習得していく。また，水が苦手な児童に対しては，水に対する恐
怖心を取り除く遊びや羞恥心なく学習できる雰囲気づくりが求められる。低学
年では，幼稚園や保育園など，入学前から経験している水遊びや水慣れに十分
な時間をかけて，楽しい授業を行うことが大切である。

・水中鬼ごっこ
指定されたエリアでかけっこや鬼ごっこをする。
もぐったらタッチできないなど，ルールを工夫
する。

・ワニ歩き
泳いでいるときと同じ水平姿勢を保ちながら，
移動する。発展的な練習方法として，バタ足を
入れてもよい。

・水中じゃんけん
2人または複数人で水中にもぐってじゃんけんを行う。頭まで，しっかりもぐることを意識させる。

・だるま浮き
両手で脚を抱え込み，顎を引く。体育座りの姿勢である。最初は，少し沈むが，そのうち徐々に浮き，背中が水面上に出て静止するまで待つ。また，だるま浮きで息を吐き切り，「沈む」ことも体験させる。

図7-1 「水の中を移動する運動遊び」「もぐる・浮く運動遊び」の例

2. 中学年

　中学年の「水泳運動」は，「浮いて進む運動」及び「もぐる・浮く運動」で構成されている（図7-2）。低学年の「水遊び」で学習した，「もぐる」「浮く」「沈む」といった水中で必要な基本動作の習得を図り，引き続き水中で自分の体を自由自在に操れる能力を身に付けていく。「浮いて進む運動」は，補助具を使用しながらクロールと平泳ぎの腕や脚の動作を行い，初歩的な泳ぎにつなげていく。け伸びは，水中でのスタートや抵抗の少ない姿勢を保持するための基本技術である。また，長い距離を泳ぐためには，呼吸動作の習得が必要となるため，中学年においても継続して練習していくことが大切である。

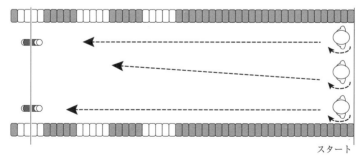

スタート

・水中ビーチフラッグ
壁に横1列になり，水中へスティックを何本か沈めておく。教師の合図で児童はスタートし，素早くもぐってスティックを取る。人数やスティックの本数は，泳力に応じて工夫する。

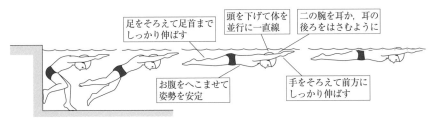

足をそろえて足首まで
しっかり伸ばす

頭を下げて体を
並行に一直線

二の腕を耳か，耳の
後ろをはさむように

お腹をへこませて
姿勢を安定

手をそろえて前方に
しっかり伸ばす

・け伸び
プールの水底や壁を蹴り，伏し浮きの姿勢で前方へ伸びる。息を大きく吸って止め，全身脱力しながら浮く。目線は下を向き，指先から足先まで一直線の状態をつくる。また，両足ではなく片足で壁を蹴る方法などがある。

・犬かき
手で水をとらえ，脚は軽くバタ足を打つ。顔付け，顔上げの方法がある。

図7-2　「浮いて進む運動」「もぐる・浮く運動」の例

3．高学年

　高学年の「水泳運動」は，「クロール」，「平泳ぎ」及び「安全確保につながる運動」で構成されている（図7-3）。低学年，中学年で習得した技術を用いて，手と足の動きと呼吸を合わせながら，続けて長く泳ぐことに挑戦する。教員は，児童の目標が達成できるよう，場の設定を工夫することが大切である。また，泳法指導だけでなく，「安全確保につながる運動」の指導時間も十分に確保し，着衣泳と関連付けながら指導することが求められる。

①リラックス
　して浮く

②強く息を吐き，
　その反動で，
　すばやく息を吸う

③沈む

④浮いてくるまで，
　リラックス

⑤ ①〜④を
　繰り返す

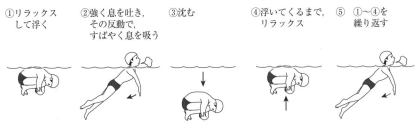

・連続だるま浮き

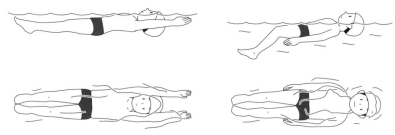

・背浮き
仰向け姿勢で，息を大きく吸って止め，全身脱力して浮く。頭を起こすと下半身が沈みやすくなるため，後頭部や背中を水中へ沈めるイメージで行うとよい。また「気を付け」，「バンザイ」，「膝曲げ」など，姿勢変換すると浮力と重心の位置が変わるため，自分が浮きやすい姿勢を探して練習するとよい。

図7-3 「安全確保につながる運動」の例

第3節　水泳運動の学習指導計画と評価

1. 指導と評価の一体化を図った学習指導計画の作成

（1）単元計画の例とその概要

　今回は，第3学年の水泳運動について，全8時間の授業として単元指導計画例を作成した（表7-1）。低学年は，水慣れを通して，水に対する恐怖心を取り除き，水中活動を楽しく行う内容である。中学年は，低学年からの水慣れを継続しながら，け伸びや初歩的な泳ぎへ挑戦していく。そして，高学年で取り扱う「クロール」，「平泳ぎ」の泳法指導へつなげていく展開とした。

　中学年は，「もぐる・浮く運動」と「浮いて進む運動」で構成されている。今回の単元指導計画では，「もぐる・浮く運動」をすべての時間で実践し，「もぐる」，「沈む」，「浮く」，「呼吸動作」など，水中活動において基本となる動作を身に付けられるよう設定した。また，「浮いて進む運動」は，2時間目から4時間目をクロール系，5時間目から7時間目を平泳ぎ系とし，第3学年から平泳ぎの脚の動作が練習できる時間を確保した。8時間目は，浮漂（5分間）や距離泳を入れ，どれくらい泳力が身に付いたか，児童が確認できる授業内容とした。

表7-1 「水泳運動」授業の単元構造図

<table>
<tr><td rowspan="3">単元の目標</td><td>知識及び技能</td><td>・浮いて進む運動では，け伸びや初歩的な泳ぎができるようにする。
・もぐる・浮く運動では，息を止めたり吐いたりしながら，いろいろなもぐり方や浮き方ができるようにする。</td></tr>
<tr><td>思考力・判断力・表現力等</td><td>・自己の能力に適した課題を見付け，水の中での動きを身に付けるための課題を工夫するとともに，考えたことを友達に伝えることができるようにする。</td></tr>
<tr><td>学びに向かう力・人間性等</td><td>・運動に進んで取り組み，きまりを守り誰とでも仲よく運動をしたり，友達の考えを認めたり，水泳運動の心得を守って安全に気を付けたりすることができるようにする。</td></tr>
</table>

<table>
<tr><td></td><td>知識・技能</td><td>思考・判断・表現</td><td>主体的に学習に取り組む態度（以下，主体的態度）</td></tr>
<tr><td>内容のまとまりごとの評価規準</td><td>次の運動の楽しさや喜びに触れ，その行い方を知るとともに，その動きを身に付けている
・浮いて進む運動では，け伸びや初歩的な泳ぎをしている
・もぐる・浮く運動では，息を止めたり吐いたりしながら，いろいろなもぐり方や浮き方をしている</td><td>自己の能力に適した課題を見付け，水の中での動きを身に付けるための活動を工夫するとともに，考えたことを友達に伝えている</td><td>運動に進んで取り組み，きまりを守り誰とでも仲よく運動をしたり，友達の考えを認めたり，水泳運動の心得を守って安全に気を付けたりしている</td></tr>
<tr><td>単元の評価規準</td><td>①浮いて進む運動やもぐる・浮く運動の行い方について，行ったり書いたりしている
②手や足を動かした推進力を利用して，上体からもぐったり，友達の股の下やプールの底に固定した輪の中をくぐり抜けたりすることができる
③大きく息を吸い込み全身の力を抜いて，背浮きやだるま浮きなどのいろい</td><td>①け伸びや初歩的な泳ぎで進んだ距離，連続ボビングの回数など，自己で決めた距離や回数に挑戦することで，自己の課題を見付けている
②補助具を利用して体を真っすぐに伸ばした時間を長くとる練習や，伸びた状態で友達に手を引っ張ってもらう練習など，自己の課題に適した練習の仕方を選んでいる</td><td>①け伸びや初歩的な泳ぎをしたり，いろいろなもぐり方や浮き方をしたりするなど，水泳運動に進んで取り組もうとしている
②け伸びをする際に順番にスタートしたり，決まった場所で友達と練習したりするなど，水泳運動のきまりを守り，誰とでも仲よく励まし合おうとしている</td></tr>
</table>

単元の評価規準	ろな浮き方をすることができる ④ボビングを連続して行ったり，連続したボビングをしながらジャンプをして移動したりすることができる ⑤け伸びにつながるように，友達に手を引かれたり足を押されたりした勢いを利用して，伏し浮きの姿勢で続けて進むことができる ⑥補助具を用いて浮き，呼吸をしながら手や足を動かして進む初歩的な泳ぎをすることができる	③け伸びや初歩的な泳ぎについて見付けた友達のよい動きや課題の解決のための動きのポイントを言葉や動作で伝えたり書いたりしている	③水泳運動の練習で使用する用具の準備や片づけを友達と一緒にしようとしている ④互いの動きを見合ったり補助をし合ったりするときに見付けた動きのよさや課題について伝え合う際に，友達の考えを認めようとしている ⑤準備運動や整理運動を正しく行う，バディで互いを確認しながら活動する，シャワーを浴びてからゆっくりと水の中に入る，プールに飛び込まないなど，水泳運動の心得えを守って安全を確かめている。

		1	2	3	4	5	6	7	8
学習の流れ	0	・オリエンテーション ・学習の流れ ・約束の確認 ・準備運動	挨拶，学習の流れ，体調チェック，準備運動，シャワー，バディ						
	10	・シャワー ・バディ ・水慣れ	入水（心臓から遠い場所から，水をかけていく。），ボビングジャンプ 腰掛キック，壁キック（ウォーミングアップの一環として行う。2〜4時間目はクロール，5〜7時間目は平泳ぎ，8時間目は2種目。）						
	20		・ボビング（ジャンプ） ・水中じゃんけん 水中股くぐり ・だるま浮き クラゲ浮き 大の字浮き ・牽引泳，伏し浮き，け伸び			・ボビング（ジャンプ） ・変身浮き，集団浮き ・水中輪くぐり，イルカ跳び ・牽引泳，伏し浮き，け伸び			・浮漂チャレンジ（5分間） ・距離泳

学習の流れ	30	・もぐる，浮く遊び	〈クロール系〉 ・ビート板キック（顔付け，顔上げ） ・ビーチ板キック（呼吸付き） ・基本姿勢キック ・腕の練習（立位，歩行） ・片手スイム（板付き，板なし） ・面かぶりクロール ・コンビネーション	〈平泳ぎ系〉 ・ビート板キック（顔付け，顔上げ） ・ビーチ板キック（呼吸付き） ・基本姿勢キック ・腕の練習（立位，歩行） ・面かぶり平泳ぎ ・3キック1スイム，2キック1スイム ・コンビネーション	自分が得意な泳法で泳ぐ。 ・グループ対抗リレー（ビート板）（タイム）
	40	・水中鬼ごっこ			
	45	バディ，体調チェック，整理運動，振り返り，挨拶，シャワー，着替え			

評価							
知識・技能		①観察カード	②③観察カード		①観察カード	④⑤観察カード	⑥観察カード
思考・判断・表現		①観察カード		②観察カード	①観察カード	③観察カード	
主体的態度	①観察		③観察	②観察カード		④観察カード	⑤観察

(2) 本時の展開例（4/8時間目）

　表7-2は，単元指導計画の全8時間中，4時間目の授業展開例である。本時は，「ロケットスタート！　け伸びでグーンと伸びよう！！」のテーマで，壁を両足で強く蹴り，け伸びで遠くまで進むことを目標とした。け伸びは，スタートする際に，水中にもぐってから壁を蹴ることが大切である。ボビングや水中じゃんけんでは，一度，上方へ勢いをつけてから，体を水中へ沈めることを意識させたい。け伸びの練習は，補助具や補助者の力を利用しながら，抵抗の少ない水平姿勢を保ち，姿勢を保持する感覚や水が体の周りを流れる感覚を体験する。その後，壁を蹴ってからスタートできるように練習していく。授業後半では，クロール系の初歩的な泳ぎの練習である。こちらも，児童の泳力に応じた練習コースを準備しておき，2人組でお互いの動きを観察させながら練習していく。泳ぎが得意な児童には新たな課題を与えたり，泳ぎが苦手な児童には補助したり，すべての児童が充実した時間となるよう，教員が積極的に支援し

ていきたい。

　本時は，「思考力・判断力・表現力等」と「学びに向かう力・人間性等」の評価時期である。け伸びや初歩的な泳ぎの活動を通して，「児童が自分の課題に適した練習コースを選択しているか」,「友達と一緒に仲よく練習しているか」といった内容を，教師の観察や学習カードを通して評価していく。授業のなかで，児童の動きをすべて観察することは難しいため，学習カードでしっかり見とれるように，児童が記述する内容を工夫してほしい。

表7-2　本時の指導計画

		学習内容・学習活動	指導上の留意点（●指導，▲支援・配慮，◆評価規準）	知識・技能	思考・判断・表現	主体的態度
学習の流れ	0	1.　はじめ ・挨拶 ・学習の流れ ・体調チェック ・準備運動 ・シャワー ・バディ	▲「学習の流れ」では，け伸びの練習コースと浮いて進む運動の練習コースを，ホワイトボードに図で示しておく。 ・水泳授業の約束事を確認する。 ・児童の顔色を見ながら，体調を確認する。 ・準備運動では，全身バランスよく体をほぐす。最後に，基本姿勢（ストリームライン）を陸上で確認し，け伸びの練習へつなげる。 ・シャワーは，頭から足先までしっかり浴びる。 ・バディでは，人数確認，体調チェックを行い，活気をもたせる。			
		ロケットスタート！　け伸びでグーンと伸びよう！！				
	5	2.　なか ・入水 ・腰かけキック，ボビング ・壁キック	・足から順番に，心臓から遠い箇所から水をかけ，体になじませる。 ●腰かけキックと壁キックで，クロールの脚の動きを確認する。			

		▲下駄足キック，自転車こぎキックの児童には補助に入る。 ●ボビングは，水中で息をしっかり吐くことを意識させる。		
	もぐる・浮く運動 ・水中じゃんけん ・水中股くぐり ・浮き身 （自分が得意な浮き方）	・バディのペアで，もぐる運動，浮く運動を行う。 ・浮く運動では，これまで練習してきた浮き身（だるま浮き，クラゲ浮き，大の字浮きなど）で得意な浮き身を実践し，ペアワークさせる。		
	け伸びの練習 （3つの練習コース） ・牽引泳 ・伏し浮き（補助具付き，補助具なし） ・け伸び	・け伸びの練習コースを確認する。その後，ペアワークさせる。 ◆自分の課題に応じた練習コースを選択し，友達と仲よく練習している。 ・伏し浮きの状態で，補助する児童が，浮いている児童の手を引っ張ったり，足を押したりしながら，水平に浮く感覚をつかむ。 ●伏し浮きは，陸上で練習した姿勢を意識しながら，練習する。 うまく浮けない児童は，ペアの児童に補助してもらったり，浮き具を使用したりしながら練習する。 ●け伸びでは，片足をプールサイドにつけた状態でスタートする。うまくできる児童は，もぐってからスタートできるよう，挑戦させる。	②	②
25	浮いて進む運動 （クロール系） ・キック練習 （板付き，基本姿勢） ・腕，呼吸練習 （立位，歩行） ・コンビネーション 　面かぶりクロール 　キャッチアップクロール	・浮いて進む運動の練習コースを確認する。その後，ペアワークさせる。 ◆児童の泳力に応じて，自分の課題に適した練習コースを考えさせる。また，お互いに仲よく励まし合いながら，練習している。 ●泳げる児童は，ストロークや呼吸動作など，課題を与える。 ▲泳げない児童には，教員が水中に入り，積極的に補助する。	②	

		3. まとめ ・バディ ・体調チェック ・整理運動 ・振り返り ・挨拶 ・シャワー ・着替え	・バディをかけて人数確認する。その後，タオルなどで体を拭かせる。 ・児童の顔色をみながら，体調チェックを行う。 ・振り返りでは，け伸びの練習内容や意識したところなどを発表してもらう。 ・挨拶をした後，シャワーをしっかり浴びて，すぐにタオルで体を拭かせる。 ・学習カードは，教室へ戻ってから記入する。		
	45				

2. 単元及び授業づくりの工夫

(1) 安全への配慮

　水泳授業は，水を相手に活動を行うため，授業導入から終わりまで，児童の気を引き締めながら，指導していきたい。まずは，授業へ入る前後，必ず児童の顔色を確認しながら，健康チェックを実施することが大切である。また，人数確認する方法として，バディシステムを有効に活用したい（図7-4）。

①安全を確かめ合う（人数確認）
②進歩の様子を確かめ合う
③助け合い励まし合う
などの効果が期待できる。

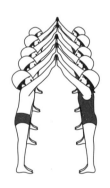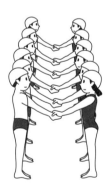

図7-4　バディシステム（2人1組で学習を進める方法）

　現在，全国各地に設置されている小学校プールは，水深が浅いものが多い。そのようなプール環境下においても，1968年（昭和43年）の学習指導要領まで，安全な立ち方（自己保全）を指導していた。とくに，泳ぎが苦手な児童は，水深が浅くても不意に水を飲んでしまい，パニックを起こして溺水する恐れもある。海や川といった自然水域は，水深が深い場所もあるため，安全に立つ技術も指導することが大切である（図7-5）。

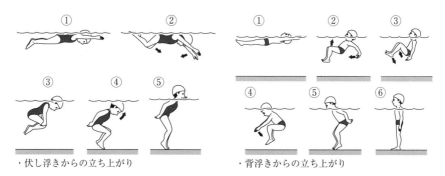

・伏し浮きからの立ち上がり　　・背浮きからの立ち上がり

図7-5　安全な立ち方（自己保全）の例

　水泳は，屋外プールで実施している小学校が多く，授業時期は外的環境に大きく影響される。表7-3は，水温と気温の基本的な考え方を示したものである。このような指標を参考にしながら，各学校において，水泳授業の実施有無について，ガイドラインを決めておくとよい。また，近年は，熱中症の問題もあるため，高温下で水泳授業を実施する場合，十分注意が必要である。

表7-3　「水温＋気温」の基本的な考え方

| ・40℃以下…不適 |
| ・40℃〜45℃…やや不適 |
| ・45℃〜50℃…やや適 |
| ・50℃〜55℃…適 |
| ・60℃前後…最適 |
| ・65℃以上…不適 |
| 　（日射病や熱射病に注意） |

※立地条件により異なるので，あくまで目安である。

(2) 苦手な児童への配慮等

　水泳の初心者が，技術習得でつまずく原因として，呼吸動作が挙げられる。水中では，水圧の影響を受けるため，自発的に呼吸を行う必要がある。呼吸動作のポイントは，しばらく息を止め，その後，徐々に水中で息を吐く。吸息する直前では，力強く息を吐き，水面上に出た際，その反動で息を吸うことが大切になる。呼吸の練習法としては，バブリングやボビングがある。また，ラヌー浮漂は，垂直方向に浮き沈みするため，高学年で取り扱う「安全確保につながる運動」でも使用できる教材である（図7-6）。まずは，児童が水中へ沈む練習を十分に行い，高学年まで継続的に練習することが大切である。教員は，ぜひ楽しく呼吸を身に付けられる練習法を考えてほしい。

　水泳が苦手な児童は，水に対する恐怖心を潜在的にもっている。教員は，積極的に水中へ入り，児童を補助し，安心させる言葉かけをしてほしい。また，そのような児童は，補助しながら泳法指導することで，動きの感覚が理解でき，動作の習得につながる。腕，足，コンビネーションなど，さまざまな補助の仕方についても学修しておくとよい。

・ボビング
水中に顔を沈め，口を閉じながら鼻から「ウーン」と息を出す。顔を水面に上げる直前に水中でしっかり息を吐きだし，顔を上げ「パッハ」と息を吸う。これを繰り返す。練習は，1人で壁につかまった状態やその場でジャンプ，慣れてきたらグループで行う方法などがある。

① 水面上に頭を起こす。② すばやく呼吸する。③ 頭を下げながら再び沈む。④ ①②③を繰り返す。

・ラヌー浮漂

図7-6　呼吸の練習法の例

(3) 教材・教具の工夫

　水泳授業では，水慣れや泳法の部分練習のために使用する教具がある。とくに，ビート板は多くの小学校で使用されている物である。ビート板の浮力が大きい場合は，カッターなどで大きさを小さくしたり，紐を通してヘルパーのように腰につけて使用したり，さまざまな使用方法がある。また，ビート板は，キックの練習においてもよく使用するが，正しい持ち方でないと，実際の泳ぎの動きと差異が生じる。

　下図のように，肘を伸ばし，目線の位置などにも注意しながら，実際に泳ぐ姿勢と同じ姿勢で練習することが大切である。また，気泡緩衝材を使用した教

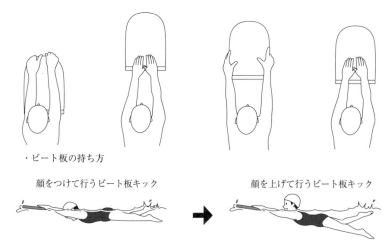

・ビート板の持ち方

顔をつけて行うビート板キック　　　　　　　　顔を上げて行うビート板キック

・板付きキック
ビート板を持った状態で，キックの練習を行う。泳いでいるように，水平姿勢を保ちながら，キックを行うことが大切である。また，上記のようなさまざまなビート板の持ち方があり，練習目的や発達段階に応じて選択することが大切である。

・ビート板（通常よりも小さいサイズ）

・気泡緩衝材（プチプチ棒）

図7-7　補助具を使った指導例

具は，身体に密着し，児童が安心した状態で，背浮きやバタ足の練習が可能である。児童の泳力に合わせ，教具も工夫して利用してほしい（図7-7）。

　小学校では，高学年で「クロール」，「平泳ぎ」の泳法指導がある。身体を前進させるためには，効率的に水をとらえることが大切である。水をとらえる感覚を高める練習方法として，スカーリング動作がある。競泳の練習のように，プルブイやビート板をはさんだ状態で行うだけでなく，ヌードル棒をまたぎ，動物を模倣しながら，水中を前後左右に移動することで，水をとらえる感覚を高められる方法もある（図7-8）。授業の導入の際に，手遊びしながら，手の平に水があたる感覚を変化させながら泳がせるのもよいだろう。

図7-8　水をとらえる感覚を高める練習例（タツノオトシゴ）

　水泳技術の向上には，低学年で取り扱う水慣れのように，「もぐる，沈む，浮く」といった水中での基本動作が不可欠である。水中での身体感覚を高めるために，水中床運動はよい練習方法である（図7-9）。水をマットに見立て，浮力がある状態の中，倒立，回転，支持といったさまざまな動きをすることで，楽しみながら非日常的な身体感覚を身に付けることができる。その他，水球やリズム水泳など，クラス全体でできるようなプログラムもあると，泳ぎが苦手な児童も楽しく活動に参加できる（図7-10）。水泳運動の授業では，「遊び」を通じて水中活動を楽しみながら，自然と技能が身に付けられる指導法を考え，創意工夫しながら授業を実践してほしい。

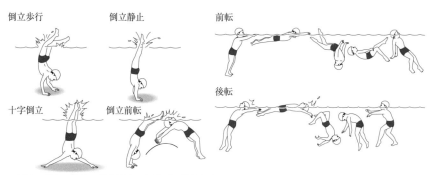

倒立歩行　　　倒立静止　　　　前転

十字倒立　　　倒立前転　　　　後転

・倒立，前転，後転，前方倒立回転跳び，捻りなど
水中を自由自在に動ける感覚を，器械運動の技を通して習得する。個人やグループで演技の発表会をしてもよい。

図7-9　水中床運動

・リズム水泳　　　　　　　　　　　　　・水球
水中で，表現運動やボール運動を行うイメージ。ゴールは，プールフロアや人がキャッチするなど，工夫すれば既存の施設でも実施することが可能である。

図7-10　リズム水泳及び水球の活動例

課　題

1. 学校教育における水泳の意義は，どのようなことですか。
2. 初心者が，水泳の授業でつまずく原因は，どのようなことが考えられますか。
3. 呼吸法のポイントは何ですか。また，いつ頃から練習したほうがよいですか。
4. 「安全確保につながる運動」は，どのような内容を取り扱いますか。

参考文献

小原國芳『全人教育論』玉川大学出版部，1969年

金井茂夫編『体育科指導法』玉川大学出版部，2011年

日本水泳連盟編『水泳指導教本二訂版』大修館書店，2005年

日本水泳連盟編『水泳指導教本三訂版』大修館書店，2019年

斎藤秀俊『浮いて待て！命を守る着衣泳』新潟日報事業社，2012年

杉原潤之輔・林利八『体育教材研究小学校の水泳』泰流社，1980年

鈴木智光『子供の命を守る泳力を保証する先生と親の万能型水泳指導プログラム』学芸みらい社，2015年

松井敦典・南隆尚・野村照夫『日本の水泳教育における着衣泳の普及と取扱いに関する論考』水泳水中運動科学19巻1号，pp. 8-15，2016年

文部科学省『小学校学習指導要領（平成29年告示）解説』東洋館出版社，2018年

文部科学省『小学校体育（運動領域）まるわかりハンドブック（低学年）』アイフィス，2011年

文部科学省『小学校体育（運動領域）まるわかりハンドブック（中学年）』アイフィス，2011年

文部科学省『小学校体育（運動領域）まるわかりハンドブック（高学年）』アイフィス，2011年

文部科学省『水泳指導の手引き（二訂版）』大阪書籍，2004年

文部科学省『水泳指導の手引き（三訂版）』アイフィス，2014年

Kenzo Narita, Motomu Nakashima and Hideki Takagi　Developing a methodology for estimating the drag in front-crawl swimming at various velocities. *Journal of Biomechanics*，2017

第 **8** 章

ボール運動系領域
——特性・発達段階による学習指導のポイント・学習指導計画と評価の例

　小学校体育科の「ボール運動系領域」は，「ゴール型」，「ネット型」，「ベースボール型」の３つの型によって構成され，それぞれ「ボール操作」及び「ボールを持たないときの動き」によって内容が構成されている。このボール運動系領域は，個人対個人，あるいは，集団対集団で競い合うなかで，楽しさや喜びを味わうことのできる運動である。

　低学年では，簡単なボール操作と攻めや守りの動きによって易しいゲームをしたり，一定の区域で鬼遊びをしたりすることが求められる。中学年では，低学年でのゲームの学習を踏まえ，基本的なボール操作とボールを持たないときの動きの習得を目指し，高学年の学習へとつなげていくことが求められる。高学年では，集団対集団の攻防によって競争する楽しさを味わったり，簡易化されたゲームの学習によって，中学校の球技の学習へとつなげていくことが求められる。

　以下では，各型の特性と発達段階による学習指導のポイントに触れながら，実際の学習指導計画と評価を事例的に紹介していく。

キーワード　ボール操作　ボールを持たないときの動き　ドリルゲーム　タスクゲーム

第1節　ゴール型

1. 特性

　ゴール型は，足や手を使った「ボール操作」で相手ゴールにボールを運び，一定の時間内で得点を競い合うゲームである。攻防の際には相手の防御をかわしたり，攻撃を防ぐための個人技術とともにチームでの共同した動きが必要である。

　ゴール型では，攻守は入り混じっており「攻撃から守備」「守備から攻撃」は表裏の関係にあり，いつでも攻守の切り替えがおこる。攻撃時にはスペースを見つけ，使うこと，作ること，守備時にはスペースを見付け，使われないこと，埋めることなど個人の戦術課題と位置取りを学習する。パスを受けるためにどこへ移動するか，相手にうまくプレーさせないためにはどこを守るかなど攻守において「ボールを持たないときの動き」を身に付けること。また，チームで協力して攻防を行い，役割分担するなどの作戦を練ることで，ボール技能に優れたり体格のよい子どもだけでなく，多くの子どもがプレーに関わり，楽しむことができる。

2. 発達段階による学習指導のポイント

（1）低学年

　ボールゲームでは，簡単なボール操作と攻めや守りの動きによって，易しいゲームをすることが求められる。

　低学年の場合，蹴ったり，投げたりするボール操作は，遊んでいるうちに自然と身に付けられるような場を設定するとよい。

　たとえば，基礎的で簡単な動きを複数準備し，時間や合図によって学習活動を移動していくステーション活動，サーキット学習や，簡単な競争を含むドリルゲームなどは効果的である。

　「ボールを持たないときの動き」の学習では，戦術的課題というより個人のボール操作をうまく行うための動きを学習する。

　たとえば「転がしドッジボール」（図8-1）のような「ボールが飛んだり，転がったりしてくるコースへの移動」「ボールを操作できる位置への移動」といった

カウント係

「ボールが飛んだり，転がったり
してくるコースへの移動」や「ボー
ルを操作できる位置への移動」が
重要である。

図8-1　転がしドッジイメージ図

内容を強調した学習では，補球者は正面でボールキャッチできるよう体を相手
に向けること，走り込んだり，回り込んだりする動きが必要である。このよう
に操作と動きを結び付けた指導を行う。ボール運動で重要な，空いている空間
（スペース）を見付けること，使うこと，使われないようにすることや相手や
味方を見ることなどは「鬼遊び」のなかに含まれ，その後の学習の発展に有効
である。

　低学年の場合，まず自分がうまくプレーすること，自分が得点することが優
先される傾向にあるため，個人でボールに触れる機会や多くの得点機会が出現
するようなゲームの設定が必要である。

(2) 中学年

　ゴール型ゲームでは，味方へのパスやシュート，ゴールへの持ち込みなどの
ボール操作と得点を取ったり防いだりする動きによって，易しいゲームをする
ことが求められる。「ボール操作」の具体的な動きとしてはシュートなどのゴー
ルに直結する操作に加え「味方へのパス」という操作に力加減や角度変化など
調整する能力が要求される。

　ボールを持たないときの動きでは，低学年で学習した「ボールが飛んだり，
転がったりしてくるコースへの移動」「ボールを操作できる位置への移動」と
いった個人の戦術的課題に，「ボール保持時に体をゴールに向ける」あるいは
「ボール保持者と自分の間に守備者がいないように移動」するという内容が加

わる。つまり個人の動きに加えて，敵味方含めた第三者の存在とその動きを見ることや判断すること，そして動くことなど低学年より多くの判断材料が含まれる。ミスも生まれやすくなるため，ゲームにおいてはプレイヤーの人数（とくに攻撃側を増やす）を工夫し，成功体験を積ませる。また，コートの広さやプレイ制限の緩和や得点の仕方などルールの工夫により得点機会を増やす。

　パスは出し手と受け手の意思疎通が非常に重要なため，意志や意図を伝えたり，作戦として考えたことを友達に伝えることなどを重要な学習内容に位置付ける。

(3) 高学年

　高学年では，低学年と中学年のゲームの学習を踏まえ，集団対集団の攻防によって競争する楽しさや喜びを味わい，その行い方を理解するとともに，ボール操作とボールを持たないときの動きによって，簡易化されたゲームをすることができるようにし，中学校の球技につなげることが求められる。

　「ボール操作」では「フリーの味方へのパス」「相手に取られないドリブル」「パスを受けてのシュート」が課題であり，味方，相手，ゴールの状態を観察し判断するなど，状況に応じたより高い技術課題が設定される。

　「ボールを持たないときの動き」では，中学年で学習した「ゴールへの体の向き」「守備者がいない位置への移動」といった攻撃時の課題に加え，「ボール保持者とゴールの間に体を入れた守備」といった守備時の課題がより明確になる。

　児童の状況に応じて，人数を増減したり，コートの広さや使い方（縦長や横長）あるいはゴールの数や大きさを変化させる。判断材料を増やし，ルールに制限を増減していくことで系統的な学習を展開し，中学校の「ゴール型」につなげる。

3．ボールゲーム（ボール蹴りゲーム）の学習指導計画と評価

(1) 指導と評価の一体化を図った学習指導計画の作成
①単元計画の例とその概要

　第2学年を対象に6時間単元の設定の「シュート蹴りゲーム」を教材とした実践例を示す（表8-1）。的あてゲームから始まり，最終的に子ども全員がボールやゲームに関われる3対3のサッカーのゲームを設定する。

　鬼遊びでさまざまな身のこなしや動きを経験し，そのうえでボールを手で扱う「ボール投げ」ゲームを行い，ボールが飛んでくるコースやボールを操作で

きる位置への移動，ボールを狙ったところに動かす行い方を学習済みである。
「蹴る」動作は非常に難しいことであるため，ボールを手で扱うことを単元前
半や授業のウォーミングアップのなかで取り入れてボール感覚を養うとともに，
動きのイメージをつかむようにする。

　低学年では攻守が入り交じる「ゴール型」のゲームは難しい。そこで単元前

表8-1　ボールゲーム授業の単元構造図

<table>
<tr><td rowspan="3">単元の目標</td><td>知識及び技能</td><td>・簡単なボール操作と攻めや守りの動きによって，易しいゲームをすること。</td></tr>
<tr><td>思考力・判断力・表現力等</td><td>・簡単な規則を工夫したり，攻め方を選んだりするとともに，考えたことを友達に伝えること。</td></tr>
<tr><td>学びに向かう力・人間性等</td><td>・運動遊びに進んで取り組み，規則を守り誰とでも仲よく運動したり，勝敗を受け入れたり，場や用具の安全に気をつけたりすること。</td></tr>
<tr><td></td><td>知識・技能</td><td>思考・判断・表現</td><td>主体的に学習に取り組む態度（以下，主体的態度）</td></tr>
<tr><td>内容のまとまりごとの評価規準</td><td>・狙ったところに緩やかにボールを転がす，投げる，蹴る，的に当てる，得点する。
・ボールが飛んだり，転がったりしてくるコースへの移動。
・ボールを操作できる位置への移動。</td><td>・簡単な規則を工夫すること。
・自己やチームに適した場や規則を選ぶこと，攻め方を選んだりする。
・自己や仲間が考えたことを他者に伝えること。</td><td>・運動に進んで取り組もうとしている。
・順番や規則を守り誰とでも仲よくする。
・勝敗を受け入れること。
・用具の準備や片付けを友だちと一緒にする。
・危険物の有無，安全にゲームができるか場の安全に気を付ける。</td></tr>
<tr><td>単元の評価規準</td><td>①狙ったところにボールを動かす行い方を口にしたり実際に行っている。
②ボールのコースに移動したり，操作できる位置に移動している。
③簡易なゲームができる。</td><td>①簡単な規則を工夫している。
②場に応じた規則や攻め方を選んでいる。
③気づいたこと工夫したことを友達に伝えている。</td><td>①転がす，投げる，蹴る，的に当てる，得点する運動に積極的に取り組もうとしている。
②順番や規則を守り，誰とでも仲よくしている。
③勝敗を受け入れている。
④友達の考えを認めている。
⑤場の安全に気をつけている。</td></tr>
</table>

		1	2	3	4	5	6
学習の流れ	0	オリエンテーション	ウォーミングアップ：鬼ごっこ（手つなぎ鬼, セイフティ鬼）, ボールフィーリング（手・足）				
		学習の進め方	ボールタッチ（足）, ステップワーク				
	10	授業内の約束事	的あてゲーム		ターゲットの攻防ゲーム（円形的あて3：2）		ゲーム大会
	20	グループ分け・鬼ごっこ・キャッチボール	・コーン＆マーカー・コーン倒し・キックボウリング				・キックボウリング・3：3のシュートゲーム（大きめゴール）
					3：3シュートゲーム（大きめゴール）		
	30	・ボールタッチ（足）	押し出しゲーム・ターゲットキック（対抗制・時間制）箱・コーン・バランスボール				
		試しのゲーム					
	40						成績発表
	45	片付け, 振り返り, 体調確認ほか					単元の振り返り
評価	知識・技能		①	②③	①②	③	
	思考・判断・表現		①②	③		②③	②③
	主体的態度	④⑤観察	①②	③④	①②	③④⑤	②③④

半は「攻防がない個人得点ゲーム」から開始し, 次に「攻守が分かれたゲーム」そして後半に「攻守が入り交じったゲーム」を行う。ボール操作では, ボールを単純に蹴ることから始まり, 方向や強さをコントロールすること, そして「狙ったところにボールを蹴る」技能に発展させたい。「ボールを持たないときの動き」では, ボールを上手く操作するための準備を初期段階とする。次に攻撃では相手に邪魔されない場所への移動や守備の配置を見ること, 守備では的（ゴール）につながるコースやスペースを埋めることなどを課題とする。最終的に「攻守が入り混じったゲーム」を行う。積極的にシュートを狙うことを最重要課題とし, 失敗を恐れないで取り組ませる。攻守において「ボールのないときの動き」が発揮できることを目指す。段階的に学習した内容を個人だけでなくチームメイトと連携して行えるよう, チームで作戦を立てたり, 選んだりする。

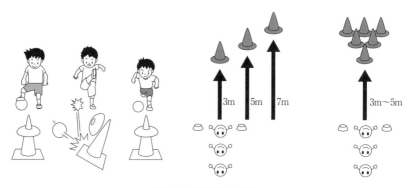

図8-2 的あてゲームの例

的を押し出したら得点，
あるいは当てたら得点。

ボールを線上に止めて
蹴る。

図8-3 押し出しゲーム（コーン・段ボール）

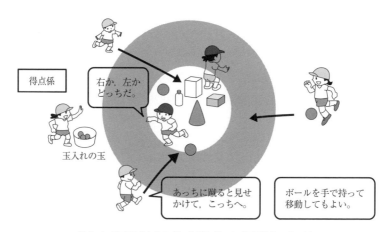

得点係

右か，左か
どっちだ。

玉入れの玉

あっちに蹴ると見せ
かけて，こっちへ。

ボールを手で持って
移動してもよい。

図8-4 攻守が分かれたボール蹴りゲーム（円形的あて3：2）

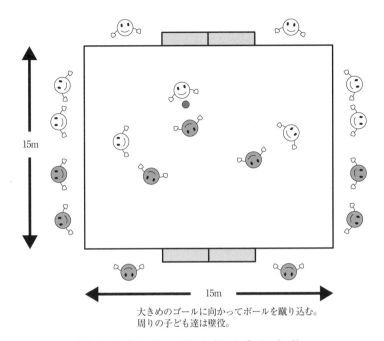

大きめのゴールに向かってボールを蹴り込む。
周りの子ども達は壁役。

図8-5 攻守が入り混じったゲーム（大きなゴールで3：3）

②本時の展開例（2/6時間目）

【知識及び技能の習得に向けた学習指導の活動例】

6時間単元の2時間目を授業展開例として紹介する（表8-2）。

本授業は1チーム3人編成で8チームの設定である。この時間の目標は「強くボールを蹴ってみよう」である。

導入場面では，ウォーミングアップとして鬼ごっこ（手つなぎ鬼）を行う。身のこなし，周囲を見る，相手との駆け引きなどのボールゲームにも通じる要素を含んでいる鬼遊びは単元を通じてウォーミングアップに取り入れる。また，ドリルとしてさまざまなボールタッチを行い，ボール慣れをしながら，「蹴る」動作に重要な立ち足（軸足）の使い方を習得する。踏み込みが不十分な場合は「蹴る」動作も上手に行えないため，初期段階ではボールを下手投げさせることで踏み込みの感覚をつかむ。展開場面では，的当てゲームを行う。まず各人がコーンにあてること，マーカーを落とすまたはコーンを倒すことで得点を狙う。次

により強く蹴ることを強調して，チームで協力して複数（4～6本）のマーカーをすべて倒すかエリアから押し出すゲームを行う。

　本授業におけるゲームでは「プレーの連続性」や「攻守の切り替え」は起きにくい。そこで，蹴ったボールを素早く取りに行くこと，時間内に何回もチャレンジすることを強調し，プレーの継続性を促す。また，球拾いのグループにボールを素早く回収させることでボールを受ける動きにつなげることを意図する。

表8-2　本時の指導計画

		学習内容・学習活動	指導上の留意点（●指導，▲支援・配慮，◆評価規準）　○ゲームのルール	評　価		
				知識・技能	思考・判断・表現	主体的態度
学習の流れ	0	挨拶，体調確認 本時の学習の流れ・課題等の確認				
	5	活動①　鬼ごっこ	手つなぎ鬼：15m×15mのグリッド内で行う。 ・3人組で鬼の組を指定して開始，捕まったら鬼交代　→鬼の組を増やす。			
	10	活動②・ボールタッチ各種足を交互に乗せる，内側で行ったり来たりボールを足で撫でるように ・だるまさんがころんだ 　身体の各所でボールを止める	●周りを見ること，スペースを見つけることを促す　◆協力しているボールタッチ ・ボール一人1個：リズムよくボールに触ること。 ・ドリブル～先生の合図でボールを止める。「だるまさんが・・右足」「・・・お尻」「・・・左膝」	①		②③
	15	活動③　的あてゲーム ・コーン当て ・マーカー落とし ・コーン倒しインタビュー	●立ち足が大事，ボールの横に踏み込む：よいキックにつなげる。 的あてゲーム（図8-2） 　○並べたコーンの上にマーカーを乗せる。3m，5m，7mラインから	①		

学習の流れ		タイム → 発表	一人ずつボールを蹴る　コーンに当たったら1点　マーカーが落ちたら2点，コーンが倒れたら3点　3人組の合計得点を競う。			
			◆踏み込んで蹴っている。	①	②	③
			◆チームで協力している。			
	25	活動④　押し出しゲーム ・バランスボール押し出し（時間制） ・バランスボール押し出し（対抗戦制）	押し出しゲーム（図8-3） ○1，ダンボールやコーンの的にサッカーボールを蹴り当てて，相手陣地に押しやる。2，バランスボールに当てて相手陣地に押しやる（図8-7）。			①
	40 45		▲相手チームと向かい合い相手からのボールが怖い子どもがいる場合は並列で行い（図8-8），時間内でどちらが遠くまで押し出しているか。			
		片付け まとめ：本時の振り返り，次回の内容，目標確認体調確認，挨拶	◆しっかり踏み込んで強いボールを蹴っている。	②	②	③⑤
			◆チームで作戦を立てている。			

（2）単元及び授業づくりの工夫
①教材・教具の工夫

　ボール蹴りゲームはボールを蹴るという単純でありながら難しい運動に取り組む。思い切りボールを蹴るときの爽快感は児童にとって大きな楽しみであり，このゲームの醍醐味である。また，最終的なゴール型ゲームではボールをゴールすることが一番の目的であり楽しみである。したがって，ゴールは大きめ（広め）のものを設定し，ゴール場面が多くなるように工夫したい。

　使用ボールは，少し空気を抜くと弾みにくいためコントロールしやすく，当たっても痛くない。一方，反発力が弱いため「押し出しゲーム」では本来のボールを使うことも考える。ゲームの目的に適したボールを選択することが求められる。

　「押し出しゲーム」では的としてバランスボールを使用するが，バランスボールをいくつも用意できない場合は，ダンボールやコーンの組み合わせで代用する（図8-3）。さまざまな形のターゲットを用意することで興味・関心の持続を図る。ダンボールやコーンは凹んだり，破損する可能性もある。そのような

場合,「思いっきり蹴る」「強く蹴る」という要素とともにもう一つの学習内容
である「正確に蹴る」ことを強調し,コーンを倒さずマーカーを落とすなど,ルー
ル変更も必要である。

②学習資料の工夫

　低学年の学習カードは簡単な内容とし,自分の体の使い方に目を向けさせる
(図8-6)。たとえば,蹴る足に力を入れる,踏み込み足に注意を向ける,お腹
に力を入れる,手を大きく振るなどの留意点に気づかせる内容とする。また,
「ボール蹴りゲーム」では,思考力・判断力・表現力等の活動として,上手な
人にうまくいくコツを聞く「インタビュータイム」を設け,上手にできた子ど
もにどのような点を注意しているか発表してもらい,ポイントをみんなで共有
する。

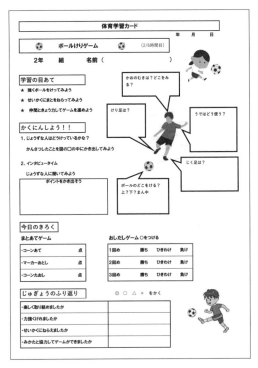

図8-6　学習カードの例

③苦手な児童への配慮

　チーム対抗で行う場合，対面で行うと外れたボールが正面から飛んできて危険な場合がある（図8-7）。また，ボールを怖がる子どもに配慮する必要もある。子どもが体育嫌いになる大きな要因のひとつに恐怖体験が挙げられる（杉

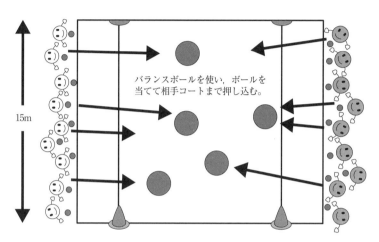

バランスボールを使い，ボールを
当てて相手コートまで押し込む。

15m

図8-7　押し出しゲーム（対面）

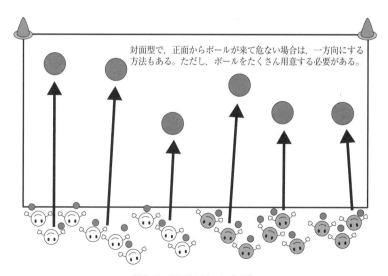

対面型で，正面からボールが来て危ない場合は，一方向にする
方法もある。ただし，ボールをたくさん用意する必要がある。

図8-8　押し出しゲーム（並列）

原，2003）ため，低学年の段階ではできるだけ怖さは排除したい。したがってこのような場合，クラスの状況に応じて並列でゲームを行い（図8-8），一定時間内にどれくらい運べたか，もしくは全部ラインを越えるのにどれくらいの時間がかかったかを競ってもよい。

参考文献

岩田靖『ボール運動の教材を創る』大修館書店，2016年
文部科学省『学校体育実技指導資料集　第8集　ゲーム及びボール運動』東洋館出版社，2010年
文部科学省『小学校体育（運動領域）まるわかりハンドブック』アイフィス，2020年
文部科学省「ゲームについて〜鬼遊び」『小学校体育（運動領域）まるわかりハンドブック』
　　https://www.mext.go.jp/component/a_menu/sports/detail/__icsFiles/afieldfile/2011/07/06/
　　1306084_07.pdf，最終閲覧日2022年10月5日
日本サッカー協会『新・サッカー指導の教科書』東洋館出版社，2019年，pp. 22-29
日本サッカー協会『JFAキッズドリル』壮光舎印刷，2005年
杉原隆『運動指導の心理学』大修館書店，2003年

第2節　ネット型

1．特性

　ネット型は，ネットで区切られたコートの中や，チームが互いにネットをはさんで，得点を競い合うゲームである。

　また，技術や戦術を駆使して，ボール操作とボールを持たないときの動きによって攻防を組み立てたり，片手，両手もしくは用具を使ってボール等を相手コートに返球し，得点を競うゲームである。

　そのためには，個人的技能を高めるドリルゲームや集団的技能を高めるタスクゲームを設定するとともに，戦術を駆使して得点を競い合う易しいゲームや簡易化されたゲームを設定することが重要となる。

2．発達段階による学習指導のポイント

（1）低学年

　低学年の児童は，思考と活動が未分化な時期にある。つまり，「動くこと」と「考えること」が同時に進むのがこの頃の子どもたちであり，さまざまな運動遊びの経験から，運動への肯定的な態度や多様な動きを身に付けるときである。

　低学年のゲームでは，「易しい運動遊びを通して運動の楽しさを十分に味わわせること」が大切である。

　低学年では，簡単な規則で楽しくゲームができるようにすることが大切で，ねらったところにボールを投げたり，飛んでくるボールを捕ったりするなどの簡単なボール操作を身に付けるとともに，ゲームに取り組めるようにすることが求められる。

　ネット型ゲームにつながるボールゲームとしては，攻めと守りが分かれたコートで，相手コートにボールを投げ入れる簡単な規則で行われる易しいゲームを行い，相手コートに緩やかにボールを投げ入れたり，捕ったりする動きや，ボールを操作できる位置に動くことをする。

（2）中学年

　中学年の児童は，低学年の児童に比べてスムーズな動きや複雑な動きができ

だしたり，思考と活動の分化が進み，自分の動きを意識したり理解したりすることもできるようになってくる。

　中学年では，ゲームの楽しさや喜びに触れるとともに，進んで活動を振り返り，自らの力に応じて活動を工夫して，運動の楽しさを広げることが求められる。

　ネット型ゲームでは，基本的なボール操作とボールを操作できる位置に体を移動するなどのボールを持たないときの動きを身に付けることが求められる。

　そのために，軽量のボールを片手，両手もしくは用具を使って，自陣の味方にパスをしたり，相手コートに返球したり，弾むボールを床や地面に打ちつけて相手コートに返球したりして，ラリーの続く易しいゲームを行う。

　たとえば，味方コート内で誰もがボール操作をできるようにするために，レシーバーやアタッカーのボールキャッチを認めることや相手コートへの返球時にボールを持って相手コートに投げ込むプレーを認めるなど，プレーに必要な技能を軽減したり，コートを三分割することで，次にどこに移動すればよいかなど，ボールを持たないときの動きがわかりやすくなるなど，課題の解決に向けて工夫をした「みんなでボールをつなぐキャッチバレーボール」を行うことなどが考えられる。

（3）高学年

　高学年の児童は，知的な活動が活発になり，集団活動では，ルールや役割を大切にして，みんなのまとまりをつくることができるようになる。

　高学年では，集団対集団の攻防によって競争する楽しさや喜びを味わい，その行い方を理解するとともに，ボール操作とボールを持たないときの動きによって，簡易化されたゲームをすることができるようにして，中学校の球技の学習につなげていくことが求められる。

　ネット型では，ボール操作とチームの作戦に基づいた位置取りをするなどのボールを持たないときの動きを身に付けることが求められる。

　そのために，軽くて柔らかいボールを片手，両手もしくは用具を使って操作したり相手が捕りにくいボールを返球したりするチームの連携プレイによる簡易化されたゲームや自陣から相手コートに向かって相手が捕りにくいボールを返球する手や用具などを使った簡易化されたゲームを行う。

3. ネット型ゲーム（キャッチソフトバレーボール）の学習指導計画と評価

（1）指導と評価の一体化を図った学習指導計画の作成
①単元計画の例とその概要

　ここでは，第4学年を対象に7時間単元の設定で実践例を以下に示す（表8-3）。低学年で相手コートにボールを投げ入れるゲームが実施され，第3学年では，ボールを打ったり，弾いたりしてネットの下を通すフロアボールを経験している。第4学年では，ソフトバレーボールを基にした易しいゲームとしてキャッチソフトバレーボールを行うという設定である。

　本節の単元では，ネット型の特性として必要な知識及び技能を身に付けるとともに，ルールを工夫したり作戦を考えるなどしてゲームができるようにする。とくに，学びに向かう力・人間性等を身に付けるために，「誰とでも仲よく運動すること」，「仲間の考えを認めること」，「勝敗を受け入れること」を学習活動の軸とした。

　1～4時間目は，「誰とでも仲よく運動することや仲間の考えを認めることで，チームの一体感を高めよう」というねらいを設定し，ドリルゲームやタスクゲームを行い，さらにメインゲーム①と練習タイムを展開する。

　5～7時間目は，「勝敗を受け入れることで，競い合いを楽しもう」というねらいを設定し，メインゲーム②と課題解決のための練習タイムを展開する。

　これらのねらいを達成するために，1～2時間目では，キャッチソフトバレーボールに必要となる知識及び技能や主体的に学習に取り組む態度を理解させることを学習内容に位置付けた。

　3～4時間目では，個人やチームゲームに必要となる技能や思考力・判断力・表現力及び主体的に学習に取り組む態度を理解させることを学習内容に位置付けた。5～7時間目では，メインゲームを通して，思考力・判断力・表現力や主体的に学習に取り組む態度を理解させることを学習内容に位置付けた。

表8-3　ネット型授業の単元構造図

単元の目標	知識及び技能	キャッチソフトバレーボール（ネット型ゲーム）の行い方を知るとともに，基本的なボール操作とボールを操作できる位置に体を移動する動きによって，易しいゲームをすることができるようにする。	
	思考力・判断力・表現力等	規則を工夫したり，ゲームの型に応じた簡単な作戦を選んだりするとともに，考えたことを友達に伝えることができるようにする。	
	学びに向かう力・人間性等	運動に進んで取り組み，規則を守り誰とでも仲よく運動したり，勝敗を受け入れたり，友達の考えを認めたり，場や用具の安全に気を付けたりすることができるようにする。	
	知識・技能	思考・判断・表現	主体的に学習に取り組む態度（以下，主体的態度）
内容のまとまりごとの評価規準	・キャッチソフトバレーボールの行い方を理解している。 ・基本的なボール操作とボールを操作できる位置に体を移動するなどのボールを持たないときの動きによって，軽量のボールを片手もしくは両手を使って，自陣の味方にパスをしたり，相手コートに返球したり，弾むボールを床や地面に打ちつけて相手コートに返球したりして，ラリーの続く易しいゲームをすることができるようにする。	・誰もが楽しくゲームに参加できるように，プレイヤーの人数，コートの広さ，プレイ上の緩和や制限，得点の仕方などの規則を選んでいる。 ・キャッチソフトバレーボールの簡単な作戦を選んでいる。 ・課題の解決のために考えたことを友達に伝えている。	・キャッチソフトバレーボールに進んで取り組もうとしている。 ・キャッチソフトバレーボールの規則を守り，誰とでも仲よくしようとしている。 ・キャッチソフトバレーボールで使用する用具などの準備や片付けを友達と一緒にしようとしている。 ・ゲームの勝敗を受け入れようとしている。 ・ゲームや練習のなかで互いに動きを見合ったり，話し合ったりして見付けた動きのよさや課題を教え合う際に友達の考えを認めようとしている。 ・ゲームやそれらの練習の際に，使用する用具などを片付けて場の危険物を取り除くなど，周囲を見て場や用具の安全を確かめること。

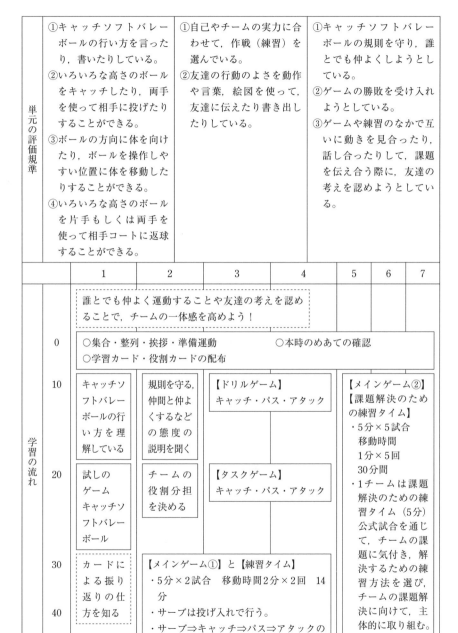

単元の評価規準	①キャッチソフトバレーボールの行い方を言ったり，書いたりしている。 ②いろいろな高さのボールをキャッチしたり，両手を使って相手に投げたりすることができる。 ③ボールの方向に体を向けたり，ボールを操作しやすい位置に体を移動したりすることができる。 ④いろいろな高さのボールを片手もしくは両手を使って相手コートに返球することができる。	①自己やチームの実力に合わせて，作戦（練習）を選んでいる。 ②友達の行動のよさを動作や言葉，絵図を使って，友達に伝えたり書き出したりしている。	①キャッチソフトバレーボールの規則を守り，誰とでも仲よくしようとしている。 ②ゲームの勝敗を受け入れようとしている。 ③ゲームや練習のなかで互いに動きを見合ったり，話し合ったりして，課題を伝え合う際に，友達の考えを認めようとしている。

学習の流れ		1	2	3	4	5	6	7
		誰とでも仲よく運動することや友達の考えを認めることで，チームの一体感を高めよう！						
	0	○集合・整列・挨拶・準備運動　　　　○本時のめあての確認 ○学習カード・役割カードの配布						
	10	キャッチソフトバレーボールの行い方を理解している	規則を守る，仲間と仲よくするなどの態度の説明を聞く	【ドリルゲーム】 キャッチ・パス・アタック		【メインゲーム②】 【課題解決のための練習タイム】 ・5分×5試合 移動時間 1分×5回 30分間 ・1チームは課題解決のための練習タイム（5分）公式試合を通じて，チームの課題に気付き，解決するための練習方法を選び，チームの課題解決に向けて，主体的に取り組む。		
	20	試しのゲームキャッチソフトバレーボール	チームの役割分担を決める	【タスクゲーム】 キャッチ・パス・アタック				
	30	カードによる振り返りの仕方を知る	【メインゲーム①】と【練習タイム】 ・5分×2試合　移動時間2分×2回　14分 ・サーブは投げ入れで行う。 ・サーブ⇒キャッチ⇒パス⇒アタックの					
	40							

45		順で行う。 ・1チームは練習タイム（5分） 　練習はドリルゲーム，タスクゲームから選択する。						
評価	知識・技能	①学習カード	②観察	③観察	④観察	②観察	③観察	④観察
	思考・判断・表現			①観察・カード		②観察・カード		
	主体的態度		①　③観察		①　③観察	②観察		②観察

②本時の展開例（3/7時間目）

　本授業は，1チーム6〜7人編成で5チームの設定である。

　1時間目は，キャッチソフトバレーボールの知識や技能について理解させて試しのゲームを行い，2時間目は，チームゲームに必要な主体的に学習に取り組む態度として，規則を守る，友達と考えを認め合うことなどを理解させ，メインゲーム①を学習した。

　以下は，7時間単元の3時間目を授業展開例として紹介する（表8-4）。

　この時間の目標は，「ボールの方向に体を向けたり，ボールを操作しやすい位置に体を移動したりすることができる」と「自己やチームの実力に合わせて作戦（練習）を選んでいる」である。

　導入場面では，ドリルゲームとして円陣パスゲームを行う。教師は，前時に行った相手が捕りやすいボールを投げることを意識させ，ボールの落下点に入ってボールを捕るよう指導する。

　展開場面では，タスクゲームとしてアタックゲームとメインゲーム①を行う。アタックゲームは，攻めの人数は3人，守りの人数は2人で行う。

表8-4　本時の指導計画

		学習内容・学習活動	指導上の留意点 （●指導，▲支援・配慮，◆評価規準）	評　価		
				知識・技能	思考・判断・表現	主体的態度
学習の流れ	0	集合・整列・挨拶をする。本時の学習のめあてを知る。	本時の学習のめあてを明確に捉えるようにする。			
		ボールの方向に体を向けたり，ボールを操作しやすい位置に体を移動したりすることができる。自己やチームの実力に合わせて作戦（練習）を選んでいる。				
	5	ドリルゲーム（円陣パスゲーム）を行う。 ・パスを出すときに1, 2, 3と声を出す。 ・慣れてきたら距離を広げる。	相手が捕りやすいボールを投げることを意識させる。 ボールの落下点に入ってボールを捕るように指導する。 声を出すことでチームの雰囲気がよくなり，楽しく練習ができることを伝える。誰とでも仲よく運動するように指導する。	③		
	15	タスクゲーム（アタックゲーム）を行う。 ・守備側のサーブから始める。 ・レシーバーが，ボールをキャッチしたら，アタックエリア内のセッターにパスする（1点）。 ・アタッカーは，アタックエリア内に移動してトスを受ける（1点）。 ・アタッカーが点を決めたらさらに1点。 ・守備側は2人で行う。 ・ローテーションを行い，4回攻撃したら，攻守を交代する。	実際に動き方のモデルを見せ，動く意味と動き方のポイントを指導する。 〈セッターの動き〉 ・後ろからのボールはアタックがしにくいことからセッターはネットの近くに移動する必要があること。 ・ネットを超えるためには山なりのボールを投げる必要があること。 〈アタッカーの動き〉 ・アタックを成功させるためにはネットの近くに移動する必要があること。ボールの方向に体を向けたり，ボールを操作しやすい位置に体を移動したりすることができる。【観察】 だれとでも仲よく運動するように指導する。			

	25	メインゲームと練習を行う。 ・5分×2試合 　移動時間2分×2回 ・サーブは投げ入れで行う。 ・練習タイムは5分。練習 　は，ドリルゲーム，タス 　クゲームから選択する。 ・サーブ→キャッチ⇒パス 　⇒アタック　の順で行う。	自己やチームの実力に合わせて作戦（練習）を選んでいる。【観察】 メインゲームや練習で，互いの動きを見合ったり，話し合ったりして，課題を教え合う際に，友達の考えを認めるように指導する。	①	
学習の流れ	40	本時のまとめを行う。 ・振り返りを行う。カード記入・回収。 ・片付けをする。			
	45	挨拶をする。			

アタックゲームおよびメインゲーム①について

○アタックゲームは，スパイクにつなげるタスクゲームで，レシーバー，セッター，アタッカーの動きを次のように指導する。

①まず，守りの人は，相手コートの好きな場所にサーブをする。

②次に，レシーバーがボールをキャッチした後，アタックエリア内のセッターにパスをする（パスができたら1点入る）。

③次に，セッターがキャッチした後，アタッカーがアタックエリア内に動けたら1点入る。

④最後に，アタッカーがアタックして，守りの人がキャッチできなければ1点入る。

⑤4回攻撃したら，攻守交代。

○メインゲーム①は，ボール操作に関わる規則を指導し，3対3で行う1人1回の触球による三段攻撃に繋げるゲームを行う。

学習活動は，各チーム試合時間5分で2試合行う。サーブは投げ入れで行い，サーブ→キャッチ（レシーブ）→パス（セッター）→アタック（スパイク）の順で行う。レシーバー，セッター，アタッカーの動きやルールが理解できない児童には，個別あるいはグループにおいて，教師が助言をしたり発

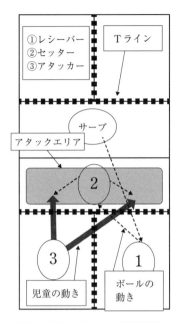

図8-9　アタックゲーム　学習者の動き

　問をしたりする。

（2）単元及び授業づくりの工夫
①教材・教具の工夫

　本単元では，すべての児童に対して運動の機会を保障するとともに，体力や技能の程度，性別に関係なくすべての児童が，ゲームを楽しめるように「キャッチソフトバレーボールを基にした易しいゲーム」を行うこととした。

　主な工夫としては，すべての児童が，ボールに触れる機会を保障するために，コートはバドミントンコート（ダブルス用）の広さにするとともに，ボールを相手コートに返球しやすくするために，ネットの高さを児童が腕を伸ばしてネットから手を出せる高さである1.5mに設定する。

　また，ボールは，中学年用のボール50gと，高学年用100g（小学校教材用ビニル製）のボールを児童の実態に合わせて使用する。

　そして，コート上のすべての児童がプレイに関わることができるように，3対3の少人数制でゲームを行い，相手コートに返球するまでに必ず1人1回触球し，3回で相手コートに返球するというルールを設定するとともに，児童にすべてのプレイ上の役割（レシーバー，セッター，アタッカー）を経験させるために，得点が入ったときには，両方のチーム（通常は得点したチームのみがローテーションを行う）が時計回りにローテーションを行う（4人チームは控えの児童もローテーションに組み入れて行う）。

　さらに，コートを3分割することにより，児童はスムーズにローテーションが行えるようになり，ネットに近いエリアをアタックエリアと称し，セッターはアタックエリアの中でボールをもらい，アタッカーも同様にアタックエリアの中に移動して，アタックを打つように指導した。このようにすることで，ネットに近い位置でパスがつながるようになり，アタックが成功しやすくなる。

　なお，4年生という児童の実態を踏まえ，3段攻撃が成功し，得点する喜びを味わうことができるようにするためにレシーブ・トスに関わるボール操作を緩和するなど，ボール操作に関わる規則を表8-5とする。

表8-5　メインゲーム①　ボール操作に関わる規則

サーブ	・フリーボール（ボールを下から相手コートに投げ入れること）でのスタートとする。 ・サーブは決まった場所に向かって両手で投げ入れる。 ・サーブによる得点は無効とし，やり直しとする。
レシーブ （第一触球）	・ノーバウンドもしくはワンバウンド以内にキャッチする。 ・キャッチしたらプレイヤーはその場から動くことができない。 ・ボールを投げてセッターにパスをする。
トス （第二触球）	・ノーバウンドでキャッチする。 ・キャッチしたらプレイヤーはその場から動くことができない。 ・ボールを投げてアタッカーにパス（トス）をする。
アタック （第三触球）	セッターから投げ上げられたパス（トス）を片手もしくは両手で弾いて相手コートに返球する。

②学習資料の工夫

本単元では，毎時間，学習カードを利用することで，児童自身が授業を振り返るとともに，教師も学習指導の改善に役立てることができる。

図8-10は，3時間目の学習カードである。「ボールの方向に体を向けたり，ボールを操作しやすい位置に体を移動したりすることができるようにする（技能）」「自己やチームの実力に合わせて作戦（練習）を選ぶことができる（思考・判断・表現）」というねらいを，学習を通じて指導し評価する（指導と評価の一体化）。

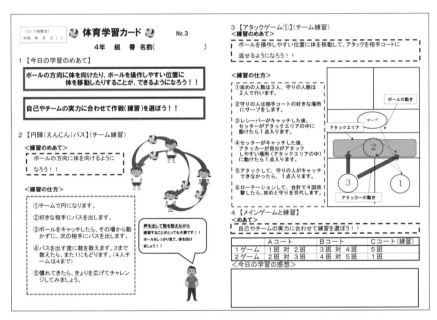

図8-10　本時の学習カード

③苦手な児童への配慮等

〈中学年〉

ボールを片手や両手を使って弾いたり，打ちつけたりすることが苦手な児童には，飛んできたボールをキャッチして打つことを認め，ボールの落下点やボールを操作しやすい位置に移動することが苦手な児童には，プレイできるバウンド数を多くしたり，飛んできたボールをキャッチしてラリーを継続するなどの

配慮をする。

参考文献

神奈川県立総合教育センター体育指導センター長期研修研究報告『「学びに向かう力，人間性等が涵養されるソフトバレーボールの学習」─「ONE TEAM」と「NO SIDE」の精神をいかしたスポーツ教育モデルによる学習過程を通して』2020年

白旗和也監修『体育の学習』（1年・2年・4年・6年）光文書院，2020年

文部科学省『学校体育実技指導資料集 第8集 ゲーム及びボール運動』東洋館出版社，2010年

文部科学省『小学校学習指導要領（平成29年告示）解説：体育編』東洋館出版社，2017年

文部科学省「小学校体育（運動領域）まるわかりハンドブック」 https://www.mext.go.jp/a_menu/sports/jyujitsu/1308041.htm，最終閲覧日2022年10月5日

第3節　ベースボール型

1. 特性

　ベースボール型は，攻守を規則的に交替し一定の回数内で得点を競い合うゲームである。攻撃側の打者・打者走者と守備側のボール送球（フィールディング）との競争，つまり，どちらが早く先のベースにたどり着くかを競い合うことが，ベースボール型の本質といえる。そのため，「どこでアウトにするのか」といった進塁阻止を軸にした役割行動と技能的発展を中心的課題として設定することが，易しいゲームや簡易化されたゲームを設定するうえで重要となる。

　ベースボール型では，攻守を交替するゲームの楽しさや喜びに触れられるように，静止したボールやゆっくりとした速さで投げられたボールを打つ攻撃や，捕球したり送球したりする守備などの「ボール操作」と，チームとして守備の隊形をとったり走塁をしたりする「ボールを持たない動き」によって，攻守交替が繰り返し行わるゲームを進めていくことが求められる（文部科学省，2018，p. 142）。

2. 発達段階による学習指導のポイント

（1）低学年

　低学年のボールゲームでは，簡単なボール操作と攻めや守りの動きによって，易しいゲームをすることが求められる（文部科学省，2018，p. 58）。

　捕ったり，投げたり，打ったり，蹴ったりするなど「ボール操作」の技能について，たとえば，制限時間内でどれだけ多くのボールを投げたり蹴ったりすることができたかを競い合ったり，「的当て」をゲームとして設定したりすることなども効果的である。また，「ボールを持たない動き」の学習には，ボールが飛んだり転がってきたりするコースに入ったりするようなタスクゲームや易しいゲームを設け，ボールの動きに合わせて定位置や今いる位置から場所を移動する学習を位置付けることが求められる。

（2）中学年

　中学年のベースボール型ゲームでは，蹴る，打つ，捕る，投げるなどのボー

ル操作と得点をとったり防いだりする動きによって，易しいゲームをすることが求められる（文部科学省，2018，p. 98）。

中学年では，低学年で学習した内容を踏まえ，ボールをフェアグランド内に蹴ったり打ったりすること，投げる手と反対の足を一歩前に踏み出してボールを投げることが「ボール操作」の技能として求められる。また，「ボールを持たない動き」について，守備側では向かってくるボールの正面に移動すること，攻撃側ではベースに向かって全力で走り，かけ抜けることなどが学習内容として位置付けられている。

とくに，守備側では「どこでアウトにするのか」といった判断の対象を増やすことによって，学習課題が複雑になっていく。そのため，「あつまりっこベースボール」（岩田，2016，p. 61）などのような，アウトにできる個所を複数設定するなど，戦術的課題の誇張された学習が効果的である。また，授業者は，教具の工夫として柔らかいボールを使用したり，テニスラケットなど面の広い物を使用したりすることが求められる。さらに，プレイヤーの人数を例えば4〜7名に設定したり，グラウンド（コート）の広さを狭くしたり，打つ（蹴る）人と一塁に走る人を分けたりするなど，プレイ上の緩和や制限を設けたりし，得点の仕方や規則を児童の発達段階や実態に応じ変更していくことが求められる。

（3）高学年

高学年のベースボール型では，ボールを打つ攻撃と隊形をとった守備によって，簡易化されたゲームをすることが求められる（文部科学省，2018，p. 140）。

高学年では，中学年で学習した「どこでアウトにするのか」といった戦術的課題に加え，「どのような役割行動をするのか」といった状況判断の対象を増やしたり，プレイ上の制限を加えたりしていくことで，6年間を通した系統的な学習が展開できる。

高学年の指導においても，児童の発達段階に応じてプレイヤーの人数，グラウンド（コート）の広さやプレイ上の緩和や制限，得点の仕方などを規則変更し，児童が取り組みやすいような工夫が必要となる。また，授業者は，自己の役割を果たしたり，最後まで全力でプレイしたり，仲間を励ましたりする言動などを授業のまとめで取りあげ，称賛したりするとよい。

なお，高学年においても，ボールが硬くて恐怖心を抱いたり，小さくて操作

しにくい場合は，柔らかいボールや大きいボールを用意したり，ゆっくりとした速さになるボールを用意したりし，苦手な児童への配慮として教具を工夫することが求められる。

3. ベースボール型の学習指導計画と評価

（1）指導と評価の一体化を図った学習指導計画の作成
①単元計画の例とその概要

　ここでは，第5学年を対象に8時間単元の設定で実践例を以下に示す（表8-6）。低学年で投の運動遊びやあつまりっこベースボールが実施され，第3学年及び第4学年では，易しいゲームとして修正版並びっこベースボールを経験済みという設定である。

　本節の単元では，思考力・判断力・表現力等の学習活動を軸に，知識及び技能，学びに向かう力・人間性等の学習を目指した指導計画である。そのため，「○○のヒミツをみつけよう」という学習内容を設定した。

　第1次（1〜4時間目）では，「最強チームなるためのヒミツをみつけよう」というねらいを設定し，簡単なルールによる簡易化されたゲームを展開する。第2次（5〜8時間目）では，「ヒミツを伝えよう！　アドバイスをしよう！」というねらいを設定し，チームとして守備の隊形をとり攻守交替が繰り返し行える簡易化されたゲームを展開する。

　これらのねらいを達成するために，2〜3時間目では，「みんなのヒミツ見つけ」として，「運動のヒミツ」や「チームのヒミツ」を発見することを学習内容として位置付けた。4〜5時間目では，「友達のヒミツ見つけ」として「うまい人の動きから運動のヒミツ」を発見することを学習内容として位置付けた。6〜7時間目では，「自分のヒミツ見つけ」として「自分にとっての運動のヒミツ」を発見することを学習内容として位置付けた。

表8-6　ベースボール型授業の単元構造図

<table>
<tr><td rowspan="3">単元の目標</td><td>知識及び技能</td><td colspan="3">ボールを打つ攻撃と隊形をとった守備によって，簡易化されたゲームをすること。</td></tr>
<tr><td>思考力・判断力・表現力等</td><td colspan="3">ルールを工夫したり，自己のチームの特徴に応じた作戦を選んだりするとともに，自己や仲間の考えたことを他者に伝える。</td></tr>
<tr><td>学びに向かう力・人間性等</td><td colspan="3">運動に積極的に取り組み，ルールを守り助け合って運動をしたり，勝敗を受け入れたり，仲間の考えや取組を認めたり，場や用具の安全に気を配ったりすること。</td></tr>
<tr><td></td><td></td><td>知識・技能</td><td>思考・判断・表現</td><td>主体的に学習に取り組む態度（以下，主体的態度）</td></tr>
<tr><td>内容のまとまりごとの評価規準</td><td></td><td>・運動の行い方を理解しているとともに，その技能を身に付け，簡易化されたゲームができる。
・ボールを打つ攻撃と隊形をとった守備によって，簡易化されたゲームができる。</td><td>・ルールを工夫している。
・自己のチームの特徴に応じた作戦を選んだりしている。
・自己や仲間の考えたことを他者に伝えている。</td><td>・運動に積極的に取り組もうとしている。
・ルールを守り助け合って運動をしようとしている。
・勝敗を受け入れようとしている。
・仲間の考えや取組を認めようとしている。
・場や用具の安全に気を配っている。</td></tr>
<tr><td>単元の評価規準</td><td></td><td>①捕る，投げる，打つ，走るといった運動の行い方について，言ったり実際に動いたりしている。
②ボールの動きに合わせ，捕ったり，投げたり，打ったり，走ったりすることができる。
③簡易化されたゲームができる。</td><td>①仲間と場やルールを工夫している。
②自チームや他チームのヒミツを見付けようとしている。
③自分や友達のヒミツを見付けようとしている。
④自己やチームの特徴に応じた作戦を選んでいる。
⑤見付けたヒミツを他者に伝えたり，書いたりしている。</td><td>①捕る，投げる，打つ，走るといった運動に積極的に取り組もうとしている。
②ルールを守り仲間と助け合って運動をしようとしている。
③チームの勝敗を受け入れようとしている。
④友達の考えや取組を認めようとしている。
⑤場や用具の安全に気を配っている。</td></tr>
</table>

		1	2	3	4	5	6	7	8
学習の流れ	0	オリエンテーション	挨拶，体調確認，学習の流れ・課題等の確認						大会 ・5対5
		・学習の進め方	練習タイム（ドリルゲーム）：・投げっこゲーム タスクゲーム（修正版並びっこベースボール）						
	10	・グルーピング	「最強になるためのヒミツをみつけよう！」			「ヒミツを伝えよう！アドバイスしよう！」			
	20	・授業内の約束事 授業の流れ	タスクゲーム：修正版並びっこベースボール	【みんなでヒミツ発見タイム】メインゲーム①（ネオ・フィールダー・ベースボールⅠ）・最強チームになるための「自チームや他チームのヒミツ」を発見しよう！		【ヒミツができているか発見タイム】メインゲーム②（ネオ・フィールダー・ベースボールⅡ）・最強チームなるために「自分や友達のヒミツ」をみつけよう！・ヒミツができているかアドバイスし合おう！			
	30	「ヒミツをみつけよう！」「伝えよう！」							
	40	・試しのゲーム							
	45	片付け，まとめ，学習カード，体調確認等							
評価	知識・技能		①観察，カード		②③観察	①観察，カード	②③観察		
	思考・判断・表現		②観察，カード	①観察②観察，カード		①観察③観察，カード	③観察④カード	⑤観察，カード	④カード⑤観察，カード
	主体的態度	①⑤観察			⑤観察	②③④観察		①②観察	③④観察

②本時の展開例（3／8時間目）

　本授業は，1チーム5人編成で6チームの設定である。1時間目に試しのゲームを行っている。2時間目からは，ドリルゲームとして投げっこゲームが，タスクゲームとして岩田（2012）の修正版並びっこベースボール（いくつかルー

ル等に変更を加えた内容）を学習している。

　以下は，8時間単元の3時間目を授業展開例として紹介する。

　この時間の目標は，「チームのヒミツをみつけよう！」である。そのため，学習者たちは，タスクゲームやメインゲームを通し，自チームのヒミツを見付けたり，他チームのヒミツを見付けたりする。

　3／8時間目の導入場面では，ドリルゲームとして投げっこゲームを行い，タスクゲームとして修正版並びっこベースボールを行う。前時に「みんなのヒミツみつけ」を行っており，ほとんどの学習者がヒミツを見付けられているため，学習者たちは，次の「うまい子のヒミツ」や「自分のヒミツ」を見付けようとしている。

　展開場面では，メインゲームのネオ・フィールダー・ベースボールを行う。守備側プレイヤー全員が打者ランナーよりも先回りした塁に集まってアウトにする修正版並びっこベースボールよりも，走者の進塁を阻止するための役割行動の学習に焦点を当てたゲームである。学習者は，このゲームを通し，最強チームになるための「自チームのヒミツ」や「他チームのヒミツ」を見付ける。守備側・攻撃側それぞれにヒミツが出てくるが，動きやルールが複雑すぎて，理解が不十分な学習者には個別あるいはグループに付いて，教師が助言をしたり発問をしたりする。

表8-7　本時の指導計画

		学習内容・学習活動	指導上の留意点 （●指導，▲支援・配慮，◆評価規準） ○ゲームの基本ルール	評　価		
				知識・技能	思考・判断・表現	主体的態度
	0	挨拶，体調確認 本時の学習の流れ・課題等の確認				⑤
		「最強になるためのチームのヒミツをみつけよう！」				
	3	ドリルゲーム（5分） ・投げっこゲーム	【ルール図○参照】 ○投げっこゲームは，新聞紙を丸めた			

	8	「自分のヒミツを見つけよう」	ボールを制限時間内に相手チームのコートへ投げ合うゲーム。			

学習の流れ

23	タスクゲーム（15分） ・修正版並びっこベースボール 「自チームのヒミツを見つけよう」	【ルール図○参照】 ○修正版並びっこゲームは，ボール捕球後，打者ランナーより先回りした塁に守備側が集まることでアウトが取れる。			
		●学習資料を活用して，ヒミツが見付けられたかどうか確認する。 ◆自チームのヒミツを見付けようとしている。 ▲ヒミツを見付けられない子どもに対し，発問をしながらヒミツ見つけの支援をする。 ◆仲間と場やルールを工夫している。	②			
			①			
43	メインゲーム①（リーグⅠ）（20分） ・ネオ・フィールダー・ベースボール 「自チームや他チームのヒミツを見つけよう」	【ルール図○参照】 ○アウトゾーンを設定し，打者走者よりも先回りし，守備側の2人が「アウト」といってしゃがむとアウト。 ○ボールが内野ゾーン内で捕球された場合は，内野やアウトゾーンへ守備側全員が集まってしゃがむとアウト。 ○チーム全員が攻撃し終わったら攻守を交替し，全員が攻撃し終わったらゲーム終了。			
		▲先程「自チームのヒミツ」が見付けられなかった児童のいるチームに対し，ゲームの中で助言をする。 ◆仲間と場やルールを工夫している。	①		
	片付け まとめ：本時の学習を振り返る。 「自チームのヒミツ」が	◆場や用具の安全に気を配っている。 ◆自チームのヒミツを見付けようとしている。	②	⑤	

見付けられたか,「他チー
ムのヒミツ」が見付けら
れたかどうかホワイト
ボードにシールを貼りに
来る。
個人の学習カード記入,
体調確認,挨拶をして終
了。

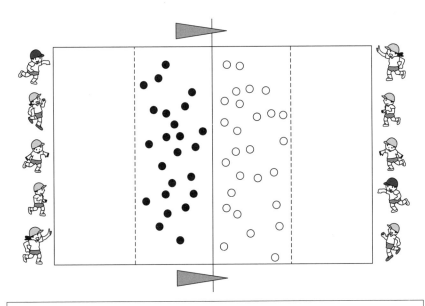

・コートの大きさは,縦20～30m(今回は24m)横10～15m(今回は12m)で,点線はコートの縦1/3～2/3の位置に設定(今回は1/2)。
・塩ビ管パイプなどを使って高さ2m程度の区切りネットを作る。
・一番後ろの線に立ちスタートの合図で紙ボールを拾いに行く。
・紙ボールは点線より前に転がしておき,点線より後ろから紙ボールを相手コートへ投げ入れる。その際紙ボールは1人1個しか持たない。
・丸めたボールは1チーム100個で,自チームのボールが自コート内にない場合のみ相手チームのボールを投げてもよい。
・30～60秒を1～5回実施(今回は30秒×5回とする)。
・制限時間内でいくつ相手コートにボールを投げ入れることができたかを競う。

図8-11 投げっこゲームのルール

(2) 単元及び授業づくりの工夫
①教材・教具の工夫

　ベースボール型の授業では，バットなどの用具を使ってボールを遠くまで飛ばしたり，ねらったところに打ったりするところに，攻撃側の楽しさがある。しかし，バットにボールが当たらなければそれを楽しむことはできない。そのため，テニスラケットや中心部分が太いバットやフラットになっているバット（図8-12）など，ボールとの接地面が少しでも広くなる用具をバットとして使用するなどの工夫も必要である。また，動いているボールを打つことが難しいため，T台を用意したり，ペットボトルやコーンなどを使った簡易のT台を作成したりすることも必要である。

　ボールは，スポンジボールなど当たっても痛くない素材の物を使用するとよい。また，スポンジボールは遠くに飛ぶが，ボールを捕球する際にキャッチしにくいというデメリットもある。そのため，スポンジボールを新聞紙で巻いてあげることで，守備側のボール送・捕球をし易くすることができる。

　個人スキル（ボール操作）と集団スキル（ボールを持たない動き）を学習するうえで，教材・教具の工夫は欠かせない。たとえば，ボール操作の習得では，ドリルゲームを設定して，捕ること，投げること，打つこと等の個人スキルの習得を目指すとよい。たとえば，図8-13のように，強く投げると音が鳴る教具なども効果的である。一方で，ボールを持たない動きの習得では，タスクゲームやメインゲームを通じて，「意図的・選択的な判断に基づく協同的プレイ」の学習を目指す工夫が必要である。

図8-12 （フラットバット）

図8-13 （ブーブーロケット）

②学習資料の工夫

　本単元では，思考力・判断力・表現力等の学習活動を軸に，知識及び技能，学びに向かう力・人間性等態度の学習を目指した学習展開として，「○○のヒミツをみつけよう」という学習内容が設定されている。以下の図は，ヒミツが見付けられたかどうかを表すための学習資料である。学習者は単元を通じ，「○○のヒミツをみつける」という課題について，見付けられたかどうか，あるいは，アドバイスできたかどうかを●を付けるなどして評価していく。指導と評価の一体化を図った学習資料であり，個人用の学習カードと合わせ，班ごとあるいはクラス全員用の表を提示することで，教師も学習者も一目で学習状況を判断することができるため，学習指導の改善がしやすくなる。

単元の目標　【最強○○になるための運動のヒミツをみつけよう】　（班用）							
どんなヒミツを見つけたかな	8時間目						
	7時間目						
	6時間目						
	5時間目						
	4時間目						
	3時間目						
	2時間目						
	1時間目						
	名前	Aさん	B君	Cさん	D君	F君	1班
●	自分のヒミツ	自分にとっての運動のヒミツがわかった					
●	友達のヒミツ	うまい人の動きから運動のヒミツがわかった					
●	みんなのヒミツ	運動のヒミツがわかった					

図8-14　学習資料の例

（南島他，2016）

③苦手な児童への配慮等

　学習者がうまく言語化できない場合もあるため，たとえば，「どうしたら遠くにボールを投げることができるかな？」と発問をするのではなく，「自分のヒミツを見付けることができたかな？」や「自分のチームのヒミツを見付けることができたかな？」，「うまい子のヒミツを見付けることができたかな？」という発問することで，運動が苦手，あるいは言語化・非言語化することが苦手な学習者でも，「ヒミツを見付けられた」と自己評価しやすくなる。

　なお，ベースボール型の授業に慣れていない児童，苦手な児童への配慮として，導入のゲームとして中学年の「易しいゲームの工夫例」を2〜3時間実施するとよい。

課　題

1. たとえば，低学年のボールゲーム（ボール蹴りゲーム）において，ボールを捕ったり止めたりすることが苦手な児童に対し，あなたならどのような指導をしますか。また，教材・教具，あるいは，ルールなどをどのように工夫しますか。
2. たとえば，中学年のネット型ゲーム（キャッチボール）において，ボールの落下地点やボールを操作しやすい位置に移動したりすることが苦手な児童に対し，あなたならどのような指導をしますか。また，ルールなどを具体的にどのように工夫しますか。
3. たとえば，高学年のベースボール型において，ゲームに意欲的に取り組めない児童に対して，あなたならどのような指導をしますか。また，児童が意欲的にゲームに取り組めるように，ルールなどを具体的にどのように工夫しますか。

参考文献

岩田靖『体育の教材を創る』大修館書店，2012年

岩田靖『ボール運動の教材を創る』大修館書店，2012年

高橋健夫・南島永衣子「口絵・連載26 日本で一番受けたい体育の授業」pp. 5-8, 72, 大修館書店，2005年

南島永衣子・大友智・梅垣明美・築田尚晃・深田直宏・上田憲嗣・吉井健人・友草司「小学校体育授業における「指導と評価の一体化」を図る学習指導計画の開発とその効果の検討─思考力・判断力を高める学習指導の事例的検討」『立命館大学教職教育研究』3, pp. 31-41, 2016年

文部科学省『学校体育実技指導資料集第8集　ゲーム及びボール運動』東洋館出版社，2010年

文部科学省『小学校学習指導要領（平成29年告示）解説　体育編』東洋館出版社，2018年

文部科学省「小学校高学年体育─15 ソフトボール」2012年　https://www.youtube.com/watch?v=yJi4ijrHqbk, 最終閲覧日2022年10月5日

文部科学省「小学校体育（運動領域）まるわかりハンドブック　ボール運動」https://www.mext.go.jp/component/a_menu/sports/detail/__icsFiles/afieldfile/2011/07/06/1308040_11.pdf, 最終閲覧日2022年10月5日

第9章

表現運動系領域

　表現運動の特徴は表現の行い方を理解するとともに表したい感じ（イメージ）を全身の動きで表現することや，表現の内容や発表の仕方を工夫して仲間に伝え，ともに踊ったりすることである。リズムダンスの特徴は，音楽のリズムに乗って踊ったり，日本や世界の民族に継承されるフォークダンスを踊ったりそれをとおして他者と交流することである。

　児童の発達段階に即した表現の題材やリズムダンス・フォークダンスの選定が授業展開に求められる。

キーワード　表現　イメージ　リズム　フォークダンス

第1節　特性

　表現運動系領域の特性は，自己の心身を解き放したり，イメージやリズムの世界に没入してなりきって踊ったり，身近な題材の特徴を捉えて，そのものになりきって全身の動きで表現したり，軽快なリズムの音楽に乗って踊ったりして楽しむことができる運動である。また，友達や仲間といろいろな動きを考えて踊ったり，調子を合わせて踊ったり，互いのよさを生かしあって仲間と交流して踊ったりすることの楽しさや喜びを味わうことができる。

　そのために，児童の今もっている力やその違いを生かせるような題材や音楽を選ぶとともに，多様な活動や場を工夫して，一人ひとりの課題の解決に向けた創意工夫ができるようにしていくことが求められる（文部科学省，2018，p. 32）。

第2節　発達段階による学習指導のポイント

表現運動系領域は,低学年では「表現遊び」「リズム遊び」,中学年では「表現」「リズムダンス」,高学年では「表現」「フォークダンス」によって構成されている。

1. 低学年

表現遊びでは,児童の日常生活に関連させ「見たことがある」,「経験したことがある」,「聞いたことがある」などの身近な題材を選ぶとよい。題材そのものになり全身を使って跳ぶ,走る,歩く,這う,ねじるなどで即興的に踊ることができるような工夫が求められる。

リズム遊びでは,明るく軽快なリズムで児童にとって身近で関心が高い曲を選び,リズムに乗ってへそ(体幹部)を中心に弾んだり踊ったり,友達と調子を合わせたりして踊る楽しさを味わわせる。

2. 中学年

表現運動では,「具体的な生活の題材」やそれと対比する「空想の世界からの題材」である身近な生活からの題材からイメージを膨らませたり,多様な動き方を考えたりするとよい。その際,題材などの特徴を捉え,表したい感じを中心に「はじめ」と「おわり」をつけてひと流れの動きで踊る。また,ひと息で踊れるようなまとまりのある動きを速さや位置に差をつけて誇張したり,対応する動きや対比する動きを繰り返したりして組み合わせたりすることも有効な手立てである。

リズム運動では軽快なリズムの全身で弾むような曲や,拍子の強弱を逆転させたり変化させたりした,ロックやサンバのテンポ(速さ)やシンコペーション(拍子の強弱を逆転させたり変化させたりしたリズム)で踊ることができるような工夫が求められる。リズムに乗ってへそ(体幹部)を中心に,全身で弾んで踊ったり,動きに変化をつけて踊ったり,友達と関わり合って踊る楽しさを味わわせる。

3. 高学年

表現運動では,個々の発達段階を踏まえ,いろいろな題材からそれらの特徴

を捉えることが挙げられる。そのため，「激しい感じの題材」，「群（集団）が生きる題材」などの変化と起伏のある表現へ発展しやすい題材を取りあげたり，1つの題材に固定しないで幅の広い捉え方や動きを含む題材として「多様な題材」の特徴を捉えたりすること等が求められる。たとえば，「社会」や「日常生活」の印象的なできごとや関心のあるテーマのような抽象的な題材へと発展させるとよい。

　そのうえで，表したい感じやイメージをひと流れの動きで即興的に表現したり，グループで「はじめ―なか―おわり」の簡単なひとまとまりの動きとして表現したりすることが求められる。

　フォークダンスでは，日本の民謡や外国のフォークダンスなど，曲や動きに文化的な意味をもつものを選ぶ。踊り方の特徴を捉え，基本的なステップや動きを身に付けて，仲間と踊りながら交流する楽しさを味わわせる。

　日本の民謡では，歌詞に伴う手振り，低く踏みしめるような足どりと腰の動きなどの共通する特徴やそれぞれの踊り方の特徴を捉え，基本的な踊り方を身に付けて踊ることが挙げられる。

　外国の踊りでは，輪や列になって踊る，パートナーと組んで踊るなど，国によってさまざまな特徴をもつ踊りの特徴を捉え，音楽に合わせて仲間と踊り交流をすることが挙げられる。

第3節　表現運動の学習指導計画と評価

1．指導と評価の一体化を図った学習指導計画の作成

（1）単元計画の例とその内容

　本節では，第5学年を対象に6時間単元の設定で実践例を以下に示す（表9-1）。低学年では，日常生活に関連した題材の表現遊びや身近で関心の高い音楽を用いたリズム遊びの学習を行った。そのうえで中学年では，「空想の世界からの題材」を加えた表現運動とさまざまなテンポやシンコペーションのリズムダンスの学習を行った。高学年では，それらの経験を踏まえて，「激しい感じの題材」や「群（集団）が生きる題材」などの変化と起伏のある表現につながりやすい題材や，題材を一つに絞らずに幅広い動きや題材を組み合わせる「多様な題材」

の表現運動（文部科学省, 2018, p. 146）に取り組む。

　単元目標として「表現の行い方を理解するとともに, 表したい感じを表現することができるように積極的に取り組み, 仲間のよさを認め合い助け合って踊る」という目標を設定し, 子どもが表したい感じやイメージのための身体の動かし方がわかって表現できること（知識, 技能）, 表したい感じやイメージのための体の使い方や班の踊り方の課題を見付けて解決する動きを選んでいること（思考・判断）, 表現の運動に積極的に取り組み, 仲間のよさを認め助け合いながら作品に取り組むこと（態度）を軸にしながら, 学びに向かう力・人間性等の学習を目指す指導計画を設定した。

　表現運動では, 一つの題材や多様な題材を組み合わせて「変化や起伏のある動き」で「急変する感じ」を「はじめ―なか―おわり」のひと流れの動きで表

表9-1　表現運動授業の単元構造図

単元の目標	知識及び技能	表現の行い方を理解するとともに, 表したい感じを表現することができるようにする。		
	思考力・判断力・表現力等	自己やグループの課題の解決に向けて, 表したい内容や発表の仕方を工夫するとともに, 自己や仲間の考えたことを他者に伝えることができるようにする。		
	学びに向かう力・人間性等	表現運動に積極的に進んで取り組み, 互いのよさを認め合って踊ったり, 場の安全に気を配ったりすることができるようにする。		
内容のまとまりごとの評価規準		知識・技能	思考・判断・表現	主体的に学習に取り組む態度（以下, 主体的態度）
		・表したい感じやイメージのための体の動かし方がわかっている。 ・表したい感じを表現することができる。	・表したい感じやイメージのための体の使い方やグループの踊り方の課題を見付け, 解決する動き方を選んでいる。 ・仲間のふさわしい動きを認めて伝え合っている。	・積極的に踊りに取り組もうとしている。 ・仲間のよい動きをほめたり, 自己の動きに取り入れたりしようとしている。 ・ペアやグループで助け合いながら作品を完成させようとしている。 ・踊る場所の安全に気を配っている。

単元の評価規準	①表現の行い方について，言ったり書いたりしている。 ②激しい感じや急変する感じをメリハリ（緩急・強弱）のある流れの動きにして即興的に踊ることができる。 ③表したい感じやイメージを強調するように，変化と起伏のある「はじめ―なか―おわり」の構成を工夫して，仲間と感じを込めて通して踊ることができる。	①表したい感じやイメージが踊りから表れているか，踊りの特徴を捉えて踊れているかなど，グループの踊りを見て，自己やグループの課題を見付けている。 ②「表したい感じやイメージを強調する」という課題に応じて，差のある動きや群の動きなどで変化を付ける方法を選んでいる。 ③表したい感じやイメージにふさわしい動きになっているかをペアのグループやクラス全体で見合い，よくなっていたところを伝えている。	①表したい感じやイメージを表現したりする運動に積極的に取り組もうとしている。 ②互いの動きや考えのよさを認め合おうとしている。 ③グループで取り組む際に，仲間と助け合おうとしている。

		1	2	3	4	5	6
学習の流れ	0	オリエンテーション 班分け テーマ「激しいイメージ」理解 心と身体の準備運動	心と身体の準備運動 一人で：伸び縮み，緩急，突き，自分たちの考えた動き，前時の動き「激しい○○」ペアで同じ動き，反対の動き		班の各ペアで考えた動きで準備運動	班で決めた動きで準備運動	
	10						
	20	（伸⇔縮等），二人でも激しい動きの出し合い，即興の動き発表と模倣	自然の激しい動き（海の風）班の中で二人のペアを作り，イメージにあった動きを出し合う。	自然の激しい動き（森の風）	班の各ペアが考えた動きをもとに班での発表のための激しい動きを決め，それをはじめ―なか―おわりのひと流れ	前回の班での意見交換を踏まえ修正と練習作品を撮影して出来栄えを確認し，班での意見交換をとおして作品を修正し完成	発表会各班について講評しあい，一番踊りたい班の作品を選ぶ
	30						
	40		動きをはじめ―なか―おわりのひと流れにし				

45		てペアで発表する。それを動画として撮影し，表現ができているかなどの課題を確認し，ペアで意見交換をする。	にして発表，班で意見交換をする。	させる。		
		学習カードに本時の内容を記入する				
評価	知識・技能		②観察		①学習カード	③観察	
	思考・判断・表現			①観察			②観察
	主体的態度	①観察		②学習カード	③観察		

現する。そのために素早く走る動作から急に止まるなど緩急をつけた移動を伴う動きや，回る，転がる，ねじるなどの多様な身体の使い方を用いる。その際は表したい感じやイメージが表れ，特徴をとらえているかなど仲間の動きを見て自己やグループの課題を見つけ，恥ずかしがらずに積極的に取り組み，仲間のよさを認めて助け合いながら一つの作品を作り上げることが求められる。

　単元の1時間目では，発表班を編成し作品発表につなげることを意識させ，まずは一人で体のいろいろな動かし方をとおして「激しい」からイメージされる動きを即興でつぎつぎと試し，最後に二人のペアでお互いの動きを真似し合い，表現に積極的に取り組むこととした。単元の2,3時間目（なか）では，テーマに沿った「激しい動き」についてイメージを出し合って，体を使って各自が即興で踊ることから二人（ペア）で動くことにつなげ，互いのよさを認め合って「はじめ―なか―おわり」のひと流れにすることをねらいとして設定した。4時間目は班活動の時間とし，各ペアの動きを活かして題材を決定してひと流れの作品を完成させる。5時間目は4時間目の班での意見交換やICT機器等で撮影した画像など客観的な資料をもとに仲間と助け合って作品を改善し，6時間目の班での発表につなげる設定とした。6時間目はクラス全体での発表会とし，各班の作品を鑑賞して，表したい感じやイメージにふさわしい動きになっている点を伝え合い，クラス全体で踊りたい作品を選ぶこととした。

(2) 本時の展開例（3/6時間目）

本項では3時間目に，抽象的な題材の「自然現象：森の風」を取り上げ，「激しい感じの題材」とした実践例を以下に示す（表9-2）。

表9-2　本時の指導計画

		学習内容・学習活動	指導上の留意点 （●指導，▲支援・配慮，◆評価規準）	知識・技能	思考・判断・表現	主体的な態度
				評　価		
学習の流れ	0	挨拶，体調確認 顔色や雰囲気の確認 本時の学習の流れ 本時のテーマ	顔色や雰囲気の確認 前時のスポーツの動きを踏まえて，今日は新たな課題に取り組むことを説明。 自然の激しい動き（森と風）			
	5	準備運動 一人で　伸び縮み，緩急，突き 二人で向かい合って伸び縮み，緩急，突き	教師の太鼓のリズムに合わせて行うよう声がけする。児童の動きを引き出すリズムどりをする。恥ずかしがることがないよう，うまく表現できている児童をほめ手本として見させる。			
	10	自然の激しい動き　森の木になって風を表現しよう 1. 動画で森の様子を視聴する。 2. 一人で踊る はじめ 静かな森：木が静かに伸びる。静かにゆっくりと伸びたり縮んだりする。 なか	タブレットに森と風の様子を入力しておき，班ごとに視聴させる（あるいは全員で大画面で視聴させる）。 静かな森のイメージを児童の発言から引き出す。 ゆっくりした太鼓のリズムどりをする。うまく表現できている児童をほめ，手本としてまねさせる。 そよ風のイメージを児童の発言から引			

	そよ風が吹く：葉が揺れる。体をゆっくりと回す。 嵐が近づく：木は揺れに揺れる。体を回しながら左右に大きく動く。 枝が折れる：くるくるターンして転がる。 おわり	き出す。 細かく弱い太鼓のリズムどりをする。 うまく表現できている児童をほめ，手本としてまねさせる。 嵐のイメージを児童の発言から引き出す。 「枝が大きく揺れる」「枝が折れる」「葉がこすれる」「激しい音がする」 揺れる：長めのリズムから短いリズムへ太鼓のリズムどりをする。 枝が折れる：耐えられなくなって折れるイメージの強く速い太鼓のリズムどりをする。		
25	嵐が去る：ゆっくりと木のポーズに戻る。 最初から通して踊る。 3. 二人組になり，踊りを見せあい，感想や改善点を意見交換し，ペアで動画に撮る。はじめーなかーおわりに採用する動きを決める。	強く速いリズムからゆっくりやさしい太鼓のリズムどりをする。 静かな森から嵐が去るまでの動きを確認し「はじめーなかーおわり」を意識させ，通しで踊るよう伝える。 時間を決め準備運動のペアで見せ合い，意見を交換し，はじめーなかーおわりに採用する動きを決めさせる。	①	②
	4. 二人で踊る。 同じ動きでピッタリ合わせて踊る。 二人の動きの一部をカノン（時間差）で踊る。 互い違いに踊る。 手をつないで踊る。 二人が近づいたり離れたりして移動する。 撮影タイム 班で各ペアの動きを撮影して，表現できてい	時間を決めて二人で踊るよう伝える。 同じペアで同じ動きをさせる。 1拍ずつずらして動くようにさせる。 一人が静かな森の部分を踊り終わったらしゃがみ，次に二人目に同じパートを踊らせる。 手をつないで二人でどちらか一方の動きで踊らせる。 それぞれの動きで離れたり，近づいたりして踊らせる。 班で各ペアの動きを撮影，視聴させ，表現できているかについて意見交換を		

	るか確認してペアで意見交換する。	させる。			
40	集合 振り返り 学習カードの記入	時間が来たら集合させる。			
45	感想の発表 整理運動，解散	できたこと，感じたことを記入させる。 良い活動をしたペアを指名したり，発表意欲がある児童に発言させる。 その場での伸び（ストレッチング）と深呼吸を行わせ，気持ちを落ち着かせる。			

　本時では，自然のなかの激しい動きを森と風で表現することとした。導入場面では準備運動でのイメージと連動した身体の使い方を確認し，二人で向かい合う場面では同時に動いたり，タイミングをずらしたりしてお互いに動きを見合う。

　展開場面では，まず一人での即興に取り組み，静かな森からそよ風の森へと動きを変え（はじめ），嵐（強風）の森へ激しさを増し（なか），その後嵐が過ぎ去った後の静かな森（おわり）へと動きを抑えていく。この一連の流れのなかで，風の激しさのイメージを表現する。その後，ペアとなってお互いの表現を見せ合いペアでの動きを決め，動きを合わせたり，タイミングをずらして動いたり（カノン），手をつないだりして一連の流れで動くことを体験して画像で確認する。このペアの動きは4時間目の班で採用する動きに活かし，完成させる作品につないでいく。このように動くことを楽しみながら，自己の動きや他者の動きを観察し，作品のイメージを表現するための課題を発見したり，課題解決の場の工夫を仲間同士で助言したりする。

2. 単元及び授業づくりの工夫

（1）教材・教具の工夫

　題材のイメージを膨らませるために，画像や映像を視聴するなど，画像や動画など視覚的な情報提供を効果的に使う。

　その際ICT機器を用いての学習が有効である。タブレット等での情報の入手や動画撮影を利用することにより，各自の動きやペア，班の特徴を把握したり，動きの見栄えを確認したりして課題を見付け，その課題に適した問題解決の場

で学習を自ら仲間とともに進めていくことの楽しさが増すような工夫が求められる。

(2) 学習資料の工夫

表9-3は，授業の振り返りを行う学習資料である。児童は単元を通して，毎時間授業の目標の達成度を〇△×で自己評価し，授業での成果と感想も含めた振り返りから，次時のめあてを考えていく。指導と評価の一体化をねらった学習資料であり，学習者のみならず教師もそれぞれの学習状況が把握できる資料となり，個々や班への学習指導につなげることができる。

表9-3　学習カード

表現運動　学習カード

授業目標　①恥ずかしがらずに動こう
　　　　　②考えて動きを作ろう
　　　　　③仲間の意見や良い動きを認めよう（ほめよう）

自分ができたこと	できたと思う―〇　まあまあできたと思う―△　あまりできなかったと思う―×					
	時間	1時間目	2時間目	3時間目	4時間目	5時間目	6時間目
	日付	月　　日	月　　日	月　　日	月　　日	月　　日	月　　日
①恥ずかしがらずに動けた							
②大きくからだを動かした							
③仲間の意見や良い動きを認めた（ほめた）							

時間	内容	自分ができたこと，作ったこと	振り返り
1	身体で表現してみよう		
2	海の風		
3	森の風		
4	作品づくり		
5	画像をみて作品完成		
6	発表会		

（3）運動が苦手な児童への配慮

　表現の授業では，表現することへの抵抗感（恥ずかしいなど）への対応のため，導入場面にからだほぐしの運動を取り入れて身体を動かして，動き自体の楽しさや心地よさを大切にしながら，表現する動きにつなげて意欲的に取り組むことができるような楽しい活動を工夫することが必要となる。

課　題

1. 低学年の表現遊びの題材として「動物」の例を3つ考えなさい。
2. 中学年の表現運動の題材として「生活」あるいは「スポーツ」の特徴的な動きを4つ考えてつなげてみなさい。
3. 高学年の表現運動のための動きづくり「伸びる⇔縮む」，「つく」，「速い⇔遅い」動作をそれぞれ1つずつ考えなさい。

参考文献

金井茂夫編『小学校指導法　体育』玉川大学出版部，2011年

岡出美則編『平成29年改訂小学校教育課程実践講座』ぎょうせい，2018年

文部科学省『小学校学習指導要領（平成29年告示）解説　体育編』東洋館出版社，2018年

文部科学省「小学校体育（運動領域）まるわかりハンドブック（低学年)」2020年

文部科学省「小学校体育（運動領域）まるわかりハンドブック（中学年)」2020年

文部科学省「小学校体育（運動領域）まるわかりハンドブック（高学年)」2020年

第 **10** 章

保健領域

　第10章では，保健領域についての指導方法や授業実践について学ぶ。まず，学校全体における保健教育の意義や課題について整理をしたうえで，教科「体育」のなかの保健領域についての基本的な見方・考え方について，学習指導要領を中心に確認する。さらに，体育科だけでなく教科横断的なつながりのなかで，保健の見方・考え方を小学校保健の教育課程でどのように扱い，教授すべきかについて主体的な授業担当者として考察できるようにしたい。

キーワード　生きる力　生涯の健康　運動領域とのつながり　教科横断的

第1節　保健についての基本的な考え方

1．学校における保健教育

（1）教育と保健

　教育基本法第一条には「教育は，人格の完成を目指し，平和で民主的な国家及び社会の形成者として必要な資質を備えた心身ともに健康な国民の育成を期して行われなければならない。」とされており，心身ともに健康な国民の育成は教育の目的となっている。この教育の目的を達成するためにも保健に関する教育は重要であり，特に，小学校の保健に関する教育は，中学校，高等学校における学びにつながるとともに，生涯の心身の健康の基礎を培ううえで，大変

重要といえる。

(2)「生きる力」の育成のために求められる保健教育

　学習指導要領は，時代の変化や子どもたちの状況，社会の要請を踏まえおよそ10年毎に改訂され，現行の小学校学習指導要領は令和2（2020）年度から施行されている。学習指導要領改訂に向けて，平成28（2016）年12月に中央教育審議会によって取りまとめられた「幼稚園，小学校，中学校，高等学校及び特別支援学校の学習指導要領の改善及び必要な方策等について（答申）」では，新学習指導要領の基本となる考え方が示されている。ここでは，変化の激しい予測困難な時代を迎えるにあたり，子ども一人ひとりが社会の変化と主体的に向き合い，よりよい社会と幸福な人生の創り手になれるような力を身に付けられること，そのためには学校と社会が相互に連携し「生きる力」を育成することが強調されている。そして，「生きる力」を育むためには，現在や予測困難な将来の社会を見据えたうえで，そこに生じうるさまざまな課題に対応するために求められる資質・能力を教育課程において身に付けていくことが必要とされている。答申では，現代的な諸課題に対応して求められる資質・能力として，以下の力を育むことが重要とされている。

・健康・安全・食に関する力
・主権者として求められる力
・新たな価値を生み出す豊かな創造性
・グローバル化のなかで多様性を尊重するとともに，現在まで受け継がれてきた我が国固有の領土や歴史について理解し，伝統や文化を尊重しつつ，多様な他者と協働しながら目標に向かって挑戦する力
・地域や社会における産業の役割を理解し地域創生等に生かす力
・自然環境や資源の有限性等のなかで持続可能な社会をつくる力
・豊かなスポーツライフを実現する力

　このなかで，「健康・安全・食に関する力」及び「豊かなスポーツライフを実現する力」については，主として保健教育あるいは健康教育を通して培うことができる資質・能力として位置付けることができる。保健教育の第一の目的は，子どもたちが心身ともに健やかに育つことであり，そのためには，学校において，健康で安全な生活を送ることができるようにすることが重要である。さらに，子どもたちが生涯にわたって健康で安全な生活や健全な食生活を送るため

に必要な資質・能力を育むことや，安全で安心な社会づくりに貢献することができるようにすることが保健教育の意義といえる。

（3）学習指導要領における保健教育

　小学校学習指導要領第1章総則には，児童に「生きる力」を育むことを目指すために学校の教育活動において実現を図るべき事項の1つに「体育・健康に関する指導」が挙げられており，表10-1のように記載されている。

表10-1　学校における「体育・健康に関する指導」

> 　学校における体育・健康に関する指導を，児童の発達の段階を考慮して，学校の教育活動全体を通じて適切に行うことにより，健康で安全な生活と豊かなスポーツライフの実現を目指した教育の充実に努めること。特に，学校における食育の推進並びに体力の向上に関する指導，安全に関する指導及び心身の健康の保持増進に関する指導については，体育科，家庭科及び特別活動の時間はもとより，各教科，道徳科，外国語活動及び総合的な学習の時間などにおいてもそれぞれの特質に応じて適切に行うよう努めること。また，それらの指導を通して，家庭や地域社会との連携を図りながら，日常生活において適切な体育・健康に関する活動の実践を促し，生涯を通じて健康・安全で活力ある生活を送るための基礎が培われるよう配慮すること。

（文部科学省，2018aより）

　中学校や高等学校の学習指導要領総則にも同様の記載があり，学校における体育・健康に関する指導は，健康で安全な生活と豊かなスポーツライフの実現を目指した教育の充実に努めることをねらいとしており，児童の発達段階を考慮して，学校の教育活動全体で適切に行うこと，体育科だけでなく特別活動や各教科等においても行うよう努めることとされている。さらに学校での指導は，家庭や地域社会との連携のもとに，日常生活において適切な体育・健康活動の実践を促すことで，生涯を通じて健康・安全な生活を送ることができる基礎を培うことに配慮することになっている。

（4）保健教育の現代的な課題

　中央教育審議会答申では，健康・安全・食に関わる現代社会の課題として次のような項目を示している。
・情報化社会の進展により，さまざまな健康情報や性・薬物等に関する情報の入手が容易になるなど，子どもたちを取り巻く環境が大きく変化している。

このため，子どもたちが，健康情報や性に関する情報等を正しく選択して適切に行動できるようにするとともに，薬物乱用防止等を徹底することが課題である。

・食を取り巻く社会環境が変化し，栄養摂取の偏りや朝食欠食といった食習慣の乱れ等に起因する肥満や生活習慣病，食物アレルギー等の健康課題が見られるほか，食品の安全性の確保や食糧自給率向上，食品ロス削減等の食に関わる課題が顕在化している。

・東日本大震災をはじめとするさまざまな自然災害の発生や，情報化やグローバル化等の社会の変化に伴い，子どもを取り巻く安全に関する環境も変化している。子どもたちが起こりうる危険を理解し，いかなる状況下でも自らの生命を守り抜く自助とともに，自分自身が社会のなかで何ができるのかを考える共助・公助の視点からの教育の充実も課題である。

　以上のような課題に対応するためには，前項にあげた学校における「体育・健康に関する指導」として学校全体の保健教育として取り組んでいく必要があり，具体的には，氾濫する情報から正しい情報を選択できる能力，生活習慣病や食物アレルギー予防のための行動を実行できる健康課題への対応能力，安全・安心な生活のためのリスク回避能力など，いわゆるヘルス・リテラシーを活用し，自らの健康を保持増進することに加え，社会における健康や安全のための仕組み作りについても主体的に考え実践できる能力を身に付けることが求められている。

　科学の進展により，健康や疾病に関するエビデンスは日々更新されるとともに，自然災害や未知の感染症への対応など，新たな「健康・安全・食」に関わる課題が発生している。そのような予測困難な社会を生きる子どもたちが「生きる力」を身に付け，生涯にわたって心身ともに健康な生活を送るためには，保健教育の役割は重要であると考えられる。

2．体育科教育のなかの保健

（1）教科「体育」の目標
　小学校学習指導要領における教科「体育」の目標を表10-2に示した。
　この目標は，小学校教育のなかで体育科の学習指導が目指す目標であり，「何のために学ぶのか」という学習の意義や学び方の方向を示すとともに，「何が

できるようになるのか」の視点から，育成を目指す資質・能力として「知識・技能」「思考力・判断力・表現力等」「学びに向かう力・人間性」の三つの柱が(1)(2)(3)として提示されている。(1)〜(3)の各目標が相互に密接な関係をもちつつ，体育科の究極的な目標である「生涯にわたって心身の健康を保持増進し，豊かなスポーツライフを実現するための資質・能力を育成すること」を目指すことになる。また，この目標は，学校における「体育・健康に関する指導」の目標とも共通である。

表10-2　小学校における教科「体育」の目標

体育や保健の見方・考え方を働かせ，課題を見付け，その解決に向けた学習過程を通して，心と体を一体として捉え，生涯にわたって心身の健康を保持増進し豊かなスポーツライフを実現するための資質・能力を次のとおり育成することを目指す。 (1) その特性に応じた各種の運動の行い方及び身近な生活における健康・安全について理解するとともに，基本的な動きや技能を身に付けるようにする。 (2) 運動や健康についての自己の課題を見付け，その解決に向けて思考し判断するとともに，他者に伝える力を養う。 (3) 運動に親しむとともに健康の保持増進と体力の向上を目指し，楽しく明るい生活を営む態度を養う。

（文部科学省，2018aより）

　ここでの保健領域における三つの柱としては，「知識・技能」に関しては，運動の行い方や身近な生活における健康・安全について理解する（知識を習得する）ことで，自らの健康増進や疾病・事故予防，あるいは病気やけがからの回復のための適切な行動がとれるような実践力（技能）を身に付けることになる。「思考力・判断力・表現力等」としては，運動や健康についての課題を発見し，それを解決すること（思考力・判断力）とともにその過程を友達や教師，保護者等に伝えることができる表現力を身に付けることを目指す。そして，これらの知識・技能や思考力・判断力・表現力等を生かしながら，疾病・事故予防や健康増進に関心をもち，日常的な運動習慣や望ましい健康習慣形成に主体的・積極的に取り組めるようになることが「学びに向かう力・人間性」の涵養につながることになる。

　体育科の内容は，運動領域と保健領域で構成されており，運動領域が多くを占めているが，表10-2に示したように，体育全体の目標においては，運動及び

保健領域が一体となって示されている。また，全体の目標に続いて示されている「第2　各学年の目標及び内容」の「内容」においては運動領域と保健領域が区分されているものの，「内容の取り扱い」では，「各領域の各内容については，運動と健康が関わっていることについての具体的な考えがもてるよう指導すること」と記載されており，運動領域と保健領域との関連を図りながら指導することに留意する必要がある。なお，保健領域の学習について具体的な内容が示されているのは第3・第4学年及び第5・第6学年についてであるが，第1・第2学年の目標の(3)には「各種の運動遊びに進んで取り組み，きまりを守り誰とでも仲よく運動をしたり，健康・安全に留意したりし，意欲的に運動をする態度を養う。」と記載されており，低学年の運動領域を中心とした体育科の学びのなかでも，運動と健康の関わりを念頭において指導することが求められている。

(2) 保健の見方・考え方

　表10-2に示した教科「体育」の目標の冒頭には「体育や保健の見方・考え方を働かせ」と記されており，このような「見方・考え方」が各教科において明示されていることも新学習指導要領の要点の1つである。各教科の「見方・考え方」とは，「どのような視点で物事を捉え，どのような考え方で思考していくのか」というその教科に特有の物事を捉える視点や考え方であり，深い学びの鍵として各教科の特質に応じた「見方・考え方」を働かせることが重要とされている。小学校学習指導要領解説　体育編において，「保健の見方・考え方」については表10-3のように説明されている。

　「保健の見方・考え方」のポイントとしては，生活の質や生きがいを重視した健康に関する観点が取りあげられている点である。ここには，世界保健機関

表10-3　保健の見方・考え方

> 「保健の見方・考え方」とは，疾病や傷害を防止するとともに，生活の質や生きがいを重視した健康に関する観点を踏まえ，「個人及び社会生活における課題や情報を，健康や安全に関する原則や概念に着目して捉え，疾病等のリスクの軽減や生活の質の向上，健康を支える環境づくりと関連付けること」であると考えられる。小学校においては，特に身近な生活における課題や情報を，保健領域で学習する病気の予防やけがの手当の原則及び，健康で安全な生活についての概念等に着目して捉え，病気にかかったり，けがをしたりするリスクの軽減や心身の健康の保持増進と関連付けることを意図している。

（文部科学省，2018cより）

（WHO）憲章において「健康とは，完全な肉体的，精神的及び社会的福祉の状態であり，単に疾病又は病弱の存在しないことではない。」と定義されているように，健康を身体的側面だけでなく心理的かつ社会的にも充実している状態と捉える幅広い健康に関する観点が示されている。また，人生100年時代とされる現代において，「健康日本21」をはじめとする国民の健康づくりに関する施策では健康寿命の延伸が目標とされているように，生涯にわたり生きがいをもって前向きに生活することができるような生活の質（Quality of Life）も重視した健康観が背景にある。

　このような健康に関する観点を踏まえたうえで，保健領域の学習では，前項「(4) 保健教育の現代的な課題」で述べたような，子どもを取り巻く環境の変化から生じている健康・安全・食に関する課題に対して，「保健の見方・考え方」を働かせながら課題解決のために主体的に取り組めるようになる力を身に付けることが求められることになる。情報化社会の進展によってもたらされた課題に対しては，入手できるさまざまな健康や性に関する情報のなかで，児童生徒が生涯にわたって正しい情報を選択し，自らの心身の健康状態や生活習慣を見直しながら意志決定や行動選択ができ，健康課題を解決できる能力を培うことが求められている。また，日常の場面だけではなく，自然災害や感染症の流行など，非日常的な状況下においても，健康や安全に関する原則や概念を根拠として，リスク回避のための適切な判断や行動をとれることも重要である。さらに，将来的には健康を支える環境づくりを目指し，情報選択や課題解決に主体的に取り組めるようになることが，「保健の見方・考え方」を働かせることであり，保健領域の深い学びにつながることになる。

(3) 学校段階の系統性

　体育科の目標は，生涯にわたって心身の健康を保持増進し豊かなスポーツライフを実現するための資質・能力の育成であり，1つの学校段階における指導だけではなく，幼児期，学童期，思春期，青年期そして成人期以降までのつながりを念頭におきながら，小学校段階の保健領域の学習を実施する必要がある。図10-1は，幼稚園教育要領も含めた各学校段階における保健学習を体系的に示したものである。

　幼稚園教育要領では，幼児教育の重要な目標として10項目の「幼児期の終わりまでに育って欲しい姿」を掲げているが，その1つに「健康な心と体」と

して「健康な心と体を育てるとともに，見通しを持って自ら健康で安全な生活を作り出していけるようになる」ことが示されている。幼稚園修了時にはこの姿に到達することをイメージしながら，日常の保育では，5領域の主として心身の健康に関する領域「健康」に示されたねらいや内容による教育活動が行われる。幼児期の終わりまでに育って欲しい姿は，保育所保育指針や幼保連携型認定こども園教育・保育要領においても共通の記載がなされており，すべての子どもにとっての幼児期が終了する時期の姿として小学校の教員も共有することで，保幼小接続のための取り組みが円滑に実施されることになる。幼児期に育まれた健康な心と体や，健康のための生活習慣が基盤となり，小学校では体育科やその他の教科等を通して保健教育が展開されていくことになる。

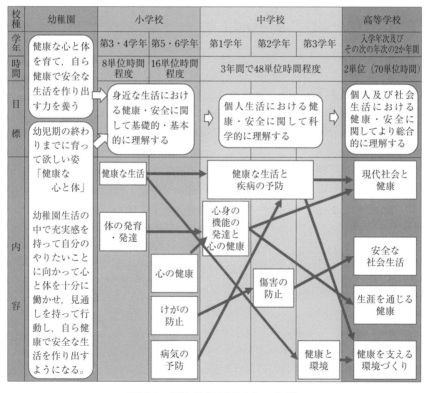

図10-1　保健における目標や内容のつながり

(筆者作成)

次に，小学校から中学校，高等学校への接続に関しては，図10-1に示したように，たとえば，小学校の「健康な生活」は中学校における「健康な生活と疾病の予防」「健康と環境」に，中学校の「健康な生活と疾病の予防」は高等学校の「現代社会と健康」「健康を支える環境づくり」につながることになる。このように，小学校における保健領域の各単元は，中学校，高等学校の段階に向けて発展していくことを念頭におき，各学校段階を通じて系統性のある指導が行われることが求められている。

3. 教科等横断的な視点からの保健

新学習指導要領の要点の1つに，カリキュラム・マネジメントの充実が挙げられる。カリキュラム・マネジメントとは，「社会に開かれた教育課程」の理念の実現に向けて，学校教育にかかわるさまざまな取り組みを，教育課程を中心に据えながら，組織的かつ計画的に実施することであり，これにより教育活動の質を向上させ，学習効果の最大化を図ることを目指している。カリキュラム・マネジメントには以下の3つの側面があるとされている。

1. 教師が連携し，複数の教科等の連携を図りながら授業や教育活動を展開する
2. 教育課程の実施状況を評価してその改善を図る
3. 教育課程の実施に必要な人的又は物的な体制を確保するとともにその改善を図る

学校における保健教育は「健康・安全・食に関する力」及び「豊かなスポーツライフを実現する力」の育成を目指し，健康・安全・食に関する現代的な課題を解決できるような力を育むために「体育・健康に関する指導」として学校全体として取り組んでいく必要があり，そのためには，カリキュラム・マネジメントの1の側面に示されている教科等横断的な教育活動が重要となる。

表10-4は小学校学習指導要領解説　総則編に示されている「心身の健康の保持増進に関する教育」における教科横断的な教育内容である。小学校では体育科の保健領域を核として，家庭科，理科，生活科，社会科，道徳の学習内容が相互に関連する。また，総合的な学習の時間の探究的課題として，健康・福祉に関する内容を取りあげることも考えられる。さらに，学級活動，児童会活動や学校行事などの特別活動における学習も関連させながら，学校全体で保健教育を実施することになる。

表10-4　心身の健康の保持増進に関する教育（現代的な諸課題に関する教科等横断的な教育内容）

総則	第2の2
	(2) 各学校においては，児童や学校，地域の実態及び児童の発達の段階を考慮し，豊かな人生の実現や災害等を乗り越えて次代の社会を形成することに向けた現代的な諸課題に対応して求められる資質・能力を，教科等横断的な視点で育成していくことができるよう，各学校の特色を生かした教育課程の編成を図るものとする。

総則	体育科
第1 2 (3) 学校における体育・健康に関する指導を，児童の発達の段階を考慮して，学校の教育活動全体を通じて適切に行うことにより，健康で安全な生活と豊かなスポーツライフの実現を目指した教育の充実に努めること。特に，学校における食育の推進並びに体力の向上に関する指導，安全に関する指導及び心身の健康の保持増進に関する指導については，体育科，家庭科及び特別活動の時間はもとより，各教科，道徳科，外国語活動及び総合的な学習の時間などにおいてもそれぞれの特質に応じて適切に行うよう努めること。また，それらの指導を通して，家庭や地域社会との連携を図りながら，日常生活において適切な体育・健康に関する活動の実践を促し，生涯を通じて健康・安全で活力ある生活を送るための基礎が培われるよう配慮すること。 第5 1 イ　教育課程の編成及び実施に当たっては，学校保健計画，学校安全計画，食に関する指導の全体計画，いじめの防止等のための対策に関する基本的な方針など，各分野における学校の全体計画等と関連付けながら，効果的な指導が行われるように留意するものとする。	（第3学年及び第4学年） G　保健 (1) 健康な生活について，課題を見付け，その解決を目指した活動を通して，次の事項を身に付けることができるよう指導する。 　ア　健康な生活について理解すること。 　イ　健康な生活について課題を見付け，その解決に向けて考え，それを表現すること。 (2) 体の発育・発達について，課題を見付け，その解決を目指した活動を通して，次の事項を身に付けることができるよう指導する。 　ア　体の発育・発達について理解すること。 　イ　体がよりよく発育・発達するために，課題を見付け，その解決に向けて考え，それを表現すること。 　※ (6) 内容の「G保健」の (1) については，学校でも，健康診断や学校給食など様々な活動が行われていることについて触れるものとする。(8) 各領域の各内容については，運動と健康が密接に関連していることについての具体的な考えがもてるよう指導すること。 （第5学年及び第6学年） G　保健 (1) 心の健康について，課題を見付け，その解決を目指した活動を通して，次の事項を身に付けることができるよう指導する。 　ア　心の発達及び不安や悩みへの対処について理解するとともに，簡単な対処をすること。 　イ　心の健康について，課題を見付け，その解決に向けて思考し判断するとともに，それらを表現すること。 (2) けがの防止について，課題を見付け，その解決を目指した活動を通して，次の事項を身に付けることができるよう指導する。 　ア　けがの防止に関する次の事項を理解するとともに，けがなどの簡単な手当をすること。 　イ　けがを防止するために，危険の予測や回避の方法を考え，それらを表現すること。 (3) 病気の予防について，課題を見付け，その解決を目指した活動を通して，次の事項を身に付けることができるよう指導する。 　ア　病気の予防について理解すること。 　イ　病気を予防するために，課題を見付け，その解決に向けて思考し判断するとともに，それらを表現すること。 　※ (2) 内容の「A体つくり運動」の (1) のアと「G保健」の (1) のアの (ウ) については，相互の関連を図って指導するものとする。(9) 各領域の各内容については，運動領域と保健領域との関連を図る指導に留意すること。

家庭科
（第5学年及び第6学年） B　衣食住の生活 　次の (1) から (6) までの項目について，課題をもって，健康・快適・安全で豊かな食生活，衣生活，住生活に向けて考え，工夫する活動を通して，次の事項を身に付けることができるよう指導する。 (1) 食事の役割 　ア　食事の役割が分かり，日常の食事の大切さと食事の仕方について理解すること。 (4) 衣服の着用と手入れ 　ア　次のような知識及び技能を身に付けること。 　　(ア) 衣服の主な働きが分かり，季節や状況に応じた日常着の快適な着方について理解すること。 　　(イ) 日常着の手入れが必要であることや，ボタンの付け方及び洗濯の仕方を理解し，適切にできること。 (6) 快適な住まい方 　ア　次のような知識及び技能を身に付けること。 　　(ア) 住まいの主な働きが分かり，季節の変化に合わせた生活の大切さや住まい方について理解すること。 　イ　季節の変化に合わせた住まい方，整理・整頓や清掃の仕方を考え，快適な住まい方を工夫すること。 ※内容の「B衣食住の生活」については，次のとおり取り扱うこと。 　カ　(6) のアの (ア) については，主として暑さ・寒さ，通風・換気，採光，及び音を取り上げること。暑さ・寒さについては，(4) のアの (ア) の日常着の快適な着方と関連を図ること。

理科	社会科
（第4学年） B 生命・地球 (1) 人の体のつくりと運動 　人や他の動物について，骨や筋肉のつくりと働きに着目して，それらを関係付けて調べる活動を通して，次の事項を身に付けることができるよう指導する。 　ア 次のことを理解するとともに，観察，実験などに関する技能を身に付けること。 　　(ｱ) 人の体には骨と筋肉があること。 　　(ｲ) 人が体を動かすことができるのは，骨，筋肉の働きによること。 　イ 人や他の動物について追究する中で，既習の内容や生活経験を基に，人や他の動物の骨や筋肉のつくりと働きについて，根拠のある予想や仮説を発想し，表現すること。 （第5学年） B 生命・地球 (2) 動物の誕生 　動物の発生や成長について，魚を育てたり人の発生についての資料を活用したりする中で，卵や胎児の様子に着目して，時間の経過と関係付けて調べる活動を通して，次の事項を身に付けることができるよう指導する。 　ア 次のことを理解するとともに，観察，実験などに関する技能を身に付けること。 　　(ｲ) 人は，母体内で成長して生まれること。 　イ 動物の発生や成長について追究する中で，動物の発生や成長の様子と経過についての予想や仮説を基に，解決の方法を発想し，表現すること。 （第6学年） B 生命・地球 (1) 人の体のつくりと働き 　人や他の動物について，体のつくりと呼吸，消化，排出及び循環の働きに着目して，生命を維持する働きを多面的に調べる活動を通して，次の事項を身に付けることができるよう指導する。 　ア 次のことを理解するとともに，観察，実験などに関する技能を身に付けること。 　　(ｱ) 体内に酸素が取り入れられ，体外に二酸化炭素などが出されていること。 　　(ｲ) 食べ物は，口，胃，腸などを通る間に消化，吸収され，吸収されなかった物は排出されること。 　　(ｳ) 血液は，心臓の働きで体内を巡り，養分，酸素及び二酸化炭素などを運んでいること。 　　(ｴ) 体内には，生命を維持するための様々な臓器があること。 　イ 人や他の動物の体のつくりと働きについて追究する中で，体のつくりと呼吸，消化，排出及び循環の働きについて，より妥当な考えをつくりだし，表現すること。	（第4学年） (2) 人々の健康や生活環境を支える事業について，学習の問題を追究・解決する活動を通して，次の事項を身に付けることができるよう指導する。 　ア 次のような知識及び技能を身に付けること。 　　(ｱ) 飲料水，電気，ガスを供給する事業は，安全で安定的に供給できるよう進められていることや，地域の人々の健康な生活の維持と向上に役立っていることを理解すること。 　　(ｲ) 廃棄物を処理する事業は，衛生的な処理や資源の有効利用ができるよう進められていることや，生活環境の維持と向上に役立っていることを理解すること。 3 (1) 内容の (2) については，次のとおり取り扱うものとする。 　ア ア の (ｱ) 及び (ｲ) については，現在に至るまでに仕組みが計画的に改善され公衆衛生が向上してきたことに触れること。 （第5学年） (5) 我が国の国土の自然環境と国民生活との関連について，学習の問題を追究・解決する活動を通して，次の事項を身に付けることができるよう指導する。 　ア 次のような知識及び技能を身に付けること。 　　(ｳ) 関係機関や地域の人々の様々な努力により公害の防止や生活環境の改善が図られてきたことを理解するとともに，公害から国土の環境や国民の健康な生活を守ることの大切さを理解すること。 3 (5) 内容の (5) については，次のとおり取り扱うものとする。 　ウ イ の (ｲ) 及び (ｳ) については，国土の環境保全について，自分たちにできることなどを考えたり選択・判断したりできるよう配慮すること。

	総合的な学習の時間
	第2 3 (5) 目標を実現するにふさわしい探究課題については，学校の実態に応じて，例えば，国際理解，情報，環境，福祉・健康などの現代的な諸課題に対応する横断的・総合的な課題，地域の人々の暮らし，伝統と文化など地域や学校の特色に応じた課題，児童の興味・関心に基づく課題などを踏まえて設定すること。

生活科	特別活動
（第1学年及び第2学年） （学校，家庭及び地域の生活に関する内容） (2) 家庭生活に関わる活動を通して，家庭における家族のことや自分でできることなどについて考えることができ，家庭での生活は互いに支え合っていることが分かり，自分の役割を積極的に果たしたり，規則正しく健康に気を付けて生活したりしようとする。	（学級活動） (2) 日常の生活や学習への適応と自己の成長及び健康安全 　ア 基本的な生活習慣の形成 　　身の回りの整理や挨拶などの基本的な生活習慣を身に付け，節度ある生活にすること。 　ウ 心身ともに健康で安全な生活態度の形成 　　現在及び生涯にわたって心身の健康を保持増進することや，事件や事故，災害等から身を守り安全に行動すること。 　エ 食育の観点を踏まえた学校給食と望ましい食習慣の形成 　　給食の時間を中心としながら，健康によい食事のとり方など，望ましい食習慣の形成を図るとともに，食事を通して人間関係をよりよくすること。

特別の教科 道徳	
A 主として自分自身に関すること [節度，節制] 【第1学年及び第2学年】 　健康や安全に気を付け，物や金銭を大切にし，身の回りを整え，わがままをしないで，規則正しい生活をすること。 【第3学年及び第4学年】 　自分でできることは自分でやり，安全に気を付け，よく考えて行動し，節度のある生活をすること。 【第5学年及び第6学年】 　安全に気を付けることや，生活習慣の大切さについて理解し，自分の生活を見直し，節度を守り節制に心掛けること。 D 主として生命や自然，崇高なものとの関わりに関すること [生命の尊さ] 【第1学年及び第2学年】 　生きることのすばらしさを知り，生命を大切にすること。 【第3学年及び第4学年】 　生命の尊さを知り，生命あるものを大切にすること。 【第5学年及び第6学年】 　生命が多くの生命のつながりの中にあるかけがえのないものであることを理解し，生命を尊重すること。	（児童会活動） (1) 児童会の組織づくりと児童会活動の計画や運営 　児童が主体的に組織をつくり，役割を分担し，計画を立て，学校生活の課題を見いだし解決するために話し合い，合意形成を図り実践すること。 （学校行事） (3) 健康安全・体育的行事 　心身の健全な発達や健康の保持増進，事件や事故，災害等から身を守る安全な行動や規律ある集団行動の体得，運動に親しむ態度の育成，責任感や連帯感の涵養，体力の向上などに資するようにすること。

（文部科学省，2018b より）

第2節　保健領域の指導と授業実践

1. 保健領域の学習内容

（1）各学年の目標

　小学校体育科における各学年の目標は，体育科全体の目標を踏まえたうえで，第1・第2学年，第3・第4学年，第5・第6学年の低・中・高学年の三段階で，指導事項のまとまりとして示されている。保健領域の内容が取りあげられている第3・第4学年及び第5・第6学年について，学年別の指導目標を表10-5にまとめた。第1節でも述べたように，体育科は運動領域と保健領域から構成されるが，体育科全体の目標と同様に，学年別の目標についても2領域が一体化して示されており，「知識・技能」「思考力・判断力・表現力等」「学びに向かう力・人間性等」の3つの資質・能力が示されている。

表10-5　小学校体育科における学年別の指導目標

体育科の目標	体育や保健の見方・考え方を働かせて，課題を発見し，その解決に向けた主体的・協働的な学習過程を通して，心と体を一体としてとらえ，生涯にわたって心身の健康を保持増進し豊かなスポーツライフを実現するための資質・能力を次のとおり育成することを目指す。		
資質・能力	知識・技能	思考力・判断力・表現力等	学びに向かう力・人間性等
体育科全体	（1）その特性に応じた各種の運動の行い方及び身近な生活における健康・安全について理解するとともに，基本的な動きや技能を身に付けるようにする。	（2）運動や健康について の自己の課題を見付け，その解決に向けて思考し判断するとともに，他者に伝える力を養う。	（3）運動に親しむとともに健康の保持増進と体力の向上を目指し，楽しく明るい生活を営む態度を養う。
第3学年・第4学年の指導目標	（1）各種の運動の楽しさや喜びに触れ，その行い方及び健康で安全な生活や体の発育・発達について理解するとと	（2）自己の運動や身近な生活における健康の課題を見付け，その解決のための方法や活動を工夫するとともに，考	（3）各種の運動に進んで取り組み，きまりを守り誰とでも仲よく運動をしたり，友達の考えを認めたり，場や用具

	もに，基本的な動きや技能を身に付けるようにする。	えたことを他者に伝える力を養う。	の安全に留意したりし，最後まで努力して運動をする態度を養う。また，健康の大切さに気付き，自己の健康の保持増進に進んで取り組む態度を養う。
第5学年・第6学年の指導目標	(1) 各種の運動の楽しさや喜びを味わい，その行い方及び心の健康やけがの防止，病気の予防について理解するとともに，各種の運動の特性に応じた基本的な技能及び健康で安全な生活を営むための技能を身に付けるようにする。	(2) 自己やグループの運動の課題や身近な健康に関わる課題を見付け，その解決のための方法や活動を工夫するとともに，自己や仲間の考えたことを他者に伝える力を養う。	(3) 各種の運動に積極的に取り組み，約束を守り助け合って運動をしたり，仲間の考えや取組を認めたり，場や用具の安全に留意したりし，自己の最善を尽くして運動をする態度を養う。また，健康・安全の大切さに気付き，自己の健康の保持増進や回復に進んで取り組む態度を養う。

（太字は保健領域に関わる目標）

（文部科学省，2018aより）

(2) 単元内容とその指導

　小学校の保健領域では，身近な生活における健康・安全に関する基礎的な内容を重視し，健康な生活を送る資質や能力の基礎を培う観点から，「健康な生活」「体の発育・発達」「心の健康」「けがの防止」「病気の予防」の5つの内容を取り扱うことになる。学習指導要領には，第3・4学年，第5・6学年いずれの学年についても，保健領域の内容は「G　保健」として示されている。なお，内容の取り扱いに「健康な生活」は第3学年，「体の発育・発達」は第4学年，「心の健康」及び「けがの防止」については第5学年，「病気の予防」は第6学年で指導することとなっている。

　新学習指導要領の要点である身に付けるべき資質・能力の三つの柱については，それぞれの内容ごとに「知識・技能」及び「思考力・判断力・表現力等」の指導目標が設定されている。ただし，「知識・技能」のなかの「技能」につ

いての記載は「心の健康」における不安や悩みへの対処と「けがの防止」におけるけがなどへの手当についてだけであり，「健康な生活」「体の発育・発達」「病気の予防」については「知識」に関する項目のみになっている。なお，「学びに向かう力・人間性等」に相当する指導目標は，体育科全体の目標においてまとめて示されており，学年別の指導事項には示されていない。

　また，保健領域の指導計画を立てるにあたっては，児童の興味・関心や意欲などを高めながら，内容のまとまりを見通して効果的に学習を進めるために，学習時間を継続的または集中的に設定することが望ましいとされている。

　以下に，単元内容ごとに学習すべき事項と指導上の留意点について概説する。各内容では，「知識・技能」の習得を踏まえ，「思考力・判断力・表現力等」の育成が求められるが，そのためには課題を発見し，その課題を解決するための方法を考え，それを伝えることができる，いわゆる主体的・対話的で深い学びが展開されることになる。小学校学習指導要領解説（体育編）に例示されている課題発見・解決等のための具体的な学習活動を表10-6に示した。

表10-6　課題発見・解決等のための学習活動

単元内容	学習活動
健康な生活	・1日の生活の仕方などの主体の要因や身の回りの環境の要因から健康に関わる課題を見付けること。 ・運動，食事，休養及び睡眠，体の清潔，明るさの調節や換気などの学習したことと，自分の生活とを比べたり関連付けたりして，1日の生活の仕方や生活環境を整えるための方法を考えること。 ・健康な生活について，健康に過ごすために考えた方法を学習カードなどに書いたり，発表したりして伝え合うこと。
体の発育・発達	・身長や体重などの年齢に伴う体の変化や体の発育・発達に関わる生活の仕方から課題を見付けること。 ・思春期の体の変化について，学習したことを，自己の体の発育・発達と結び付けて考えること。 ・体をよりよく発育・発達させるための生活について，学習したことを自己の生活と比べたり，関連付けたりするなどして適切な解決方法を考えること。 ・体の発育・発達について，自己の発育・発達や体をよりよく発育・発達させるために考えたことを学習カードなどに書いたり，発表したりして伝え合うこと。
心の健康	・心の発達に関する事柄や，不安や悩みの経験から，心の健康に関わる課題を見付けること。

	・心の発達や心と体の関わりについて，自己の経験と学習したことを関連付けて，よりよく心を発達させる適切な方法や心と体の関わりについて考えること。 ・不安や悩みに対処する様々な方法を考え，学習したことを活用して，適切な方法を選ぶこと。 ・心の健康について，考えたり選んだりした方法がなぜ適切なのか，理由をあげて学習カードなどに書いたり，友達に説明したりすること。
けがの 防止	・人の行動や環境，けがの手当の仕方などから，けがや症状の悪化の防止に関わる課題を見付けること。 ・自分のけがに関わる経験を振り返ったり，学習したことを活用したりして，危険の予測や回避の方法，けがなどの適切な手当の方法を考えたり，選んだりすること。 ・けがの防止について，けがや症状の悪化の防止のために考えたり，選んだりした方法がなぜ適切であるか，理由をあげて学習カードなどに書いたり，友達に説明したりすること。
病気の 予防	・病気の予防や回復に関する課題について，学習したことを活用して解決の方法を考えたり，選んだりすること。 ・いくつかの病気の要因や起こり方を比べて，それぞれの病気に応じた予防の方法を選ぶこと。 ・喫煙，飲酒，薬物乱用と健康について，それらの害や体への影響を考えたり，地域の様々な保健活動の取組の中から人々の病気を予防するための取組を選んだりすること。 ・病気の予防について，病気の予防や回復のために考えたり，選んだりした方法がなぜ適切であるか，理由をあげて学習カードなどに書いたり，友達に説明したりすること。

（文部科学省，2018c より）

①健康な生活

　「健康な生活について理解すること」が身に付けるべき資質・能力として挙げられている。健康の状態には主体の要因や周囲の環境要因が関わっていること，また，健康を保持増進するには，運動・食事・休養・睡眠の調和のとれた１日の生活の仕方が深く関わっていること，体を清潔に保つことや生活環境を整えることが必要であることを知識として習得することが求められる。

　これらの知識をもとに，健康な生活に関する課題を発見し，健康な生活を目指す視点から，その課題を解決するための方法を考え，それを伝えることができる「思考力・判断力・表現力等」を涵養できるような学びが必要とされている。

　なお，学習指導要領の第3・4学年の内容の取り扱い（6）には，「健康な生活」

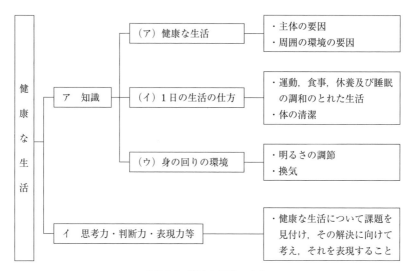

図10-2 「健康な生活」の内容

（文部科学省，2018cより）

に関連して，「学校でも，健康診断や学校給食など様々な活動が行われていることについても触れるものとする。」という記載があり，学校全体で計画的に行われている健康診断や学校給食とともに，養護教諭が中心となって保健室で行っているけがや病気への対応も含め，健康な生活を支えている保健活動の大切さについて児童に気づかせるように配慮することが示唆されている。

　さらに，学習指導要領　第3章　指導計画の作成とその内容の取り扱いでは，配慮事項として，「保健の内容のうち運動，食事，休養及び睡眠については，食育の観点も踏まえつつ，健康的な生活習慣の形成に結び付くよう配慮するとともに，保健を除く第3学年以上の各領域及び学校給食に関する指導においても関連した指導を行うようにすること。」とされており，「健康な生活」における学習においては食育の観点も重視しつつ，運動領域の内容や学校給食に関する指導とも関連をもたせることに配慮する必要がある。

②体の発育・発達

　「体の発育・発達について理解すること」が資質・能力の「知識」に関する目標である。まず，「体の発育・発達」については，体が年齢に伴って変化す

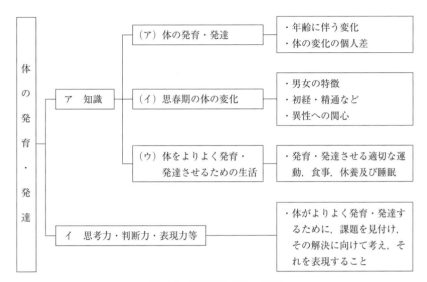

図10-3 「体の発育・発達」の内容

（文部科学省，2018cより）

ること，体の発育・発達には個人差があることを学ぶ。次に「思春期の体の変化」
については，男女の特徴や初経・精通などについて学び，異性への関心も芽生
えること，これらの変化は個人差があるものの大人の体に近づく現象であるこ
とを理解する。さらに，よりよい体の発育・発達のためには適切な運動，食事，
休養及び睡眠などが必要であることなどを理解する。

　これらの習得した知識をもとに，体の発育・発達に関する課題を見付け，よ
りよい解決に向けて考え，それを表現できるようにすることが求められる。

　この単元では，発育・発達や思春期の体の変化における個人差については，
自己の体の変化や個人による発育の違いなどについて肯定的に受け止め，自分
や他の人を大切にする気持ちを育てることに配慮する必要がある。また，「思
春期の体の変化」の指導にあたっては，子どもたちの発達の段階を踏まえるこ
と，学校全体で共通理解を図ること，保護者の理解を得ることなどにも配慮す
ることが大切である。

　また，「体の発育・発達」では「運動については，生涯を通じて骨や筋肉な
どを丈夫にする効果が期待されること」として習得した知識を，運動領域の「A
　体つくり運動」の「跳ぶ，はねるなどの動きで構成される運動」を通じて実

践につなげるなど，運動と健康との関連について具体的な考えをもつことができるよう配慮することが求められる。

③心の健康

　「心の健康」に関しては「心の発達及び不安や悩みへの対処について理解する」という「知識」とともに「技能」として「簡単な対処をすること」が指導目標として挙げられている。

　心は，人や自然との関わりなどのさまざまな生活経験を通して年齢に伴って発達すること，また，心と体は深く影響し合っていること，不安や悩みは誰もが経験すること，それらへの対処にはいろいろな方法があることなどを知識として理解したうえで，不安や悩みへの対処法について技能として身に付ける。この際，運動領域で学ぶ体ほぐしの運動や，深呼吸を取り入れた呼吸法などを対処法として実践することで，運動と健康の関連について確認することができる。

　これらの「知識・技能」をもとに，心の健康に関する課題を発見し，解決するための「思考力・判断力・表現力等」を身に付ける。

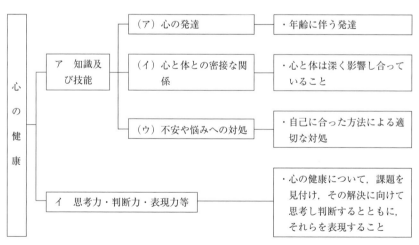

図10-4 「心の健康」の内容

（文部科学省，2018cより）

④けがの防止

「けがの防止について理解するとともに，けがなどの簡単な手当をすること」が身に付けるべき資質・能力とされており，「知識・技能」の習得が目標となっている。

　まず，交通事故や身の回りの生活の危険などを取り上げ，けがの起こり方を理解する。ここでは学校生活の事故や犯罪被害の発生についても取り扱い，事故や犯罪，それらが原因となるけがなどは，人の行動や環境が関わっていることを踏まえ，その防止のために必要な人の行動や環境の整備について知識として身に付ける。その際，交通事故，学校生活の事故やけがの防止とともに犯罪被害防止のための具体的な行動を取りあげるようにする。また，安全管理のための点検活動などの重要性や地域における安全のための施設整備や規制が行われていることにも触れる。

　次に，けがの悪化を防ぐためには迅速な対応が必要であることや，傷の手当に関する知識を踏まえ，けがの手当の技能を身に付ける。そして，けがの防止や危険の予測・回避に関する課題を見付け，解決するための思考力・判断力・表現力等を身に付ける。

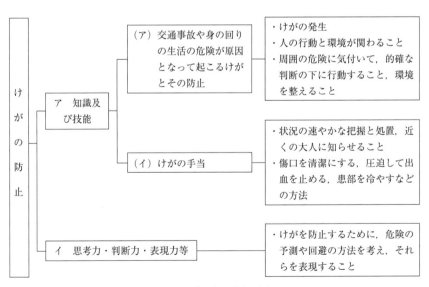

図10-5 「けがの防止」の内容

（文部科学省，2018c）

⑤病気の予防

　「病気の予防について理解すること」が資質・能力の「知識」として掲げられている。まず，病気の起こり方について理解し，そのなかで病原体が原因となる感染症については，病原体の体への侵入を防ぐこと，体の抵抗力を高めることが重要であることを学ぶ。次に，生活習慣が要因となる病気について，むし歯や歯周病とともに心臓や脳の病気を取りあげ，その予防ためには望ましい生活習慣や行動様式を身に付けることや環境を整備することが必要であることを学ぶ。さらに，健康を阻害する要因として喫煙，飲酒，薬物乱用を取りあげ，

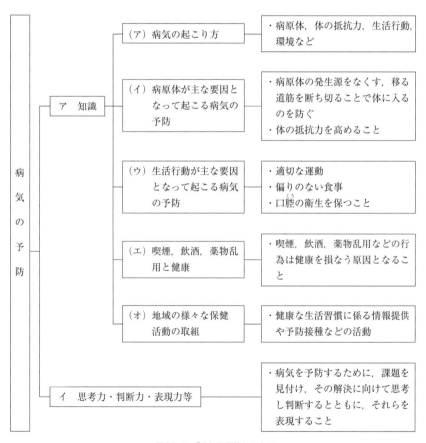

図10-6　「病気の予防」の内容

（文部科学省, 2018cより）

受動喫煙も含めた喫煙はがんや心臓病の要因となること，過度の飲酒は肝臓病などの要因となることに加え，低年齢からの喫煙や飲酒はより重篤な健康影響を及ぼすことにも触れる。また，薬物乱用については，シンナーなどの有機溶剤を取りあげ，心身の健康に深刻な影響を及ぼすことや法律で厳しく規制されていることに触れる。

さらに，人々の病気の予防や健康増進のために，地域では保健所や保健センターなどを中心に，住民への情報提供や予防接種などの保健活動が行われていることも理解できるようにする。

病気の予防について「思考力・判断力・表現力等」を育成するために，病原体，体の抵抗力，生活行動，環境などの要因から課題を見付け，その解決法を考察するとともに，それらを表現する力を身に付ける。

「病気の予防」に関しても，運動領域と保健領域を関係付けた学習について留意する必要があり，全身を使った運動を日常的に行うことが，現在のみならず大人になってからの病気の予防の方法としても重要であることを理解したうえで，各運動領域において学習したことをもとに，日常的に運動に親しむことが病気の予防のためにも有効であることに気づかせることで，運動と健康との関連について具体的な考えをもてるよう配慮することが大切である。

2. 主体的・対話的で深い学びの視点からの授業改善

(1) 主体的・対話的で深い学びとは

子どもたちに「生きる力」を育むためには，「何を学ぶか」とともに「何ができるようになるのか」が大切であり，学習指導要領では育成することを目指す資質・能力を三つの柱で整理している。そして，これらの資質・能力を育むためには子どもたちが学校で「どのように学ぶのか」が重要になる。これからの変化の激しい予測不可能な時代を生きるためには，生涯にわたって能動的に学び続けることが必要であり，学び続ける力を身に付けるために主体的・対話的で深い学びの実現に向けた授業改善を推進することが重視されている。

(2) 保健領域における主体的・対話的で深い学び

体育科のなかの保健領域で扱う内容は量的に少なく，授業の配当時間も限られているため学習内容を一方的に伝授する受動的な授業に陥りがちである。しかしながら，個人の健康課題は発達段階とともに変化し，社会の変化に伴い「健

康・安全・食」に関わる課題も次々に生じ続けている。保健の見方・考え方の根拠になる健康や安全に関する原則や概念も，医学や健康科学の発展に応じて修正されなければならない。そのような背景を踏まえると，子どもたちが「健康に生きる力」を身に付け，生涯にわたって心身ともに健康な生活を送るためには，能動的に学び続けることが必須であり，保健の授業を主体的・対話的で深い学びの視点で改善していくことは重要である。

　体育科では，全体目標に「体育や保健の見方・考え方を働かせ，課題を発見し，その解決に向けた主体的・協働的な学習過程を通して…資質能力を次のとおり育成する」，各学年の単元の指導目標には「課題を見付け，その解決を目指した活動を通して，次の事項を身に付けることができるよう指導する。」という表記がなされている。この課題発見とその解決に向けた主体的・協働的な学習過程は，「主体的・対話的で深い学び」の実現をねらったものである。

　保健学習における主体的・対話的で深い学びの要点を整理すると以下のようになる。

- 主体的な学び
  - 運動や健康についての興味や関心を高めるために，身近な日常生活の体験や事例などを題材として，児童の興味・関心を生かした自主的，自発的な学びにつながるよう工夫する。けがの手当などの実習や実験など，実践的な手法を使う。
  - 健康や安全に関する課題を見付け，その課題解決に向けて粘り強く意欲的に取り組むために，話合いの機会をもったり，思考が深まる発問の工夫や思考を促す資料の提示を工夫する。場合によっては，ケーススタディなどを使い，自由な発言を引き出しながら，客観的・批判的な思考や創造的な思考を促す手法を用いる。
  - 自分の学びの成果を振り返る場面を設け，次の学びや生活に生かすための主体的な取り組みにつなげる。学習カード，ポートフォリオなどを活用する。
- 対話的な学び
  - 課題解決のために，仲間とともに思考を深め，協働的な学習を取り入れる。多様な考え方に触れることで，視野を拡げることにつながる。
  - グループ討議，ブレインストーミング，ロールプレイングなどの方法を使う。また，課題についての解決的な活動を報告・発表することで他者とのコミュニケーションや情報共有を図る。

- 深い学び
  - ・自分や仲間が直面する課題を比較，分類，整理することや，複数の解決方法を試し，その妥当性を評価し，課題を修正したり，新たに設定するなど，試行錯誤を重ねながら，よりよい解決策を見いだすための学習過程を重視する。
  - ・必要に応じて地域の人材の活用や養護教諭，栄養教諭，学校栄養職員などとの連携・協力を推進することなど，多様な指導方法の工夫を行うよう配慮する。
  - ・つまずいている児童には，課題解決のための考察を促すような視点を示唆し，意見を形成し提示できるような助言をする。

(3) 保健学習の課題

　日本学校保健会の保健推進委員会では，保健学習推進上の課題を明らかにするために，児童生徒の保健学習に対する意識や内容の定着状況について，定期的に全国調査を行っている。この調査結果をもとに保健学習に関する課題を考えてみたい。本調査は平成27年11〜12月に，全国の小学校第5学年3,985人，中学校第1学年3,759人を対象として実施され，小学校第5学年には小学校第3・第4学年の，中学校第1学年には小学校第5・第6学年の保健学習の内容について，知識・理解を問う問題と，思考・判断について問う問題により，知識等の習得状況を調査している。

　小学校中学年の内容に関する調査結果からは，「思春期の体の変化」や「思春期の悩みへの対処」，「生活と健康」のなかの「清潔」や「食事・運動・休養のバランス」については良好な結果であるものの，「生活と健康」のなかの「直射日光下の読書」や「人ごみの汚れた空気による体調不良」の正答率が低く，健康と環境に関する内容の指導の工夫が求められるとされている。

　次に，小学校高学年については，「けがの防止」のなかの「けがの手当」「交通事故予防のための行動」や「心の健康」のなかの「心の発達」については良好な結果であったが，「けがの防止」のなかの「犯罪の起きやすい場所」や，「心の健康」のなかの「心身の相関」，及び「病気の予防」のなかの「感染症の原因と予防対策」「予防接種の役割」「生活習慣病と食生活の関係」「地域の様々な保健活動の取り組み」については正答率が低かったと報告されている。

　以上の所見から，「けがの手当」や「交通事故の防止」のような，日常生活

における比較的身近な健康問題については，保健学習で「知識・技能」が習得され，対処能力が比較的良好に育成されていると考えられる。一方，健康と環境の関わりや，心と体の相互作用，感染症や生活習慣病，犯罪被害の防止などについては，特に，健康・安全に関する知識を基盤として，思考力・判断力を身に付ける必要がある課題であり，保健の授業において，より一層の指導の工夫が必要であると考えられる。また，地域の保健活動の理解については，自己の健康増進のための主体的な解決策を考えるだけでなく，地域の人々が健康を支えるためにさまざまな活動を行っていることやその仕組みについての客観的な理解を促すような授業改善も必要である。

　正答率が低かった犯罪被害の防止に関する設問は，実際に公園の図を示し，犯罪防止対策について考察する思考力・判断力を問うものである。犯罪という個人や社会生活における課題に対して，健康・安全に関する原則を参照し，リスク回避策を健康・安全を支える環境づくりと関連付けて考えることは，まさに「保健の見方・考え方」を働かせることであり，このような健康課題に対して，主体的・対話的で深い学びのなかで「健康に生きる力」を高めるための授業の工夫が求められている。

参考文献

中央教育審議会「幼稚園，小学校，中学校，高等学校及び特別支援学校の学習指導要領の改善及び必要な方策等について（答申）【概要】」2017年
　https://www.mext.go.jp/component/b_menu/shingi/toushin/__icsFiles/afieldfile/2016/12/27/1380902_1.pdf，最終閲覧日2022年10月5日
日本学校保健会『保健学習推進委員会報告書−第3回　全国調査の結果−』2017年
　https://www.gakkohoken.jp/book/ebook/ebook_H280040/index_h5.html#2，最終閲覧日2022年10月5日
文部科学省『小学校学習指導要領（平成29年告示）』東洋館出版社，2018年
文部科学省『小学校学習指導要領（平成29年告示）解説　総則編』東洋館出版社，2018年b
　https://www.mext.go.jp/component/a_menu/education/micro_detail/__icsFiles/afieldfile/2019/03/18/1387017_001.pdf，最終閲覧日2022年10月5日
文部科学省『小学校学習指導要領（平成29年告示）解説　体育編』東洋館出版社，2018年c
　https://www.mext.go.jp/component/a_menu/education/micro_detail/__icsFiles/afieldfile/2019/03/18/1387017_010.pdf，最終閲覧2022年10月5日

（以下の参考文献では，保健授業に関する基本的な考え方とともに，具体的な指導案等が示され
　ている。最終閲覧日は全て2022年10月5日。）
東京都教育庁「『性教育の手引き』の改訂について」2019年
　http://www.kyoiku.metro.tokyo.jp/press/press_release/2019/release20190328_02.html
日本学校保健会「保健学習の指導と評価の工夫」2015年
　https://www.gakkohoken.jp/book/ebook/ebook_H260060/H260060.pdf
日本学校保健会「がんの教育に関する検討委員会　報告書」2014年
　https://www.gakkohoken.jp/book/ebook/ebook_H250020/H250020.pdf
日本学校保健会「『学校保健』ポータルサイト」
　https://www.gakkohoken.jp/
文部科学省「改訂『生きる力』を育む小学校保健教育の手引」2019年
　https://www.mext.go.jp/a_menu/kenko/hoken/__icsFiles/afieldfile/2019/07/12/1334052_2.pdf

索　引

執筆者および執筆分担

高島二郎（たかしま・じろう）編者，第3章第8節
　　玉川大学教育学部教授

南島永衣子（みなみしま・えいこ）編者，第3章第6節，第8章第3節
　　玉川大学教育学部准教授

鈴木淳也（すずき・じゅんや）編者，第7章
　　玉川大学教育学部准教授

大友　智（おおとも・さとし）第1章，第2章
　　立命館大学スポーツ健康科学部教授

梅垣明美（うめがき・あけみ）第3章第1・2節
　　同志社女子大学現代社会学部教授

深田直宏（ふかだ・なおひろ）第3章第3・4節
　　びわこ学院大学教育福祉学部准教授

古村　溝（こむら・こう）第3章第5・7節
　　元　鹿児島国際大学福祉社会学部教授

宮尾夏姫（みやお・なつき）第3章第9節
　　奈良教育大学教育学部准教授

吉井健人（よしい・たけひと）第3章第10節
　　育英大学教育学部准教授

木下英雄（きのした・ひでお）第4章
　　元　玉川大学教師教育リサーチセンター客員教授

今城　徹（いましろ・とおる）第5章
　　玉川大学教師教育リサーチセンター客員教授

太田　繁（おおた・しげる）第6章
　　聖徳大学教職研究科教授

山田信幸（やまだ・のぶゆき）第8章第1節
　　玉川大学教育学部教授

内藤通昭（ないとう・みちあき）第8章第2節
　　東京工科大学医療保健学部客員教授

太田あや子（おおた・あやこ）第9章
　　武蔵丘短期大学健康生活学科教授

近藤洋子（こんどう・ようこ）第10章
　　玉川大学教育学部名誉教授

教科指導法シリーズ　改訂第2版
小学校指導法　体育

2011年2月25日　初版第1刷発行
2022年11月10日　改訂第2版第1刷発行

編著者————高島二郎　南島永衣子　鈴木淳也
発行者————小原芳明
発行所————玉川大学出版部
　　　　　　〒194-8610　東京都町田市玉川学園6-1-1
　　　　　　TEL 042-739-8935　FAX 042-739-8940
　　　　　　http://tamagawa-up.jp
　　　　　　振替　00180-7-26665
装幀————しまうまデザイン
印刷・製本———株式会社クイックス

乱丁・落丁本はお取り替えいたします。